Fusões e Aquisições

Fusões e Aquisições

EFEITOS JURÍDICOS DAS NEGOCIAÇÕES

2022

Samanta Mitiko Mizoguti

ALMEDINA

FUSÕES E AQUISIÇÕES
EFEITOS JURÍDICOS DAS NEGOCIAÇÕES
© Almedina, 2022
AUTOR: Samanta Mitiko Mizoguti

DIRETOR ALMEDINA BRASIL: Rodrigo Mentz
EDITORA JURÍDICA: Manuella Santos de Castro
EDITOR DE DESENVOLVIMENTO: Aurélio Cesar Nogueira
ASSISTENTES EDITORIAIS: Isabela Leite e Larissa Nogueira
ESTAGIÁRIA DE PRODUÇÃO: Laura Roberti

DIAGRAMAÇÃO: Almedina
DESIGN DE CAPA: Roberta Bassanetto

ISBN: 9786556275598
Junho, 20212

Dados Internacionais de Catalogação na Publicação (CIP)
(Câmara Brasileira do Livro, SP, Brasil)

Mizoguti, Samanta Mitiko
Fusões e aquisições : efeitos jurídicos das negociações / Samanta Mitiko Mizoguti. -- São Paulo, SP : Almedina, 2022.

Bibliografia.
ISBN 978-65-5627-559-8

1. Contratos - Brasil 2. Direito societário - Brasil 3. Empresas - Fusões e aquisições 4. Responsabilidade civil - Brasil I. Título.

22-108018 CDU-34:338(81)

Índices para catálogo sistemático:
1. Brasil : Fusões e aquisições : Direito empresarial 34:338(81)
Eliete Marques da Silva - Bibliotecária - CRB-8/9380

Coleção IDiP
Coordenador Científico: Francisco Paulo De Crescenzo Marino

Este livro segue as regras do novo Acordo Ortográfico da Língua Portuguesa (1990).

EDITORA: Almedina Brasil
Rua José Maria Lisboa, 860, Conj.131 e 132, Jardim Paulista | 01423-001 São Paulo | Brasil
www.almedina.com.br

Para Antonio Paulo

AGRADECIMENTOS

Este trabalho é fruto da minha dissertação de mestrado em direito comercial na Faculdade de Direito da Universidade de São Paulo.

Primeiramente, agradeço ao Professor Rodrigo Octávio Broglia Mendes, pela orientação dos meus estudos durante o mestrado, convivência e confiança em mim depositada.

Agradeço aos professores Giovanni Ettore Nanni e Cristiano de Souza Zanetti pelos ensinamentos, críticas e opiniões manifestadas durante a banca de defesa do título de mestre.

Agradeço também aos demais professores, amigos e colegas do mestrado, pelo apoio e conhecimentos compartilhados, que contribuíram para a elaboração desta obra.

Agradeço aos meus pais e ao meu irmão, pelo apoio incondicional e incentivo aos estudos.

Por fim, um agradecimento especial para Antonio Paulo pelo amor, paciência, apoio, colaboração e compreensão durante a elaboração deste trabalho.

ABREVIATURAS E SIGLAS

Código Civil ou CC — Lei Federal nº 10.406, de 10 de janeiro de 2002, que institui o Código Civil.

CPC de 1973 — Lei Federal nº 5.869, de 11 de janeiro de 1973, que institui o Código de Processo Civil.

CPC de 2015 — Lei nº 13.105, de 16 de março de 2015, que institui o Novo Código de Processo Civil

Constituição Federal ou CF — Constituição da República Federativa do Brasil, de 5 de outubro de 1988

CVM — Comissão de Valores Mobiliários.

Decreto-Lei nº 2.627/1940 — Decreto-Lei nº 2.627, de 26 de setembro de 1940, que regulamentava a constituição e o funcionamento das sociedades por ações antes da promulgação da LSA.

Lei das S.A. ou LSA — Lei Federal nº 6.404, de 15 de dezembro de 1976, que regula a constituição e o funcionamento das sociedades por ações.

Novo Código de Processo Civil ou Novo CPC — Lei nº 13.105, de 16 de março de 2015, que institui o Novo Código de Processo Civil

STF — Supremo Tribunal Federal

STJ — Superior Tribunal de Justiça

TJ/RJ — Tribunal de Justiça do Estado do Rio de Janeiro

TJ/RS — Tribunal de Justiça do Estado do Rio Grande do Sul

TJ/SP — Tribunal de Justiça do Estado de São Paulo

SUMÁRIO

INTRODUÇÃO

1. O caso concreto que inspirou este trabalho

O interesse pelo tema deste trabalho foi impulsionado por um caso concreto, que será retratado a seguir para permitir uma melhor compreensão dos problemas dogmáticos que serão aqui enfrentados.

Uma empresa transnacional, aqui denominada "*Adquirente X*", líder de mercado em seu ramo e sem penetração no mercado brasileiro, iniciou negociações com uma empresa brasileira, aqui denominada de "*Empresa-Alvo A*", visando a aquisição de 100% de suas quotas.

Paralelamente às negociações com a Empresa-Alvo A, a empresa Adquirente X iniciou negociações com outra empresa brasileira, aqui denominada "*Empresa-Alvo B*". Apesar de haver uma certa sobreposição entre as suas atividades, as Empresas-Alvo A e B atuavam preponderantemente em ramos complementares, o que, a princípio, viabilizaria a criação de uma plataforma mais abrangente pela empresa Adquirente X no mercado brasileiro por meio da aquisição de ambas as empresas brasileiras.

Com o objetivo de disciplinar as negociações e resguardar seus interesses, a Adquirente X e a Empresa-Alvo A firmaram alguns documentos por elas intitulados *term-sheets* e cartas de intenção, e negociaram os termos de certas minutas contratuais e alguns outros documentos conforme a formatação do negócio amadurecia e o instrumento do contrato definitivo ganhava corpo.

O documento intitulado *term-sheet* estabelecia diversas cláusulas que tinham como objetivo limitar riscos e gerenciar as expectativas das partes durante a fase de negociações da operação, a saber: (i) cláusula determinando que as partes não estavam vinculadas à celebração do contrato definitivo; (ii) cláusula prevendo que as partes eram livres para encerrar as negociações a qualquer tempo e por qualquer motivo; (iii) cláusulas indicando que a celebração do contrato definitivo dependia de resultados satisfatórios das auditorias (*due diligence*), da aprovação da operação pelo conselho de administração da Adquirente X; (iv) cláusula determinando que cada parte iria arcar com os seus custos e despesas, se as negociações fossem encerradas, com exceção dos custos relativos à auditoria ambiental, que seriam de responsabilidade da Adquirente X, entre outras cláusulas.

Após aproximadamente um ano de negociações com as Empresas-Alvo A e B, a Adquirente X celebrou o contrato de aquisição de quotas da Empresa-Alvo B e continuou as negociações preliminares com a Empresa-Alvo A.

Decorridos aproximadamente oito meses da aquisição da Empresa-Alvo B, a Adquirente X decidiu encerrar as negociações com a Empresa-Alvo A, pois notou uma queda considerável de seu desempenho financeiro nos últimos meses de tal período, informação que obteve após a análise dos documentos entregues a ela pela Empresa-Alvo A em data próxima ao encerramento das negociações. Inconformada, a Empresa-Alvo A ajuizou ação indenizatória contra a Adquirente X visando obter vultosa indenização por danos materiais e pela suposta perda de uma chance decorrente do fato de a Empresa-Alvo A ter se comprometido a negociar em caráter de exclusividade com a Adquirente X[1].

Os principais argumentos apresentados pela Empresa-Alvo A para justificar a responsabilidade da Adquirente X pela ruptura das negociações foram: (i) a existência de confiança legítima de que o contrato definitivo seria firmado, em razão do estágio avançado em que se encontravam as negociações no momento da ruptura; e (ii) inexistência de motivo que justificasse o encerramento das negociações.

Com relação a esse último argumento, a Empresa-Alvo A sustentou que a sua queda de desempenho teria sido apenas um pretexto utilizado pela Adquirente X para encerrar as negociações, já que a verdadeira razão da ruptura teria sido a sua perda de interesse na aquisição da Empresa-

[1] A "perda de uma chance" é caracterizada pela doutrina como a perda da probabilidade de um resultado favorável ou da probabilidade de se evitar uma perda. Sobre a teoria da perda de uma chance conferir: SAVI, Sérgio. *Responsabilidade Civil por Perda de uma Chance*. São Paulo: Ed. Atlas, 2006; PETEFFI DA SILVA, Rafael. *Responsabilidade Civil pela Perda de uma Chance*. São Paulo: Ed. Atlas, 2007.

-Alvo A tendo em vista a concretização da aquisição da Empresa-Alvo B pela Adquirente X.

O juiz de primeira instância conclui pela responsabilidade da Adquirente X pela ruptura injustificada das negociações, condenando-a a restituir todas as despesas incorridas pela Empresa-Alvo A com as negociações. Quanto ao pedido de indenização por perda de uma chance, este foi julgado improcedente.[2]

Diversas inquietações surgiram a partir da análise do caso concreto acima relatado:

(i) Afinal, quais são os efeitos jurídicos típicos produzidos pelo *term-sheet* firmado entre a Adquirente X e a Empresa-Alvo A durante as negociações da operação de fusões e aquisições?

(ii) Quais impactos os atos subsequentes praticados pela Adquirente X (aquisição da Empresa-Alvo B em meio às negociações com a Empresa-Alvo A) têm nos efeitos jurídicos típicos decorrentes do *term-sheet*?

(iii) O *term-sheet* tem o condão de limitar os riscos das partes com relação ao encerramento das (muitas vezes custosas) negociações de operações de fusões e aquisições? Qual seria a relevância jurídica do *term-sheet* em negociações de operações de fusões e aquisições?

2. Considerações iniciais

Nos últimos tempos, a etapa das negociações ganhou maior importância em razão da complexidade dos negócios a elas subjacentes, sendo as operações de fusões e aquisições relevantes exemplos de negócios complexos.[3]

[2] O caso que impulsionou o presente livro foi julgado pelo Tribunal de Justiça do Estado de São Paulo, que entendeu por bem reformar a decisão proferida pelo juiz de primeira instância para afastar a responsabilidade pré-contratual da empresa Adquirente X por ausência de elementos para tanto (TJSP, processo nº 0005452-31.2013.8.26.0100, 2ª Câmara Reservada de Direito Empresarial, Rel. Des. Carlos Alberto Garbi, julgado em 14.12.16).

[3] Giovanni Ettore Nanni explica que "*(....) é cada vez mais intensa a fase de discussões preparatórias à conclusão do negócio, pois são muito mais duradouras e complexas do que a forma originária que se estava habituado no âmbito jurídico tradicional. (...) Em algumas ocasiões, a formação dos contratos exige pré-acordos sucessivos, com participação de terceiros, como bancos, seguradoras, garantidores, etc. Isto é, celebração do contrato é um processo longo e delicado, que engloba inúmeras tratativas, envolvendo aspectos técnicos e legais, elaboração de minutas, necessitando, conforme o caso, de obtenção de autorizações administrativas que demandam tempo e assistência qualificada*" (NANNI, Giovanni Ettore. *Direito Civil e Arbitragem*. São Paulo: Ed. Atlas, 2014, p. 123).

A conclusão de operações de fusões e aquisições depende de uma incessante troca de informações entre as partes, da realização de análises contábil, financeira e jurídica, de aprovações junto a terceiros visando viabilizar o negócio (por exemplo, bancos, seguradoras, outros investidores, etc.), da realização de diversas rodadas de discussão para se chegar a um acordo com relação ao formato e contornos do negócio.

Isso porque, no início das negociações de operações de fusões e aquisições, as partes geralmente não têm informações suficientes a respeito da(s) empresa(s)-alvo objeto do negócio, o que as impede de formar o seu real convencimento com relação ao interesse em realizar ou não o negócio e em quais condições.

Percebe-se, assim, que a fase de negociações de operações de fusões e aquisições é muito delicada, pois, a depender das informações recebidas e da forma com que as partes irão lidar com os pleitos umas das outras, os interesses com relação à realização do negócio podem mudar ou diferentes expectativas com relação à sua realização podem ser geradas.

Diante desse cenário de instabilidade dos interesses das partes nas negociações de operações de fusões e aquisições, verifica-se que é essencial que o ordenamento jurídico, de um lado, garanta a liberdade contratual para que elas possam realizar uma escolha legítima e informada com relação à celebração do contrato definitivo; e, de outro lado, tenha regras claras sobre a forma de condução das negociações, garantindo às partes envolvidas proteção suficiente para coibir eventual comportamento oportunista disfuncional, que possa lesar a confiança gerada em cada uma delas.[4]

Atualmente, a resposta do direito brasileiro para essa situação depende, em grande medida, do entendimento formado pelo Poder Judiciário com relação a cada caso concreto.

Isso porque as negociações são atualmente tuteladas por princípios/cláusulas gerais, como a boa-fé objetiva e a vedação ao abuso de direito, que são conceitos abertos e indeterminados e, por consequência, dependem

[4] Karl Larenz explica que "*uma coexistência pacífica das pessoas sob leis jurídicas que assegurem a cada um o que é seu' só é possível quando está garantida a confiança indispensável'. Uma desconfiança total e de todos conduz à eliminação total de todos ou ao domínio do mais forte, quer dizer, ao oposto de um estado jurídico*" (Larenz, Karl. *Metodologia da ciência do direito*. Coimbra: Fundação Calouste Gulbenkian, 2005, pp. 678-679).

de construção doutrinária e de interpretação jurisprudencial, o que leva tempo para se consolidar.[5]

Acrescente-se a isso o fato de serem poucos os dispositivos legais que regulamentam a fase de negociações[6]. Esses dispositivos legais, no geral, são insuficientes para disciplinar negociações complexas como as de operações de fusões e aquisições, pois tratam da fase de formação do contrato, a partir de figuras como a "proposta" ou "oferta", de um lado, e "aceitação", de outro.

As figuras da "proposta" e da "aceitação" não tutelam efetivamente a fase de negociações, pois, na verdade, representam o seu encerramento. É a partir da convergência entre "proposta" e "aceitação" que o contrato definitivo é formado.

Nesse contexto, verifica-se que o regime jurídico atualmente aplicável à fase de negociações gera uma certa insegurança para as partes e imprevisibilidade quanto aos eventuais custos de transação e demais consequências potencialmente decorrentes delas.

Paralelamente a esse cenário de indeterminação do ordenamento jurídico (e talvez como resposta a isso), a prática comercial tem celebrado com maior frequência alguns documentos, que recebem os mais variados títulos. Por exemplo, carta de intenções, *term-sheet*, memorando de entendimentos, pré-contrato, contrato preliminar, protocolo de intenções, entre outros.

Não é somente o título desses documentos que é diversificado, mas também o seu conteúdo. Esses documentos podem apresentar diversas cláusulas, sendo que as mais recorrentes em operações de fusões e aquisições aquelas que visam (i) disciplinar as negociações, (ii) auxiliar no gerenciamento de expectativas com relação à celebração do contrato definitivo e (iii) estabelecer o conteúdo do próprio contrato definitivo.

[5] Giovanni Ettore Nanni esclarece que "*a vigência do novo Código Civil brasileiro, com a sua estrutura permeada de cláusulas gerais, conceitos abertos, indeterminados, que não regulamentam de modo completo e exaustivo a norma, possuindo caráter genérico e abstrato, tais como a função social do contrato (art. 421), a probidade e boa-fé objetiva (art. 422), o enriquecimento sem causa (art. 884), o ato ilícito (arts. 186 e 927), o abuso do direito (art. 187), a resolução do contrato por onerosidade excessiva (arts. 478 e 480) etc., gera incerteza acerca da extensão desses conceitos, o que, de uma forma ou de outra, reflete na composição dos negócios complexos. O conhecimento do conteúdo dessas cláusulas gerais dependerá da interpretação jurisprudencial, o que levará vários anos para consolidação*" (NANNI, Giovanni Ettore. *Direito Civil e Arbitragem*. São Paulo: Ed. Atlas, 2014, p. 124).

[6] Atualmente a fase pré-contratual é regulamentada pelos artigos 427 a 443, e 462 e seguintes do Código Civil.

Apesar de serem comumente utilizados na prática comercial, muito se questiona se esses documentos teriam alguma relevância jurídica, especialmente diante do atual regime jurídico aplicável às negociações.

Alguns dizem que os documentos firmados em negociações de operações de fusões e aquisições não teriam qualquer relevância jurídica, pois o propósito de sua celebração seria somente justificar as negociações junto aos órgãos de administração das empresas nelas envolvidas ou permitir a obtenção de financiamentos junto a bancos durante as negociações, por exemplo. Outros, ainda, argumentam que a tutela da fase de negociações pelo princípio da boa-fé objetiva tornaria a celebração desses documentos dispensável.

A doutrina brasileira estudou pouco esses documentos.[7] Além disso, a escassa doutrina sobre o tema apresenta limitações, em razão da inexistência de um padrão com relação ao título e conteúdo desses documentos como um todo. É consenso na doutrina brasileira o fato de que uma análise mais precisa desses documentos depende do caso concreto.

Não obstante, a doutrina brasileira apresenta algumas importantes conclusões a respeito desses documentos. Além de apontar a possibilidade de

[7] Sobre a dificuldade do tema, Maristela Basso explica que "*as novas figuras, emergentes da prática do comércio internacional, inventadas ou reaproveitadas de acordo com as necessidades modernas, incluem as "cartas de intenção", os "acordos de segredo", as "garantias bancárias", os "contratos-promessa de contratar", e são verdadeiros modelos jurídicos, que não foram contemplados no edifício clássico da teoria tradicional da formação dos contratos. Tanto os advogados-negociadores, como os juízes, ou árbitros que eventualmente serão chamados a dirimir as controvérsias que porventura surjam das relações pré-contratuais, não estão suficientemente preparados para avaliar o teor obrigacional desses novos modelos. Ignorá-los não é a melhor opção, pois a prática revela que inúmeros são os instrumentos pré-contratuais, provisórios ou preparatórios, como os citados, que garantem as negociações. Assim sendo, o melhor é enfrentá-los, analisá-los e, na medida do possível, determinar seu fundamento, vigência e eficácia*" (Basso, Maristela. *Contratos Internacionais do Comércio – Negociação, Conclusão, Prática.* 3ª ed., Porto Alegre: Ed. Livraria do Advogado, 2002, p. 181). Com posição similar, Sílvio de Salvo Venosa comenta que "*como forma de repulsa ao contratualismo, surge, no Direito anglo-saxão, e hoje se espraia entre nós, a praxe empresarial de não contratar. Originalmente, surge no seio de um grupo de empresas a vontade de não contratar. Preferem elas disciplinar suas relações com base na palavra dada, com uma simples carta de intenções, ou o chamado acordo de cavaleiros (gentlemen's agreement). (...) O teor do acordo de cavalheiros, por outro lado, pode dar valiosos elementos de interpretação ao julgador, para a investigação da vontade das partes, quando ocorrer conflito ou pretensão resistida. Nesse campo acontratual ou pré-contratual realça-se a importância do exame da boa-fé objetiva, como apontamos neste capítulo. O fenômeno, sem dúvida, está já a merecer maior atenção do jurista*" (Venosa, Sílvio de Salvo. *Direito Civil – Teoria Geral das Obrigações e Teoria Geral dos Contratos.* 8ª ed., São Paulo: Ed. Atlas, 2008, p. 359).

serem verdadeiros contratos, a doutrina majoritária classifica esses documentos em duas principais categorias: contrato preliminar e "cartas de intenções"[8].

Seriam contratos preliminares aqueles documentos em que as partes se obrigam a celebrar o contrato definitivo, mesmo nas situações em que ainda não tenham chegado a um acordo sobre todos os seus aspectos. O principal efeito dos contratos preliminares seria a vinculação das partes à celebração do contrato definitivo.

Já os documentos em que as partes não se obrigam a celebrar o contrato definitivo seriam classificados, genericamente, como "cartas de intenção". As cartas de intenção são entendidas pela doutrina como (i) atos jurídicos em sentido estrito, cujos efeitos decorrem da lei, mais especificamente do princípio da boa-fé objetiva[9]; (ii) uma forma de contato social gerador de relação jurídica obrigacional entre as partes, na qual incide o princípio da boa-fé objetiva, especialmente na sua função criadora de deveres[10]; ou (iii) um instrumento para que as partes possam "espessar" os deveres decorrentes do princípio da boa-fé objetiva[11].

Apesar de a doutrina brasileira adotar caminhos diferentes para explicar o fenômeno das cartas de intenção, o fato é que, independentemente do caminho adotado, a conclusão é praticamente a mesma: as cartas de intenção devem ser interpretadas pela aplicação do princípio da boa-fé objetiva.

Tais conclusões apresentadas pela doutrina são insuficientes para responder às questões indicadas acima com relação ao caso concreto inspirador deste trabalho. Afinal, não há um entendimento acerca dos efeitos específicos decorrentes desses documentos, considerando todas as cláusulas que neles costumam aparecer, em especial nos casos de encerramento

[8] A nomenclatura "carta de intenções" é adotada por grande parte da doutrina para fazer referência aos documentos firmados durante as negociações em que não há obrigação de as partes celebrarem o contrato definitivo.

[9] Nesse sentido: (i) JUNQUEIRA DE AZEVEDO, Antonio. *Negócio jurídico e Declaração Negocial: Noções Gerais e Formação da Declaração Negocial*. São Paulo, 1986, p. 42; (ii) LEÃES, Luiz Gastão Paes de Barros. *Protocolo de intenções sem força obrigatória*. In: *Pareceres*. Volume I, São Paulo: Ed. Singular, 2004, pp. 404 e 410.

[10] MARTINS-COSTA, Judith. *As cartas de intenção no processo formativo da contratação internacional: os graus de eficácia dos contratos e a responsabilidade pré-negocial*. Trabalho apresentado no seminário sobre "Contratos Internacionais e o MERCOSUL", Faculdade de Direito, Universidade Federal do Rio Grande do Sul, p. 8.

[11] BAPTISTA, Luiz Olavo. *Contratos Internacionais*. São Paulo: Ed. Lex Magister, 2010, p. 158.

litigioso das negociações. Tampouco existe um entendimento sobre a relevância jurídica desses documentos em negociações longas e complexas de operações de fusões e aquisições.

Acrescente-se, ainda, que não há uma indicação precisa de quais seriam os efeitos concretos decorrentes das chamadas "cartas de intenção" diante de seu variado conteúdo e da incidência do princípio da boa-fé objetiva.

A bem da verdade, a posição atual da doutrina parece apenas reforçar que o papel desempenhado por esses documentos nas negociações não é claro, pois o princípio da boa-fé objetiva é a elas aplicável, independentemente das partes celebrarem esses documentos durante o seu curso.

Nesse contexto, partindo-se do regime jurídico atualmente aplicável às negociações de operações de fusões e aquisições e das cláusulas mais recorrentes em tais documentos, o presente trabalho buscará compreender melhor a relevância jurídica da celebração desses documentos em negociações de operações de fusões e aquisições, respondendo às seguintes questões dogmáticas:

(i) Quais são os efeitos jurídicos típicos produzidos pelos documentos firmados em negociações de operações de fusões e aquisições?

(ii) Qual é o impacto que os atos subsequentes à celebração de tais documentos têm nos efeitos jurídicos típicos por eles produzidos, especialmente nos casos de ruptura das negociações? Esses documentos têm o condão de limitar os riscos decorrentes do encerramento das negociações de operações de fusões e aquisições?

PARTE I

OS DOCUMENTOS FIRMADOS EM NEGOCIAÇÕES DE OPERAÇÕES DE FUSÕES E AQUISIÇÕES E O SEU CONTEXTO

CAPÍTULO 1
AS OPERAÇÕES DE FUSÕES E AQUISIÇÕES

1.1. O conceito de operações de fusões e aquisições

A expressão "fusões e aquisições" corresponde à tradução da expressão da língua inglesa *mergers and acquisitions*[12]. Ela é muito mais abrangente do que o significado técnico e isolado dos termos fusão[13] e aquisição[14].[15] A nomenclatura fusões e aquisições é caracterizada pela sua *finalidade*, compreendendo o conjunto de medidas de crescimento externo ou compartilhado adotados por uma empresa.[16],[17]

[12] Tecnicamente, o termo em inglês *merger* corresponde ao instituto da incorporação (art. 227 da LSA), não ao da fusão (art. 228 da LSA) – em inglês, *consolidation*.

[13] Negócio jurídico por meio do qual duas ou mais sociedades se unem para formação de uma terceira, que as sucederá em todos os direitos e obrigações, extinguindo-se as sociedades fundidas. A fusão é tipificada pelo artigo 228 da LSA.

[14] Negócio jurídico que tem como efeito a transferência de propriedade de um bem, mediante o pagamento de um preço.

[15] Botrel, Sérgio. *Fusões & Aquisições*. São Paulo: Ed. Saraiva, 2012, p. 21.

[16] Salles, Roberto; Freitas, Bernardo Vianna; Alves, Juliana Fonseca. "Combinações de Negócios, IFRS e Regime Contábil-Fiscal Pós-Lei N°. 12.973 – Impactos nas Finanças Corporativas". In: Botrel, Sérgio; Barbosa, Henrique. *Finanças Corporativas: aspectos jurídicos e estratégicos*. São Paulo: Atlas, 2016, p. 58. Ademais, de acordo com Sérgio Botrel: "(...) o que caracteriza uma operação de *fusão e aquisição* é a sua finalidade: servir de instrumento para implementar a estratégia de crescimento externo ou compartilhado". (Botrel, Sérgio. *Op. cit.*, pp. 21 e 59.)

[17] Nesse sentido, a Lei Antitruste (Lei n. 12.529/2011), em seu artigo 90, delimitou a extensão do conceito de "ato de concentração", partindo, de certa forma, da finalidade das operações de fusões e aquisições. O conceito de ato de concentração previsto no artigo 90 da Lei n.

Os negócios de fusões e aquisições tornaram-se cada vez mais presentes no Brasil, especialmente na última década. Eles são um poderoso instrumento de ampliação das atividades e dos lucros de uma empresa. Tal como qualquer decisão empresarial, a realização de operações de fusões e aquisições deve ter como objetivo final a criação de valor aos sócios das empresas envolvidas.[18]

Partindo dessa lógica, Rachel Sztajn agrupa as operações de fusões e aquisições em duas diferentes vertentes: (i) de um lado, as operações realizadas com o intuito de acelerar a expansão das atividades de uma empresa (eis que o crescimento interno costuma ser mais lento);[19] e (ii) de outro lado, nas empresas que enfrentam uma situação de crise, as operações realizadas com o objetivo de auxiliá-las a superar problemas, por meio da alienação de parcela de seu patrimônio e/ou atividades.[20]

12.529/2011, abaixo transcrito, abrange precisamente as medidas visando o crescimento externo e compartilhado das empresas:

"Art. 90. Para os efeitos do art. 88 desta Lei, realiza-se um ato de concentração quando:

I – 2 (duas) ou mais empresas anteriormente independentes se fundem;

II – 1 (uma) ou mais empresas adquirem, direta ou indiretamente, por compra ou permuta de ações, quotas, títulos ou valores mobiliários conversíveis em ações, ou ativos, tangíveis ou intangíveis, por via contratual ou por qualquer outro meio ou forma, o controle ou partes de uma ou outras empresas;

III – 1 (uma) ou mais empresas incorporam outra ou outras empresas; ou

IV – 2 (duas) ou mais empresas celebram contrato associativo, consórcio ou joint venture.

Parágrafo único. Não serão considerados atos de concentração, para os efeitos do disposto no art. 88 desta Lei, os descritos no inciso IV do caput, quando destinados às licitações promovidas pela administração pública direta e indireta e aos contratos delas decorrentes."

[18] Ridolfo Neto, Arthur. "Introdução às operações de fusões, aquisições e reestruturação societária. Métodos mais utilizados para precificação de empresas". In: Rios Da Rocha, Dinir Salvador; Quattrini, Larissa Teixeira (coord.). *Fusões, aquisições, reorganizações societárias e due diligence*. São Paulo: Ed. Saraiva, 2014, p. 23.

[19] Segundo Sérgio Botrel, "(...) *o crescimento orgânico costuma levar tempo, tempo este em que os competidores podem aproveitar para consolidar suas posições*" (Botrel, Sérgio. *Op. cit.*, pp. 30-31).

[20] De acordo com Rachel Sztajn, "*a reorganização de sociedades empresarias, procedimento que inclui operações distintas como a cisão fusão e incorporação, além da transformação do tipo societário, tem, em geral, origem em estratégias empresariais visando ao crescimento, à diversificação e à segregação de riscos, a par de processos de verticalização das atividades, pela geração dos canais de distribuição. (...) A grosso modo, essas estratégias podem ser agrupadas em duas diferentes vertentes: a) a primeira inclui aquelas operações em que a expansão das atividades, seja a integração vertical, seja horizontal, ao invés de produzida por crescimento interno, torna-se mais ágil mediante a fusão ou incorporação de outras sociedades que tenham como objeto as atividades visadas; b) a segunda vertente aparece quando a empresa entra em crise e os sócios consideram que uma das formas de superar os problemas é se desfazendo de parcelas da*

São vários os motivos que justificam a realização das operações de fusões e aquisições. Do ponto de vista econômico, uma das principais razões para a realização dessas operações é a geração de "sinergias" (por exemplo, economia de escala, diversificação de linhas de produtos, renovação de tecnologias, aumento do poder de mercados, etc.), que visam tornar a empresa resultante da combinação de negócios mais lucrativa e rentável do que as empresas envolvidas na operação quando individualmente consideradas[21].

Por vezes, as operações de fusões e aquisições podem ser motivadas por outros aspectos que não a criação de sinergias propriamente ditas. Nesse sentido, Sérgio Botrel elucida que:

> (...) inúmeros fatores contribuem para que o investimento em crescimento orgânico divida espaço com investimento em medidas que permitam a uma corporação em controlar ou compartilhar ativos produtivos e operações já em curso, de titularidade de outros agentes econômicos. Dentre eles, destaca-se: (i) rápido acesso a novos mercados e atividades; (ii) facilitação na internacionalização da atividade; (iii) exploração de sinergias de custos e complementaridades; (iv) aumento do poder de mercado (redução da concorrência e aumento do poder de negociação).[22]

Outro fator motivador da realização de operações de fusões e aquisições é a superavaliação ou a subavaliação dos ativos envolvidos na transação, tendo como referência o seu valor econômico.

As operações também podem agregar valor da seguinte forma: (a) aquisição de ações ou ativos subvalorizados (isto é, com valor inferior ao seu valor econômico) ou (b) utilização pela empresa adquirente de ativos supervalorizados para comprar participação societária ou ativos da empresa-alvo[23].

atividades" (SZTAJN, Rachel. *Reorganização Societária e Concorrência.* In, *Fusão, cisão, incorporação e temas correlatos.* Coord. WARD JR, Walfrido Jorge. São Paulo: Ed. Quartier Latin, 2009, p. 238).

[21] SALLES, Roberto; FREITAS, Bernardo Vianna; ALVES, Juliana Fonseca. "Combinações de Negócios, IFRS e Regime Contábil-Fiscal Pós-Lei Nº. 12.973 – Impactos nas Finanças Corporativas". In: BOTREL, Sérgio; BARBOSA, Henrique. *Finanças Corporativas: aspectos jurídicos e estratégicos.* São Paulo: Atlas, 2016, p. 59.

[22] BOTREL, Sérgio. *Op. cit.*, p. 22.

[23] SALLES, Roberto; FREITAS, Bernardo Vianna; ALVES, Juliana Fonseca. "Combinações de Negócios, IFRS e Regime Contábil-Fiscal Pós-Lei Nº. 12.973 – Impactos nas Finanças

1.2. As principais estruturas jurídicas adotadas em operações de fusões e aquisições

As operações de fusões e aquisições podem ser formalizadas por uma série de estruturas jurídicas e financeiras. Os meios para a formalização e concretização das medidas de crescimento externo ou compartilhado são diversos.

Por exemplo, a compra de ativos empresariais e/ou de participações societárias, bem como a incorporação de sociedades ou ações, são medidas que visam ao *crescimento externo* de uma empresa.

Ademais, podem ser qualificadas como operações que têm por finalidade atingir o *crescimento compartilhado* de uma empresa: a união de duas ou mais sociedades para a formação de uma terceira ou de grupos societários, a constituição de sociedade de propósito específico e consórcios, entre outras.

A escolha da estrutura jurídica a ser adotada nas operações de fusões e aquisições dependerá da análise de cada caso concreto, sendo viável a adoção ou a combinação de mais de uma estrutura jurídica.

São exemplos de fatores que podem influenciar na escolha da estrutura jurídica: a situação econômica das empresas, o objetivo almejado pelos envolvidos, o objeto em negociação, a posição das empresas no mercado, da atividade econômica desempenhada pelas empresas, entre outros fatores.[24]

A seguir, apresentaremos, de forma sucinta, algumas das principais estruturas jurídicas utilizadas em operações de fusões e aquisições.

1.2.1. *Joint Venture*

A *expressão joint venture* abrange os negócios que têm por finalidade formalizar a associação ou a cooperação entre duas ou mais sociedades para a exploração de um determinado projeto ou empreendimento[25].

Corporativas". In: Botrel, Sérgio; Barbosa, Henrique. *Finanças Corporativas: aspectos jurídicos e estratégicos*. São Paulo: Atlas, 2016, p. 59.

[24] *"Cada uma dessas operações societárias tem diferentes utilidades, devendo ser usadas conforme o objetivo buscado pelos acionistas ou administradores das companhias envolvidas nas negociações dessa natureza. Grupos empresariais utilizam-se dessas diferentes fórmulas jurídicas para atingir seus interesses, a fim de promover reestruturações societárias, buscando melhor se organizar e se adequar às atividades econômicas do grupo econômico ou da companhia em si"* (Rebelo, Nikolai Sosa. *Os Deveres Fiduciários dos Administradores de S.A. em Operações de Fusões e Aquisições*. Porto Alegre: Livraria do Advogado Editora, 2015, p. 79).

[25] Botrel, Sérgio. *Op. cit.*, pp. 59-60.

As *joint ventures* são caracterizadas pela sua finalidade, qual seja, reunir esforços para a exploração conjunta de um empreendimento. Pela ausência de forma jurídica específica, as *joint ventures* oferecem aos parceiros do negócio grande liberdade para a sua formatação.

A doutrina elenca alguns requisitos que devem ser identificados para qualificar um negócio como *joint venture*: (i) contribuição de determinado valor econômico (dinheiro, bens, esforços, conhecimentos, etc.) por todas as partes envolvidas para uma ação conjunta; (ii) interesse patrimonial conjunto no empreendimento; (iii) direito ao controle mútuo ou à gestão da empresa; (iv) expectativa de lucro e direito de participar dos lucros; (v) a limitação do objeto a um simples empreendimento[26].

As *joint ventures* costumam ser classificadas em "*equity joint ventures*" e "*non equity joint ventures*".[27] As *equity joint ventures* se caracterizam pelo investimento direito de ativos ou capital em outras sociedades (já existente ou constituídas para tal finalidade) como instrumento de realização do empreendimento comum. Já as *non equity joint ventures*, também conhecidas como *contractual joint ventures*, são caracterizadas pela adoção de mecanismos puramente contratuais para a formatação do empreendimento conjunto.

A figura das *joint ventures* não está positivada no direito brasileiro, mas há diversos modelos jurídicos possíveis para viabilizar a sua implementação. Por exemplo, a sociedade comum, a sociedade em conta de participação, a sociedade anônima, a sociedade limitada, entre outros.

Frise-se que, em muitas situações, as *joint ventures* são formadas em decorrência da realização de alguma das operações analisadas nos itens posteriores (aquisição primária, aquisição secundária, incorporação, cisão, etc.), nas hipóteses em que, como resultado final, a sociedade passe a ter mais de um sócio dividindo o controle e a gestão do empreendimento.

1.2.2. Fusão, incorporação e cisão

Como exemplos de técnicas de reorganização societária[28] tipificadas pela Lei das S.A., podemos mencionar: (i) fusão; (ii) cisão; e (iii) incorporação. Vejamos abaixo um breve resumo de tais operações:

[26] Castro, Rodrigo Rocha Monteiro de Castro. *Regime jurídico das reorganizações: societária, empresarial e associativa*. São Paulo: Saraiva, 2016, pp. 287-288.

[27] Castro, Rodrigo Rocha Monteiro de Castro. *Op. cit.*, p. 289.

[28] Para um estudo mais aprofundado das reorganizações societárias, cf.: Hunt, Peter A. *Structuring Mergers & Acquisitions: a guide to creating shareholder value*. 2nd ed., Aspen Publishers

a) **Fusão**: Nos termos do artigo 228 da Lei das S.A., a fusão é a operação pela qual se unem duas ou mais sociedades para formar uma sociedade nova, que lhes sucederá em todos os direitos e obrigações.
b) **Cisão**: A cisão é a operação pela qual uma sociedade transfere parcelas de seu patrimônio para uma ou mais sociedades, constituídas para esse fim ou já existentes, nos termos do artigo 229 da Lei das S.A. A companhia cindida será extinta, caso todo o seu patrimônio seja vertido, ou terá o seu capital social dividido, em caso de versão parcial do patrimônio.
c) **Incorporação**: Como prevê o artigo 227 da Lei das S.A, a incorporação é a operação pela qual uma ou mais sociedades são absorvidas por outra. Aqui também, a sociedade incorporadora sucederá em todos os direitos e obrigações das incorporadas.

Nas operações de fusão, cisão e incorporação, a transferência de patrimônio de uma sociedade a outra tem como contraprestação a emissão de novas ações (ou quotas) por parte da sociedade receptora.

Em relação ao quórum de deliberação, no silêncio do estatuto social, a aprovação de uma fusão, incorporação ou cisão que envolva uma sociedade anônima dependerá, via de regra, do voto favorável de acionistas que representem pelo menos a metade do capital social votante, nos termos dos incisos IV e IX do artigo 136 da Lei das S.A.[29]. Para o caso específico da incorporação, o quórum qualificado (de metade do capital social votante) só é aplicável para a companhia que será incorporada em outra – o quórum de deliberação da assembleia geral da sociedade incorporadora, por sua vez, é o da maioria absoluta de votos, previsto no artigo 129 da Lei das S.A..

O documento que formaliza as condições de realização da fusão, cisão (com incorporação em sociedade existente) ou incorporação é intitulado "protocolo". O artigo 224 da Lei das S.A. contém a lista das cláusulas obrigatórias do protocolo:

Inc., 2004; MUNIZ, Ian. *Fusões e Aquisições: Aspectos Fiscais e Societários.* 2ª ed., São Paulo: Quartier Latin, 2011; BLOK, Marcella. *Reorganizações Societárias, Fusões, Incorporações, Cisões e outros Eventos Societários: Aspectos Legais, Negociais e Práticos.* São Paulo: Quartier Latin, 2014.

[29] A Lei das S.A. permite que o estatuto social de companhias fechadas (cujas ações não estejam admitidas à negociação em Bolsa ou no mercado de balcão) contemple quórum mais elevado para a aprovação dessas operações (art. 129, §1º).

Art. 224. As condições da incorporação, fusão ou cisão com incorporação em sociedade existente constarão de protocolo firmado pelos órgãos de administração ou sócios das sociedades interessadas, que incluirá:

I – o número, espécie e classe das ações que serão atribuídas em substituição dos direitos de sócios que se extinguirão e os critérios utilizados para determinar as relações de substituição;

II – os elementos ativos e passivos que formarão cada parcela do patrimônio, no caso de cisão;

III – os critérios de avaliação do patrimônio líquido, a data a que será referida a avaliação, e o tratamento das variações patrimoniais posteriores;

IV – a solução a ser adotada quanto às ações ou quotas do capital de uma das sociedades possuídas por outra;

V – o valor do capital das sociedades a serem criadas ou do aumento ou redução do capital das sociedades que forem parte na operação;

VI – o projeto ou projetos de estatuto, ou de alterações estatutárias, que deverão ser aprovados para efetivar a operação;

VII – todas as demais condições a que estiver sujeita a operação.

Parágrafo único. Os valores sujeitos a determinação serão indicados por estimativa."

O protocolo é submetido à deliberação da assembleia geral das sociedades envolvidas na operação juntamente com a justificação, documento que contém a exposição dos motivos e detalhes do negócio, nos termos do art. 225 da Lei das S.A.:

"Art. 225. As operações de incorporação, fusão e cisão serão submetidas à deliberação da assembléia-geral das companhias interessadas mediante justificação, na qual serão expostos:

I – os motivos ou fins da operação, e o interesse da companhia na sua realização;

II – as ações que os acionistas preferenciais receberão e as razões para a modificação dos seus direitos, se prevista;

III – a composição, após a operação, segundo espécies e classes das ações, do capital das companhias que deverão emitir ações em substituição às que se deverão extinguir;

IV – o valor de reembolso das ações a que terão direito os acionistas dissidentes.

O artigo 226 da Lei das S.A. prevê que a validade das operações de fusão, incorporação e cisão está condicionada à constatação pelos peritos nomeados (ou empresa especializada), em laudo de avaliação, que o valor do patrimônio líquido a ser vertido para a formação do capital social é, no mínimo, igual ao montante do capital a realizar.

Como bem apontado por Sérgio Botrel, na prática societária, as assembleias gerais de aprovação dessas espécies de reorganização societária servem usualmente como mera formalidade para a efetivação de negócios já definitivamente convencionados pelos sócios controladores das sociedades envolvidas, por meio da celebração, em caráter irrevogável, de negócio jurídico atípico (art. 425, Código Civil) intitulado "acordo de associação", "acordo de investimento" ou "acordo de base", dentre outras nomenclaturas utilizadas.[30]

Tais negócios jurídicos consignam obrigações de fazer impostas não à sociedade, mas aos controladores das sociedades envolvidas na operação, que assumem a obrigação de praticar, ou fazer com que sejam praticados, todos os atos necessários à consumação da fusão, incorporação ou cisão.

Nesse sentido, deverão os sócios controladores "*fazer com que os diretores das sociedades objeto do negócio firmem o protocolo e a justificação, e submetam a aprovação da operação e suas bases às assembleias gerais das sociedades envolvidas, cabendo aos signatários do acordo de base, na qualidade de controladores, aprovar a fusão, incorporação ou cisão, na forma contratada*"[31].

Tais "acordos de base" precisam conter (no corpo do documento ou em documento anexo) todos os elementos que irão compor o protocolo, a justificação e os atos constitutivos das sociedades (ou respectivas alterações de contrato social), podendo, inclusive, conter os termos de acordo de acionistas da nova estrutura societária, após a conclusão da reorganização societária[32].

1.2.3. Aquisição (secundária) de participações societárias

A aquisição secundária de participações societárias é uma das estruturas mais utilizadas nas operações de fusões e aquisições. Juridicamente, estamos diante da celebração de contrato de compra e venda de títulos representativos do capital social de uma empresa (ações, quotas, etc.).

[30] BOTREL, Sérgio. *Op. cit.*, p. 91.

[31] BOTREL, Sérgio. *Op. cit.*, p. 91.

[32] BOTREL, Sérgio. *Op. cit.*, p. 91.

Trata-se da aquisição das ações ou quotas da sociedade-alvo da aquisição (de titularidade dos sócios), não da aquisição do patrimônio ou dos ativos (de titularidade da sociedade) utilizados pela sociedade para a exploração da atividade empresarial.

A operação tem como partes os sócios vendedores da empresa-alvo e o adquirente. Nesse sentido, os recursos pagos pelo adquirente, como contrapartida à aquisição da participação societária, beneficiam diretamente os sócios da empresa-alvo (e não a sociedade).

Esse modelo de negócio é identificado como *cash-out*, pois os recursos obtidos com a operação não entram no caixa da empresa-alvo, mas tem como destinatários os seus sócios.

1.2.4. Aquisição (primária) de participações societárias – emissão de ações ou quotas

A aquisição primária consiste na subscrição pelo investidor de quotas ou ações emitidas pela sociedade-alvo em virtude de um aumento de capital, com a integralização de recursos.

Nas aquisições primárias, o beneficiário dos recursos é a própria empresa-alvo. Nesse modelo de negócio, denominado *cash-in*, "*a entrada do terceiro na sociedade implica a sua capitalização, o que normalmente é feito com o intuito de promover os planos de expansão ou de consolidação de mercado*"[33].

O aumento de capital de uma sociedade anônima, com a subscrição de novas ações, só poderá ocorrer depois de realizados, pelo menos, ¾ do capital social. O quórum de deliberação da assembleia geral extraordinária para a aprovação de aumento do capital social é o ordinário (art. 129 da Lei das S.A.), da maioria absoluta dos votos, excluindo-se do cômputo os votos em branco.

Como regra geral, os sócios têm o direito de preferência para a subscrição de novas ações na proporção de sua participação no capital social da sociedade, observado o art. 171 da Lei das S.A. Nesse sentido, em aumentos de capital deliberados com o intuito de formalizar operações de fusões e aquisições, é usual que os atuais acionistas renunciem ao direito de preferência, de forma que a totalidade das novas ações emitidas pela sociedade-alvo sejam subscritas e integralizadas exclusivamente pelo investidor (que, ato contínuo, passará a integrar o quadro societário).

[33] BOTREL, Sérgio. *Op. cit.*, p. 91.

Por fim, ressalte-se que a subscrição das ações pelo terceiro ingressante também poderá ser feita mediante a integralização de bens. Trata-se do aporte (*drop down*) de ativos em troca de ações de emissão das sociedades para as quais tais recursos ou ativos são contribuídos. Tal integralização de bens deverá observar as regras de avaliação previstas no art. 8º da Lei das S.A.

1.2.5. Alienação de ativos ou trespasse de estabelecimento comercial

Outra estrutura jurídica relevante utilizada para a realização de operações de fusões e aquisições é a da alienação de ativos. Juridicamente, trata-se da celebração de contrato de compra e venda de bens, móveis ou imóveis, celebrado entre a sociedade titular dos bens e o terceiro interessado na aquisição de tais bens.

Apesar de tal estrutura não ser tão comum quanto a aquisição secundária de participações societárias, há alguns motivos que justificam a sua adoção. O primeiro deles, e mais evidente, é o fato de que o adquirente pode restringir a aquisição apenas aos ativos da sociedade que lhe interessam.

Outra razão é a sucessória – o adquirente busca evitar assumir as obrigações e passivos do vendedor, optando pela aquisição dos seus ativos, ao invés de se tornar sócio titular das quotas do vendedor.

Por fim, em situações nas quais há restrições de caráter legal ou contratual para a compra e venda de ações de uma sociedade, a alienação de todos ou parcela relevante de seus ativos pode ser uma modalidade alternativa viável para a realização do negócio[34].

Quando o negócio envolve a alienação de um complexo de bens e direitos organizados para o exercício da empresa (e não apenas a venda de ativos isolados), estamos diante de um trespasse de estabelecimento comercial, regrado pelos arts. 1.142 a 1.149 do Código Civil[35].

1.3. A complexidade das negociações em operações de fusões e aquisições

A fase de negociações de operações de fusões e aquisições é de grande importância para os "candidatos a contratante", aqui entendidos, a depender da operação de fusões e aquisições referenciada, como, (i) de um lado, os interessados em adquirir a empresa-alvo da operação e, de outro, os

[34] CASTRO, Rodrigo Rocha Monteiro de. *Op. cit.*, pp. 275-277.

[35] Nos termos do art. 1.142 do Código Civil, "considera-se estabelecimento todo complexo de bens organizados, para exercício da empresa, por empresário, ou por sociedade empresária".

próprios titulares das participações societárias negociadas ou os representantes das empresas-alvo envolvidas[36] ; ou (ii) os interessados em unir esforços por meio de uma reorganização societária ou em uma *joint venture*.

Isso porque é na fase de negociações que os candidatos a contratante recebem as informações necessárias para formação efetiva de seu convencimento com relação ao negócio.

Afinal, no geral, na fase inicial de operações de fusões e aquisições os candidatos a contratante não têm pleno conhecimento da situação financeira, contábil, estratégica e jurídica um do outro, da empresa-alvo e/ou de seus sócios, tampouco a certeza sobre qual é a melhor estrutura jurídica a ser adotada para o negócio, qual o valor das prestações e contraprestações resultantes da operação, quais cláusulas contratuais e prazos estabelecer no contrato definitivo e até mesmo o seu efetivo interesse na realização do negócio.

Assim, antes da efetiva concretização das operações de fusões e aquisições, é necessário que os candidatos a contratante façam a análise de uma grande variedade de matérias durante as negociações, para que possam chegar a uma conclusão sobre os contornos do negócio e, até mesmo, sobre o seu efetivo interesse em realizá-lo.[37]

Dois aspectos de grande relevância geralmente analisados em negociações de operações de fusões e aquisições são (i) a situação financeira e contábil das sociedades envolvidas e (ii) os valores envolvidos para a sua concretização. Tal análise é geralmente realizada por contadores, auditores e consultores financeiros.

Outro aspecto comumente analisado em negociações de operações de fusões e aquisições é a situação jurídica das empresas envolvidas, o que exige a participação de advogados de diversas áreas do direito.

[36] REBELO, Nikolai Sosa. *Op. cit.*, p. 97. Ressalte-se que pode haver variações nos candidatos a contratante a depender da estrutura e do objeto do negócio pretendido. Por exemplo, em operações de compra e venda de ações, teremos, de um lado, potencial comprador e, de outro, potencial vendedor. Em aquisições primárias, teremos, de um lado, potenciais investidores e, de outros, atuais sócios e empresa-alvo.

[37] *"(...) é preciso compreender que a concretização de uma operação de F&A é fruto de um processo (conjunto de atos que se sucedem para a realização de determinado objetivo) complexo e flexível de negociação. A complexidade do processo decorre, em boa medida, da interdisciplinaridade das análises envolvidas nas negociações. Nessas tratativas, advogados, contadores, auditores e financistas contribuem para que os interesses das partes envolvidas sejam preservados e para que os objetivos sejam eficientemente alcançados"* (BOTREL, Sérgio. *Op. cit.*, p. 43).

A atuação de advogados em negociações de operações de fusões e aquisições não se restringe à análise da situação jurídica das empresas envolvidas. Os advogados das mais diversas áreas do direito também atuam na condução das negociações e na elaboração e concretização das estruturas jurídicas da operação, bem como na assessoria jurídica visando à obtenção de eventuais autorizações necessárias junto aos entes estatais, como o CADE, o Banco Central do Brasil, a SUSEP, entre outros.

A respeito da dificuldade em se apurar a situação financeira e contábil das sociedades envolvidas e os impactos de determinados contratos na operação, explica Fábio Konder Comparato que é preciso:

> reconhecer a indispensabilidade prática da tomada em consideração de certos fatores, de difícil ou impossível mensuração a curto prazo. É o caso, por exemplo, da existência de passivos ocultos (as *hidden liabilities*, contra as quais a prática internacional exige garantias efetivas), ou de ativos inexistentes ou sem valor efetivo, não depreciados em balanço. É o caso, também, dos grandes contratos em curso de negociação ou das participações em concorrência pública, cujos resultados podem afetar substancialmente a vida da empresa.[38]

Em razão de todas as incertezas acima apontadas e da necessidade da análise prévia de uma grande variedade de questões, a fase de negociações de operações de fusões e aquisições é geralmente longa e complexa.

Atualmente não existe no direito brasileiro um procedimento cogente disciplinando a fase de negociações de operações de fusões e aquisições, de modo que os candidatos a contratante são livres para conduzi-la da maneira que entenderem mais apropriado.[39]

No entanto, como explica Sérgio Botrel, é possível afirmar que atualmente existe um processo padrão nas negociações de operações de fusões e aquisições devido ao grau de maturidade e profissionalismo alcançado pelo mercado brasileiro.[40]

A seguir, iremos apresentar as etapas que compõem esse processo padrão de negociações de operações de fusões e aquisições no mercado

[38] COMPARATO, Fábio Konder. *Novos Ensaios e Pareceres de Direito Empresarial.* Rio de Janeiro: Ed. Forense, 1981, pp. 234-235.

[39] *"A flexibilidade do processo de negociação é consequência da inexistência de um procedimento cogente a ser observado, o que permite às partes conduzir as negociações do modo que melhor lhes aprouver"* (BOTREL, Sérgio. *Op. cit.*, pp. 43-44).

[40] BOTREL, Sérgio. *Op. cit.*, p. 197.

brasileiro, que, naturalmente, podem apresentar algumas variações na prática.[41]

1.3.1. Início das negociações e sua formalização

As negociações de operações de fusões e aquisições geralmente iniciam-se com conversas preliminares e informais sobre o futuro negócio entre os candidatos a contratante.

A aproximação entre candidatos a contratante pode ou não ser fruto de intermediação realizada por terceiros, como bancos ou empresas de prestação de serviços destinados a procurar e efetivar oportunidades de negócio.[42]

Após esse contato inicial, havendo interesse de ambos os candidatos a contratante em prosseguir com as negociações, eles normalmente produzem documentos registrando a sua intenção de negociar ou de até se vincular à celebração do contrato definitivo.[43]

Esses documentos, que são o principal objeto de estudo deste trabalho e serão profundamente tratados nos próximos capítulos, podem apresentar os mais variados nomes, por exemplo, memorando de entendimentos, cartas de intenção, protocolo de intenção, contrato preliminar, acordo de confidencialidade, proposta, *term-sheet*, entre outros.[44]

Além de registrar a sua intenção de negociar ou de até se vincular à celebração do contrato definitivo, os candidatos a contratante ainda utilizam-se desses documentos para disciplinar as negociações, incluindo neles, por exemplo, regras sobre a confidencialidade das informações trocadas, rateio das despesas incorridas com a negociação, cronograma das negociações, entre outros.

[41] BOTREL, Sérgio. *Op. cit.*, pp. 197-199.

[42] *"As tratativas podem iniciar, por exemplo, por prospecções, por anúncios públicos ou por meio de intermediários, como bancos ou empresas de prestação de serviços destinados a buscar ou a implementar as chamadas «oportunidades de negócio»; pelo oferecimento, por via dos mais variados meios de expressão, de notícias e informações sobe o bem a ser alienado, ou o serviço a ser prestado, ainda de forma genérica e sem qualquer força de vinculação negocial; pelo oferecimento da disposição a contratar ou por meio de invitatio ad offerendum, isto é, do convite a receber proposta diretamente endereçada pelo ofertante ou por meio da «proposta ao público», que é um convite dirigido a pessoa incerta, o público"* (MARTINS--COSTA, Judith. *A boa-fé no direito privado: critérios para a sua aplicação.* São Paulo: Ed. Marcial Pons, 2015, p. 389).

[43] REBELO, Nikolai Sosa. *Op. cit.*, pp. 97-98.

[44] BOTREL, Sérgio. *Op. cit.*, p. 197.

Acrescente-se, ainda, que os documentos podem apresentar alguns aspectos e informações referentes ao negócio definitivo, os quais estarão sujeitos à posterior confirmação pelos candidatos a contratante de seu interesse em celebrar o contrato definitivo.

1.3.2. Troca de informações

Após o registro do interesse dos candidatos a contratante em prosseguir com as negociações, inicia-se a etapa de troca de informações contábeis, financeiras, jurídicas e estratégicas.[45]

Esclareça-se que é possível que somente um dos candidatos a contratante tenha que fornecer suas informações. Por exemplo, em uma operação de compra e venda de ações, a grande maioria das informações será fornecida pelo potencial vendedor ao potencial adquirente das ações ou quotas da sociedade-alvo.

No entanto, existem situações em que todos os envolvidos acabam tendo que fornecer, um ao outro, suas informações (por exemplo, em operações de fusão, incorporação de ações, etc.). Estabelecer aquele que deverá fornecer as informações nesta etapa dependerá do objeto e da estrutura da operação que está sendo negociada.[46]

A análise das informações dos candidatos a contratante é usualmente realizada por meio da chamada *due diligence*[47] que, conforme ensinamento de Sérgio Botrel, é:

[45] *"É comum que a auditoria só seja realizada após a realização de uma "proposta não vinculante" (non binding offer), baseada em informações preliminares reveladas, que traz uma precificação sujeita a ajustes e negociações decorrentes daquilo que vier a ser constatado na due diligence. Como regra geral, só se justifica permitir o aprofundamento de análise documental e informacional caso as partes estejam de acordo com determinadas premissas para a precificação do negócio"* (Botrel, Sérgio. *Op. cit.*, pp. 197-198).

[46] Botrel, Sérgio. *Op. cit.*, p. 200.

[47] Sérgio Botrel elucida que em alguns casos a *due diligence* é dispensada, por exemplo em operações envolvendo sociedades anônimas de capital aberto, o que leva as declarações e garantias ganharem importância. Sérgio Botrel afirma que "*as operações envolvendo as companhias abertas costumam não ser precedidas de uma due diligence, o que se justifica em virtude de essas empresas sofrerem uma intensa fiscalização da CVM e terem suas demonstrações financeira auditadas por empresas habilitadas a esse mister pela própria CVM. Nada impede, contudo, que o procedimento de auditoria legal, contábil ou financeira ocorra após o fechamento do negócio – com o intuito de se implementar eventuais ajustes do que foi pactuado. Em caso de não ser realizada a due diligence, as "declarações e garantias (representations and warranties) assumem especial relevância, porquanto a parte que não teve a oportunidade de promover o procedimento investigativo sob análise pautará sua decisão negocial exclusivamente nas declarações e garantias prestadas pela outra parte*" (Botrel, Sérgio. *Op. cit.*, p. 199).

> procedimento de auditoria que tem por principais objetivos (...) obter a melhor compreensão possível do negócio a ser adquirido ou "combinado"; aumentar a possibilidade de uma escolha acertada; possibilitar ajustes no preço; realizar uma avaliação dos riscos da operação e do negócio; e reduzir a exposição do vendedor a eventuais reclamações do comprador, em caso de venda de ativos empresariais ou participações societárias.[48]

A *due diligence* é normalmente realizada por empresas especializadas em contabilidade e estratégias de negócios, que analisam o mercado, a situação econômico-financeira, as possíveis sinergias e sua quantificação, as possíveis contingências, dentre outros aspectos, bem como por escritório de advocacia, responsável pela análise de questões jurídicas de diversas áreas do direito (trabalhista, fiscal, cível, societário, contratual, imobiliário, ambiental, administrativo, etc.).[49]

O início da *due diligence* é normalmente marcado pela elaboração de lista elencando os documentos e informações, cuja análise é necessária para a avaliação do negócio, e, portanto, devem ser disponibilizados.[50]

Em seguida, os documentos e informações indicados na lista são disponibilizados no *data room*. O *data room* é um espaço, físico ou virtual, em que as informações e documentos são disponibilizados para que todos envolvidos em sua análise possam ter simultaneamente acesso a eles.[51]

A última etapa da *due diligence* é a elaboração de relatórios avaliando e elencando os possíveis ganhos e contingências decorrentes de ações judiciais, processos administrativos, questões regulatórias, arbitragens, contratos, bem como os ativos e passivos detectados e sua situação legal.[52]

Note-se a importância da *due diligence* para as negociações de operações de fusões e aquisições. É por meio do resultado da *due diligence* que os candidatos a contratante conseguem ter uma visão mais precisa das vantagens e desvantagens do futuro negócio, influenciando na sua convicção em realizá-lo ou não.

[48] Botrel, Sérgio. *Op. cit.*, p. 199.
[49] Botrel, Sérgio. *Op. cit.*, p. 198.
[50] Botrel, Sérgio. *Op. cit.*, p. 197.
[51] Rebelo, Nikolai Sosa. *Op. cit.*, p. 100.
[52] Rebelo, Nikolai Sosa. *Op. cit.*, p. 100.

1.3.3. Determinação do preço, do formato do negócio e suas demais condições

Paralelamente à realização da *due diligence* (ou, por vezes, após a sua conclusão), os candidatos a contratante também discutirão e negociarão o preço, a estrutura jurídica[53] mais adequada a ser adotada na operação (alienação de participação societária com pagamento em dinheiro ou em dinheiro e ações ou só em ações, fusão, incorporação de ações, etc.) e as demais condições do negócio (cláusulas de responsabilidade, resolução de disputas, troca de comunicações, etc.).

As discussões sobre o preço são geralmente baseadas em laudos de avaliação (*valuation*) elaborados por consultores financeiros, sendo o fluxo de caixa descontado ou os múltiplos de EBITDA exemplos de métodos utilizados em operações de fusões e aquisições para apurar a valoração do negócio.[54]

Esclareça-se que os candidatos a contratante devem ter muita cautela ao definir o preço/valor envolvido na operação de fusões e aquisições. Isso porque eles não poderão pleitear posteriormente a anulação do negócio por erro no preço/valor, especialmente por serem geralmente partes sofisticadas, atuantes no comércio.[55]

É muito importante que as condições do negócio sejam amplamente discutidas, viabilizando, assim, a elaboração conjunta, em especial, de cláusulas como a de resolução de disputas e mecanismos de saída[56].

[53] As principais estruturas jurídicas foram elencadas no item 1.2 deste trabalho.

[54] BOTREL, Sérgio. *Op. cit.*, pp. 198-199.

[55] A esse respeito, Fábio Konder Comparato, explica que "*em nosso Direito, o erro quanto ao preço ou valor em relação à qualidade da coisa, objeto da contratação, não é considerado como vício capaz de provocar a anulação do negócio, sobretudo quando as partes são do comércio. Quando muito, dará ensejo, conforme as circunstâncias, a uma ação quanti monoris (Código Civil, art. 1.105). Uma razão a mais para que as partes, desejando tornar obrigatória uma cessão de controle acionário em que existe incerteza objetiva quanto ao valor global da empresa, vinculem-se pela promessa de contratar, sem fixar um preço definitivo*" (COMPARATO, Fábio Konder. *Novos Ensaios e Pareceres de Direito Empresarial*. Rio de Janeiro: Ed. Forense, 1981, p. 235).

[56] Segundo Sérgio Botrel, "*é preciso insistir que a criação de mecanismos de saída dos sócios e de desfazimento do negócio merece ser negociada antes de sua conclusão. Trate-se de item que deve ser colocado em pauta nas negociações, mas que muitas vezes só é lembrado após a conclusão da operação e depois que há um desgaste insuportável da relação entre as partes. Muito se discute sobre a "porta de entrada" no negócio, mas muito pouco se discute sobre a "porta de saída", o que consiste em equívoco grave, e que pode custar às partes tempo e dinheiro*" (BOTREL, Sérgio. *Op. cit.*, p. 41).

Sérgio Botrel atenta para o fato de que:

> apesar de serem inúmeras e variadas as justificativas para o elevado índice referido [*índice de fracasso após o encerramento das operações de fusões e aquisições*], existem determinados procedimentos e condutas que podem reduzir consideravelmente as chances de se implementar uma operação fracassada, havendo, ainda, como minorar os efeitos de uma operação malsucedida, o que usualmente é levado a efeito mediante a aplicação de técnicas societárias acordadas pelas partes já no momento de celebração do negócio.[57]

Paralelamente às discussões sobre o preço, a estrutura jurídica da operação e as condições do negócio, é comum que os candidatos a contratante iniciem a troca de minutas do futuro e eventual contrato.

O objetivo da troca de minutas é apenas facilitar e acelerar o trabalho que está em andamento. Conforme será elucidado nos próximos capítulos, a mera troca de minutas não significa necessariamente que os candidatos a contratante estão comprometidos com a celebração do contrato definitivo.

Dependendo das divergências entre os candidatos a contratante, esta etapa pode acabar sendo longa, exigindo a realização de diversas rodadas de negociações, resultando, por vezes, na elaboração de novos documentos.

1.3.4. A conclusão do contrato e as condições precedentes

No momento em que os candidatos a contratante formam o seu convencimento quanto à realização do negócio e chegam a um acordo sobre todos os seus aspectos, aprovando a versão final do contrato, é realizada a assinatura do contrato.

Após a assinatura do contrato pelos candidatos a contratante, dependendo do modelo de negócio adotado e de suas características, será necessário o atendimento de determinadas condições precedentes para que o fechamento ocorra e o negócio pretendido seja consumado.

Esclareça-se, no entanto, que em algumas situações o fechamento da operação ocorre de forma imediata. O *fechamento imediato* ocorre quando os candidatos a contratante já tomaram todas as medidas, e obtiveram todas as aprovações necessárias à conclusão do contrato e fechamento da operação (por exemplo, todas aprovações junto aos órgãos reguladores

[57] BOTREL, Sérgio. *Op. cit.*, pp. 40-41.

foram obtidas), inexistindo, assim, condições precedentes ao fechamento, que ocorre na mesma data da assinatura do contrato.

Quando o fechamento imediato não é viável, opta-se pelo *fechamento diferido*, que implica a celebração do contrato definitivo da operação com condições precedentes ao fechamento.

Vejamos abaixo alguns exemplos de condições precedentes ao fechamento de operações de fusões e aquisições:

a) **Aprovação da operação pelas entidades governamentais competentes**: a aprovação da operação de fusões e aquisições pelas entidades governamentais e pelos órgãos reguladores competentes, conforme aplicável: por exemplo, CADE, Banco Central, SUSEP, ANEEL, ANAC, ANTT, entre outros. Quando aplicáveis, tais aprovações costumam ser fundamentais e imprescindíveis para o fechamento do negócio, por força de exigência legal, não sendo possível aos candidatos a contratante renunciarem ao atendimento de tal condição para o fechamento do negócio.

b) **Inexistência de restrições judiciais ou administrativas à consumação da operação**: é bastante usual, também, que os candidatos a contratante concordem que o fechamento da operação só poderá ocorrer caso inexistam medidas ou ordens judiciais ou governamentais que proíbam, restrinjam ou tornem ilícita a consumação da operação pretendida pelas partes.

c) **Obtenção de anuência de terceiros (financiadores ou contrapartes de outros contratos)**: a necessidade ou não da obtenção da anuência de terceiros (que mantêm relação contratual coma a sociedade-alvo) para a consumação da operação deve ser verificada durante a fase de *due diligence* jurídica. É comum em contratos de financiamento a presença de cláusula que disponha, por exemplo, que se o controle da empresa tomadora do empréstimo for transferido para outro grupo econômico, o financiador poderá vencer antecipadamente a dívida, tornando as obrigações financeiras no âmbito do contrato de financiamento imediatamente exigíveis. Restrições semelhantes podem estar presentes em outros contratos firmados pela sociedade-alvo. Nesse caso, é natural que o candidato adquirente exija que o fechamento da operação apenas ocorra após a obtenção das anuências (conhecidas como *waivers*) necessárias para a realização da operação. Todavia, diferentemente das exigências de ordem legal, os candidatos a contratante não estarão impedidos de fechar a operação caso os *waivers* necessários não sejam obtidos tempestivamente (ou caso eles sejam negados pelas contrapartes). Assim, caso o fechamento ocorra sem a obtenção dos *waivers* necessários, a sociedade-alvo (e, indiretamente, o seu adquirente e demais sócios) precisarão lidar com as consequências jurídicas do inadimplemento contratual previstas em cada instrumento específico.

d) **Veracidade de declarações e garantias; cumprimento de obrigações e deveres**: uma cláusula que costuma estar presente nos contratos definitivos de operações de fusões e aquisições, especialmente nos negócios mais complexos ou de maior porte, é a de declarações e garantias (*representations and warranties*). Por meio das declarações e garantias prestadas pela empresa vendedora, esta atesta ao adquirente uma série de fatos relativos à sociedade-alvo e às suas atividades: devida constituição; capacidade para contrair obrigações; inexistência de violação a obrigações da sociedade-alvo com a consumação da operação; listagem de processos judiciais existentes; listagem de contratos relevantes; devida titularidade de ativos; cumprimento de leis (inclusive ambientais, trabalhistas, tributárias, etc.), dentre diversos outros. Além disso, por vezes, vendedor e sociedade-alvo comprometem-se a não praticar atos fora do curso ordinário dos negócios entre a assinatura do contrato e o fechamento da operação, sem a anuência do adquirente. Nesse sentido, é possível que o comprador exija que as declarações e garantias prestadas na data da assinatura do contrato continuem verdadeiras na data do fechamento e que vendedor e sociedade-alvo não tenham descumprido os deveres previstos no contrato da operação no interregno entre a assinatura e o fechamento.

e) **Fatos identificados na *due diligence*.** O adquirente pode exigir que determinadas pendências ou irregularidades relacionadas à sociedade-alvo, seu patrimônio ou suas atividades sejam sanadas previamente ao fechamento da operação. Por exemplo, o adquirente pode ter identificado alguma irregularidade em um imóvel relevante da sociedade-alvo e exigir a inclusão no contrato que o fechamento não ocorrerá enquanto a pendência do imóvel não for resolvida.

Naturalmente, cada negócio terá o seu próprio contorno e, assim, cada caso concreto poderá exigir a criação de condições precedentes específicas e não contempladas na lista acima, que é meramente exemplificativa.

Na prática, utiliza-se a expressão "condições precedentes" de forma genérica, mas, conforme elucida Judith Martins-Costa, tais condições precedentes, no direito brasileiro, podem ter natureza jurídica de condição suspensiva, termo, ônus jurídico ou de obrigação.

Muitas vezes as condições precedentes apresentam conteúdo de obrigação, porém roupagem de condição suspensiva.[58] A qualificação jurídica e os efeitos das condições precedentes dependerão da análise de cada caso concreto e não faz parte do escopo do presente trabalho.

1.3.5. Fechamento

Com a implementação das condições precedentes, nelas abrangidas as condições suspensivas, ônus e deveres, ocorre o adimplemento das obrigações principais do negócio.

No fechamento ocorre o cumprimento das obrigações principais do negócio. Por exemplo, no contrato de compra e venda de ações, é no fechamento que o comprador paga o preço ao vendedor e o vendedor, por sua vez, transfere as ações da empresa para o comprador.

Além disso, nessa fase é comum ocorrer a renúncia pelos administradores atuais e eleição de novos membros da administração pelo novo acionista da empresa.

Em vendas parciais, costuma-se celebrar acordos de acionistas, que estabelecerão as regras relacionadas a direito de voto, direito de preferência na aquisição de ações e outros temas correlatos à relação societária.

1.4. A complexidade das negociações de operações de fusões e aquisições e os documentos firmados durante o seu curso pelos candidatos a contratante

Verificou-se, nos itens anteriores, que existe um longo percurso a ser percorrido pelos candidatos a contratante antes da concretização de uma operação de fusão e aquisições, sendo as negociações uma importante etapa dele.

[58] MARTINS-COSTA, Judith. *A boa-fé no direito privado: critérios para a sua aplicação.* São Paulo: Ed. Marcial Pons, 2015, p. 395.

Isso porque é durante as negociações que os candidatos a contratante recebem as informações necessárias para discutir e definir efetivamente os contornos, a formatação e o seu efetivo interesse quanto à realização do negócio.

Até chegarem a essas definições, geralmente muitas são as incertezas dos candidatos a contratante.[59] Para afastá-las é necessária uma intensa troca de informações e a realização de muitas análises assessoradas e de rodadas de discussão.

Em razão da grande quantidade de informações trocadas e de discussões travadas, os interesses e expectativas dos candidatos a contratante podem variar durante o longo período de negociações.

Essa variação de interesses e de expectativas pode ocasionar prejuízos aos candidatos a contratante durante as negociações. Por exemplo, a perda dos investimentos realizados no futuro negócio, acreditando-se em uma falsa expectativa gerada por um dos candidatos a contratante durante as negociações.

Em meio a essa grande quantidade de atividades e de possíveis mudanças de interesses e de expectativas, percebe-se, a partir da prática comercial, que é comum os candidatos a contratante celebrarem determinados documentos no curso das negociações.

Esses documentos podem apresentar um conteúdo variado. Por meio deles, os candidatos a contratante costumam estabelecer regras para a negociação, indicar seus interesses, condições para a celebração do contrato definitivo, entre outras coisas.

A seguir, analisaremos mais a fundo o que são esses documentos e como eles são vistos pela doutrina brasileira, para, assim, se compreender qual é o papel desempenhado por eles na longa etapa de negociações de operações de fusões e aquisições.

[59] Regis Fichtner Pereira explica que "*a fase das negociações contratuais envolve, pela sua própria natureza, uma incerteza quanto ao resultado das atividades praticadas pelas partes. Quem inicia negociações para o estabelecimento de um contrato não o faz com a certeza de que a sua atividade trará resultados. A parte que está negociando um contrato assume o risco de despender tempo e dinheiro sem obter qualquer resultado*" (PEREIRA, Regis Fichtner. *A responsabilidade civil pré-contratual: teoria geral e responsabilidade pela ruptura das negociações contratuais*. Rio de Janeiro: Ed. Renovar, 2001, p. 283).

CAPÍTULO 2
OS DOCUMENTOS FIRMADOS EM NEGOCIAÇÕES DE OPERAÇÕES DE FUSÕES E AQUISIÇÕES

2.1. Os documentos firmados em negociações de operações de fusões e aquisições

No capítulo 1 deste trabalho, verificou-se que é muito comum os candidatos a contratante celebrarem documentos no curso das negociações de operações de fusões e aquisições, em especial logo no início das negociações e/ou ao fim da etapa de *due diligence.*

Esses documentos surgiram a partir da prática comercial, em especial por influência do sistema da *common law*[60], e não estão disciplinados de forma específica na teoria clássica da formação dos contratos, com exceção da figura do contrato preliminar, que será estudada no capítulo III.[61],[62] Eles têm como fundamento o princípio da liberdade contratual.[63]

Por não estarem disciplinados especificamente no ordenamento jurídico[64], esses documentos podem apresentar os mais diversos nomes, a

[60] Martins-Costa, Judith. *As cartas de intenção no processo formativo da contratação internacional: os graus de eficácia dos contratos e a responsabilidade pré-negocial.* Trabalho apresentado no seminário sobre "Contratos Internacionais e o MERCOSUL", Faculdade de Direito, Universidade Federal do Rio Grande do Sul, p. 5.

[61] O contrato preliminar está disciplinado nos artigos 462 e seguintes do Código Civil.

[62] A respeito do tema, Maristela Basso explica que *"as novas figuras, emergentes da prática do comércio internacional, inventadas ou reaproveitadas de acordo com as necessidades modernas, incluem as "cartas de intenção", os "acordos de segredo", as "garantias bancárias", os "contratos-promessa de contratar", e são verdadeiros modelos jurídicos, que não foram contemplados no edifício clássico da teoria tradicional da formação dos contratos"* (Basso, Maristela. *Contratos Internacionais do Comércio: negociação, conclusão, prática.* 3ª edição, Porto Alegre: Ed. Livraria do Advogado, 2002, p. 181).

[63] Baptista, Luiz Olavo. *Contratos Internacionais.* São Paulo: Ed. Lex Magister, 2010, p. 157.

[64] A respeito do tema, Orlando Gomes explica que *"se bem que não estejam previstos no Código Civil, os acordos provisórios e preparatórios são admissíveis no contexto da autonomia privada e naquela*

saber, carta ou protocolo de intenções, memorando de entendimentos, *term-sheet*, protocolo de entendimentos, oferta, proposta, contrato preliminar, acordo de confidencialidade entre outros. Conforme ensina Maristela Basso, há praticamente uma "anarquia terminológica".[65]

O nome atribuído a tais documentos não é determinante para a sua qualificação jurídica. Isso porque, independentemente do nome, eles podem apresentar as mais variadas funções, cláusulas, informações, obrigações, entre outros, em especial em operações de fusões e aquisições.[66]

Além disso, nesses documentos, os candidatos a contratante podem fixar os pontos acordados ao longo das negociações, estabelecer obrigações como as de confidencialidade e exclusividade, estabelecer a obrigação de contratar, fixar o prazo de duração da negociação, consagrar os elementos essenciais do contrato definitivo, determinar o rateio de despesas, regulamentar eventual dever de indenização decorrente da negociação, fornecer informações sobre o negócio e sobre a intenção das partes nas negociações, entre outros.[67]

Aliás, a prática comercial indica que é comum os candidatos a contratante estabelecerem todas essas possibilidades de obrigações, informações e funções em um mesmo documento em negociações de operações de fusões e aquisições.

Conforme ensina Judith Martins-Costa, são tantas as funções que os documentos firmados durante as negociações podem apresentar, que é praticamente impossível agrupá-los sob um denominador comum, salvo o fato de estarem situados na fase de formação do contrato.[68]

faixa em que a liberdade contratual se apresenta como a possibilidade de criar concretas espécies de contrato que não correspondem a um esquema contratual típico" (Gomes, Orlando. *Contratos*. 26a edição, Rio de Janeiro: Ed. Forense, 2007, p. 71).

65 Basso, Maristela. *Contratos Internacionais do Comércio: negociação, conclusão, prática*. 3a edição, Porto Alegre: Ed. Livraria do Advogado, 2002, p. 183.

66 Cristiano de Sousa Zanetti explica que "*há contratos que naturalmente fazem parte da formação de outros contratos (...) embora funcionalmente distinguíveis, tais contratos, no plano prático, não raro aparecem num mesmo instrumento, podendo formar, inclusive, um contrato complexo*" (Zanetti, Cristiano de Sousa. *Responsabilidade pela ruptura das negociações*. São Paulo: Ed. Juarez de Oliveira, 2005, p. 18).

67 Basso, Maristela. *Contratos Internacionais do Comércio: negociação, conclusão, prática*. 3ª edição, Porto Alegre: Ed. Livraria do Advogado, 2002, p. 185.

68 De acordo com Judith Martins-Costa, "*as tratativas constituem um período exigente da mais acurada atenção do intérprete, pois pode ser permeada por diversas manifestações e formas de comunica-*

Assim, a qualificação jurídica desses documentos dependerá unicamente de seu conteúdo[69], de modo que o nome atribuído a eles pode vir a ser apenas um dos fatores indicativos da intenção dos candidatos a contratante.[70]

Apesar da inexistência de um padrão na denominação e no conteúdo desses documentos vistos como um todo[71], a sua celebração em negociações de operações de fusões e aquisições é uma prática consolidada entre candidatos a contratante.[72]

ção entre os sujeitos que se encontram negociando um contrato definitivo. Essa atenção há de voltar-se, precipuamente, a detectar quais as concretas funções são desempenhadas pelos pactos preliminares, pois estas funções são tão diversificadas que não é possível agrupá-los sob um denominador comum, salvo o fato de estarem situados na fase formativa, tendendo à formação de um contrato. As indicações abaixo alinhadas, portanto, têm valor relativo: em linha de princípio, durante as tratativas, as comunicações entre as partes não passam de «um programa ou esquema hipotéticos, que poderão eventualmente converter-se em contratos, apenas quando e se a vontade for declarada com a intenção de vincular»" (MARTINS-COSTA, Judith. *A boa-fé no direito privado: critérios para a sua aplicação.* São Paulo: Ed. Marcial Pons, 2015, p. 387).

69 Maristela Basso explica que "*o estatuto jurídico das cartas de intenção é incerto, até mesmo porque muitos negociadores acreditam, ainda que lançando mão de tais instrumentos, que eles geram conseqüências jurídicas vinculantes. (...) Tudo depende, portanto, de como está redigida a carta de intenção, do seu conteúdo, de sua forma e fundo. Por isso é difícil a generalização, já que estamos no reino da autonomia privada*" (BASSO, Maristela. *Contratos Internacionais do Comércio: negociação, conclusão, prática.* 3ª edição, Porto Alegre: Ed. Livraria do Advogado, 2002, p. 184).

70 Nesse sentido, elucida Judith Martins-Costa que "*nessa temática, embora o título dado ao documento possa ser indicativo da intenção das partes, não prevalece a denominação sobre a significação, ou a etiqueta sobre o conteúdo. Mais importante do que o título dado às figuras situadas na fase das tratativas, importa para a sua exata qualificação jurídica o exame de sua substância conteudística*" (MARTINS-COSTA, Judith. *A boa-fé no direito privado: critérios para a sua aplicação.* São Paulo: Ed. Marcial Pons, 2015, p. 392).

71 Sérgio Botrel entende que a denominação desses documentos está praticamente consolidada no mercado. No entanto, ainda é comum a elaboração de documentos em negociações de operações de fusões e aquisições, que não apresentam a finalidade indicada por ele para cada denominação. Esse fato foi reconhecido pelo próprio Sérgio Botrel (BOTREL, Sérgio. *Op. cit.*, pp. 226-227). Assim, não será abordado no presente trabalho os conceitos e definições de Sérgio Botrel sobre os documentos celebrados durante as negociações.

72 Dinir Rocha e Marcelo Nunes explicam que "*diante do aumento da complexidade das operações de M&A, a prática comercial demonstrou ser indispensável a criação de acordos provisórios entre as partes, que demonstram a existência de uma negociação preliminar entre os interessados antes da celebração definitiva do contrato de compra e venda de ações ou quotas. Durante a fase negocial, marcada por seu caráter dinâmico, dialético e gradual, as partes discutirão de boa-fé as condições do negócio jurídico que pretendem celebrar, sem estarem, na maioria dos casos, obrigadas a realizá-lo*" (RIOS DA ROCHA, Dinir Salvador; NUNES, Marcelo Galiciano. "Term sheet e contrato de compra e venda de ações ou

Diante da recorrência desses documentos em negociações de operações de fusões e aquisições, questiona-se qual seria a relevância jurídica deles.

Alguns autores sustentam que esses documentos serviriam apenas para justificar o tempo e os gastos despendidos com a negociação perante os órgãos de administração dos candidatos a contratante ou para conseguir financiamentos junto a terceiros ainda no curso das negociações. Assim, concluem que eles não teriam grande relevância jurídica.[73]

Outros indicam que os documentos firmados durante as negociações poderiam até mesmo chegar a configurar contratos preliminares, disciplinados pelos artigos 427 e seguintes do Código Civil, gerando a obrigação dos candidatos a contratante a celebrarem o contrato definitivo.

Há ainda quem defenda que os documentos firmados durante as negociações seriam apenas uma forma de fortalecer a aplicação dos deveres decorrentes do princípio da boa-fé objetiva, tendo em vista que as negociações são disciplinadas no ordenamento jurídico pátrio, em última instância, pela boa-fé objetiva.[74]

quotas". In: Rios da Rocha, Dinir Salvador; Quattrini, Larissa Teixeira (coord.). *Fusões, aquisições, reorganizações societárias e due diligence.* São Paulo: Ed. Saraiva, 2014, p. 106). Sérgio Botrel defende posição similar (Botrel, Sérgio. *Op. cit.*, p. 197).

[73] Nesse sentido, explica Luiz Olavo Baptista que *"pode-se duvidar da utilidade desse tipo de documento, apesar da freqüência com que aparece; entretanto, já se alegou que servem pelo menos para permitir a obtenção de autorização de prosseguir na tratativa (por parte de conselhos de administração, autoridades, bancos detentores de garantias ou provedores de financiamento, etc.). Com efeito, refletindo talvez as dúvidas quanto à utilidade destas cartas de intenção, a doutrina nos países de direito romano-germanístico não se debruça com interesse sobre o tema. Na França e na Bélgica, com exceção da oferta ou da promessa de contrato (o nosso "compromisso" ou "promessa"), tudo são pouparlers sem relevância jurídica e, portanto, não obrigam as partes. Mas há, mesmo aí, circunstâncias especiais suscetíveis de acarretar a responsabilidade de quem provocar a ruptura do processo de negociação"* (Baptista, Luiz Olavo. *Contratos Internacionais.* São Paulo: Ed. Lex Magister, 2010, p. 157). Cf. também: Leitão, Luís Manuel Teles de Menezes. "Negociações e responsabilidade pré-contratual nos contratos comerciais internacionais". *Revista da Ordem dos Advogados*, ano 60, Lisboa: janeiro de 2000, p. 64.

[74] Em sentido similar, Judith Martis-Costa indica que *"aos juristas, além do exame dos motivos de tal fenômeno, se põe a questão de saber se essas novas figuras conduzem a uma verdadeira vinculação jurídica, mesmo que ainda em estado embrionário, dotadas, portanto, da eficácia e coercibilidade próprias à instância do mundo jurídico ou se os seus efeitos estão, ao contrário, confinados tão-somente ao universo dos princípios morais, das promessas sem valor jurídico para as quais a violação não conduz necessariamente à sanção"* (Martins-Costa, Judith. *As cartas de intenção no processo formativo da contratação internacional: os graus de eficácia dos contratos e a responsabilidade pré-negocial.* Trabalho apresentado no seminário sobre "Contratos Internacionais e o MERCOSUL", Faculdade de Direito, Universidade Federal do Rio Grande do Sul, p. 3).

Em uma primeira etapa na busca de uma resposta a esse questionamento, será analisada a seguir a posição da doutrina brasileira a respeito da natureza jurídica e os efeitos produzidos pelos documentos firmados durante a negociações de operações de fusões e aquisições.

2.2. A posição da doutrina brasileira a respeito dos documentos firmados durante negociações

A doutrina brasileira trata dos documentos firmados durante as negociações de forma breve, especialmente pelo fato de uma análise mais profunda depender, em grande medida, da situação fática em que eles se inserem e de seu conteúdo.[75]

Isso porque, conforme mencionado no item anterior, inexiste um padrão com relação aos documentos firmados em negociações como um todo, de modo que eles podem apresentar os mais variados títulos e conteúdo.

Não obstante, a doutrina brasileira apresenta algumas importantes conclusões sobre esses documentos. De forma unânime, a doutrina brasileira reconhece que os documentos firmados em negociações podem apresentar diversas funções, sendo as principais delas: (i) regulamentar as negociações; (ii) manifestar intenções e fornecer informações; e (iii) fixar os pontos consensuais relacionados ao contrato definitivo.[76]

[75] Segundo Judith Martins-Costa, "*a distinção entre as duas figuras – pré-contrato e cartas de intenção – é tão relevante quanto tormentosa: os efeitos de um e de outro serão completamente diversos, mas, em grande parte dos casos, só o exame da situação concreta permitirá a correta qualificação*" (Martins-Costa, Judith. *As cartas de intenção no processo formativo da contratação internacional: os graus de eficácia dos contratos e a responsabilidade pré-negocial.* Trabalho apresentado no seminário sobre "Contratos Internacionais e o MERCOSUL", Faculdade de Direito, Universidade Federal do Rio Grande do Sul, p. 5).

[76] Nesse sentido: (i) Martins-Costa, Judith. *A boa-fé no direito privado: critérios para a sua aplicação.* São Paulo: Ed. Marcial Pons, 2015, p. 390; (ii) Basso, Maristela. *Contratos Internacionais do Comércio: negociação, conclusão, prática.* 3ª edição, Porto Alegre: Ed. Livraria do Advogado, 2002, p. 183; (iii) Rios da Rocha, Dinir Salvador; Nunes, Marcelo Galiciano. "Term sheet e contrato de compra e venda de ações ou quotas". In: Rios da Rocha, Dinir Salvador; Quattrini, Larissa Teixeira (coord.). *Fusões, aquisições, reorganizações societárias e due diligence.* São Paulo: Ed. Saraiva, 2014, pp. 72-73; (iv) Grün, Mary. *A Eficácia dos Documentos Pré-contratuais.* Dissertação de Mestrado defendida na Faculdade de Direito da Universidade de São Paulo em 2006, pp. 67-68; (v) Fernandes, Wanderley. "O Processo de Formação do Contrato". In: Fernandes, Wanderley (coord.). *Fundamentos e Princípios dos Contratos Empresariais.* 2ª ed., São Paulo: Saraiva, 2012, p. 242; (vi) Baptista, Luiz Olavo. *Contratos Internacionais.* São Paulo: Ed. Lex Magister, 2010, p. 157.

Partindo da análise das possíveis funções desses documentos, grande parte da doutrina brasileira divide os documentos celebrados em negociações em duas principais categorias, quais sejam, (i) contratos preliminares; e (ii) demais documentos, que são geralmente denominados de "cartas de intenção"[77].

A doutrina entende por contrato preliminar a figura prevista nos artigos 462 e seguintes do Código Civil. Ou seja, contrato preliminar seria o documento celebrado durante as negociações (i) que contém os elementos essenciais do contrato definitivo e (ii) por meio do qual os candidatos a contratante se obrigam a celebrar o contrato definitivo.[78]

Tais documentos são verdadeiros contratos. Por meio deles, os candidatos a contratante se obrigam a celebrar determinado contrato definitivo, apesar de ainda estarem negociando alguns de seus termos. Devido à sua natureza contratual, a responsabilidade decorrente de eventual inadimplemento dos termos do contrato preliminar é contratual.[79]

Além disso, os documentos enquadrados no conceito de contrato preliminar podem apresentar diversos graus de eficácia, que serão analisados de forma mais detalhada no capítulo III deste trabalho[80].

[77] Conforme mencionado acima, existe uma "anarquia terminológica" relacionada aos documentos firmados durante as negociações. Assim, cada doutrinador adota uma denominação para fazer referência a eles em seu estudo. No entanto, grande parte da doutrina brasileira utiliza-se da denominação "carta de intenção" para fazer referência a documentos distintos dos contratos preliminares.

[78] Segundo Cristiano de Sousa Zanetti, "*o elemento categorial inderrogável do contrato preliminar é a conclusão do contrato definitivo. Não pode haver contrato preliminar, portanto, sem que as partes estejam adstritas à oportuna celebração do negócio definitivo. Segue-se daí que o contrato preliminar deve, cada vez e sempre, conter pelo menos os elementos categoriais inderrogáveis do contrato definitivo*" (ZANETTI, Cristiano de Sousa. *A Conservação dos Contratos Nulos por Defeito de Forma*. São Paulo: Ed. Quartier Latin, 2013, p. 124).

[79] Judith Martins-Costa explica que "*conhecido sob várias denominações no direito comparado – Vorvetrag, contrato preliminar, avant-contrat, contrato preliminar – o pré-contrato tem por escopo conduzir à conclusão de um segundo contrato, dito "definitivo". Por isso, a responsabilidade que decorre da lesão ao pactuado é nitidamente, responsabilidade contratual, na medida em que as partes, ou ao menos uma delas, contraiu obrigação de, no futuro, firmar o contrato definitivo*" (MARTINS-COSTA, Judith. *As cartas de intenção no processo formativo da contratação internacional: os graus de eficácia dos contratos e a responsabilidade pré-negocial*. Trabalho apresentado no seminário sobre "Contratos Internacionais e o MERCOSUL", Faculdade de Direito, Universidade Federal do Rio Grande do Sul, p. 5).

[80] Os contratos preliminares apresentam três níveis de eficácia: máximo, médio e fraco. No grau máximo de eficácia, seria possível exigir-se a execução específica do contrato preliminar.

As cartas de intenção, por sua vez, seriam aqueles documentos por meio dos quais os candidatos a contratante regulam as negociações e a retratam em seu atual estágio, mas não se obrigam a celebrar o contrato definitivo. Ao contrário do que ocorre nos contratos preliminares, os candidatos a contratante não se vinculam direta e definitivamente à celebração contrato objeto das negociações nas cartas de intenção. [81]

Para parte da doutrina brasileira, a troca de documentos classificados como carta de intenções não resultaria em um vínculo negocial entre os candidatos a contratante, mas sim em um vínculo jurídico obrigacional, gerador de deveres e responsabilidade decorrentes da incidência do princípio da boa-fé objetiva. A esse respeito, Judith Martins-Costa explica que:[82]

> Muito embora a troca de cartas de intenção não gere vinculação negocial – porquanto ainda aí não configuradas proposta e aceitação -, podem, as mesmas, restar situadas como fontes de vinculação jurídica obrigacional, gerando, portanto, deveres e responsabilidade: somente quando se têm presentes a concepção dinâmica da relação obrigacional e a força da incidência do princípio da boa-fé objetiva será possível compreender a relevância, para a dogmática obrigacional, da noção de contato social como fonte genérica de deveres que se alocam nos planos pré e pós-contratual.

Seguindo essa lógica, Luiz Olavo Baptista defende que as cartas de intenção seriam instrumentos para dar corpo às consequências da doutrina clássica da *culpa in contrahendo*.[83]

[81] Nesse sentido, Fábio Pedro Alem afirma que "*o contrato preliminar é um tipo de contrato que estabelece a obrigação de realizar outro contrato. Como tal, dá direito à parte prejudicada de exigir o cumprimento da obrigação da outra parte, ou seja, comporta execução específica (sem prejuízo do direito da resolução em perdas e danos). A carta de intenção, por sua vez, não confere direitos, pois, em princípio, não obriga as partes a realizar um negócio ou contrato. Em verdade, a carta de intenção é uma das formas de instrumentalização da fase de negociações preliminares, mas pode, dependendo do caso, assumir ou exercer a função de contrato preliminar*" (ALEM, Fabio Pedro. *Contrato preliminar: eficácia nos negócios jurídicos complexos*. Mestrado em Direito das Relações Sociais, subárea Direito Civil Comparado, pela Pontifícia Universidade Católica de São Paulo, 2009, p. 99).

[82] MARTINS-COSTA, Judith. *As cartas de intenção no processo formativo da contratação internacional: os graus de eficácia dos contratos e a responsabilidade pré-negocial*. Trabalho apresentado no seminário sobre "Contratos Internacionais e o MERCOSUL", Faculdade de Direito, Universidade Federal do Rio Grande do Sul, p. 8.

[83] Luiz Olavo Baptista explica que "*parece-nos não haver dúvidas de que é da redação da carta de intenção que nascem ou podem nascer consequências de ordem jurídica, e que estas podem ser mensuráveis.*

Luis Gastão Paes de Barros Leães[84] e Antonio Junqueira de Azevedo (em sua obra *Negócio Jurídico e Declaração Negocial*)[85], contudo, defendem que os documentos nomeados por muitos autores como "cartas de intenção" teriam natureza de atos jurídicos em sentido estrito, por serem declarações negociais sem efeitos jurídicos diretos. Os efeitos jurídicos decorrentes das cartas de intenção seriam aqueles previstos em lei, no caso, aqueles decorrentes da incidência do princípio da boa-fé objetiva.

Além da distinção entre contrato preliminar e carta de intenção, a doutrina brasileira ainda indica que os documentos celebrados durante as

Podemos, por isso, concluir que as cartas de intenção procuram dar corpo às consequências da doutrina clássica da culpa in contrahendo. *Com efeito, após tal carta de intenção, o rompimento de uma tratativa, especialmente se as partes já tiverem alcançado acordo sobre alguns pontos da negociação, passa a submeter-se ao dever de motivação. Essa motivação, cremos, deverá ser tanto mais séria quanto mais se avançar no processo e na concordância, especialmente se decorrer de pontos já assentados. Além disso, conforme o seu teor, a carta de intenção deve ser entendida como vedação a negociações paralelas, mesmo que do instrumento não conste a proibição. Além disso, conforme o seu teor, a carta de intenção deve ser entendida como vedação a negociações paralelas, mesmo que do instrumento não conste a proibição. Esta decorre do dever de boa-fé*" (BAPTISTA, Luiz Olavo. *Contratos Internacionais*. São Paulo: Ed. Lex Magister, 2010, p. 158).

84 O autor explica que "*com efeito, todo negócio jurídico, seja unilateral, bilateral, ou multilateral, origina-se de uma emissão volitiva, mas nem toda declaração de vontade gera necessariamente um negócio juridicamente vinculante. No negócio jurídico há de estar sempre presente uma finalidade jurídica, que o distingue de outros atos, também volitivos. São frequentes as declarações de vontade, ligadas a uma intenção, mas que não se destinam a produzir, a menos diretamente, efeitos jurídicos. Antônio Junqueira de Azevedo, em monografia sobre a gênese da declaração negocial (cf. Negócio Jurídico e declaração negocial, São Paulo, 1986, p. 41 e ss.), examina várias hipóteses de declaração de vontade, sem esse escopo vinculante – o* gentlemen`s agreement, *os protocolos de intenção, as minutas de contrato – enfatizando a impossibilidade de qualificá-las como negócios jurídicos (...) Ora, admitíssemos que a declaração contida na carta da P. constitui um contrato preliminar, faltam-lhe os elementos necessários para a celebração do contrato definitivo, tais como número e espécie de ação, objeto da avença, preço e condições de pagamento. Ora, basta esse fato para se constatar que, na verdade, a passagem da missiva não constituía uma declaração de vontade, orientada no sentido de gerar qualquer obrigação, sendo desenganadamente uma mera declaração de intenções, sem qualquer efeito vinculante*" (LEÃES, Luiz Gastão Paes de Barros. *Protocolo de intenções sem força obrigatória*. In: Pareceres. Volume I, São Paulo: Ed. Singular, 2004, pp. 404 e 410).

85 Antonio Junqueira de Azevedo sustenta que "*um acordo de cavalheiros pode ter efeitos jurídicos indiretos; por exemplo, para interpretação de um negócio jurídico ou, mesmo, como ato ilícito de prática de concorrência desleal. É, pois, um ato jurídico em sentido estrito, do tipo declaração de intenção. Semelhante aos acordos de cavalheiros, têm sido feitos, em negociações muito difíceis de divisão, ou partilha, e em tratativas de contratos complexos, "protocolo de intenção" ou "minutas", que também não têm caráter jurídico*" (JUNQUEIRA DE AZEVEDO, Antônio. *Negócio jurídico e declaração negocial: noções gerais e formação da declaração negocial*. São Paulo: 1986, p. 42).

negociações podem apresentar verdadeiras obrigações contratuais, como a confidencialidade das informações trocadas.[86]

Cristiano de Sousa Zanetti afirma que esses documentos podem até chegar a ser verdadeiros contratos mistos por serem o resultado da junção de mais de um contrato.[87]

Grande parte da doutrina brasileira encerra a análise dos documentos firmados durante as negociações com a distinção entre contrato preliminar e cartas de intenção e com afirmação de que neles podem existir verdadeiros contratos. Ou seja, a partir das lições apresentadas pela doutrina brasileira, conclui-se, no geral, que os documentos firmados em negociações podem:

(i) Desempenhar diversas funções, como vincular ou não os candidatos a contratante à celebração do contrato definitivo, fixar os pontos consensuais do negócio e regular as negociações.
(ii) A depender do caso concreto, serem classificados como contrato preliminar ou carta de intenção, o que irá resultar em efeitos jurídicos distintos (para a maior parte da doutrina, obrigação de contratar no primeiro caso e deveres decorrentes do princípio da boa-fé objetiva no segundo caso).
(iii) Conter verdadeiros contratos em seu teor.

Apesar de a doutrina brasileira trazer importantes lições sobre os documentos firmados em negociações, o fato é que não é possível extrair delas uma resposta clara e precisa sobre qual seria a relevância jurídica desses documentos em negociações de operações de fusões e aquisições.

Até porque a resposta a esse questionamento está atrelada à natureza jurídica e aos efeitos decorrentes desses documentos, considerando todas as possíveis combinações de cláusulas que eles podem apresentar, especialmente diante do regime jurídico atualmente aplicável às negociações.

Entretanto, a doutrina brasileira não analisa de forma precisa esses aspectos dos documentos produzidos em negociações devido à inexistên-

[86] FERNANDES, Wanderley. "O Processo de Formação do Contrato". In: FERNANDES, Wanderley (coord.). *Fundamentos e Princípios dos Contratos Empresariais*. 2ª ed., São Paulo: Saraiva, 2012, pp. 243-245.
[87] ZANETTI, Cristiano de Sousa. *Responsabilidade pela ruptura das negociações*. São Paulo: Ed. Juarez de Oliveira, 2005, p. 18.

cia de um padrão com relação ao seu título e conteúdo.[88] Para realizar uma análise precisa desses aspectos seria necessário o estudo do caso concreto.

Para contornar essa dificuldade, neste trabalho serão selecionadas as cláusulas mais recorrentes em documentos firmados em negociações de operações de fusões e aquisições e, em seguida, analisada a natureza jurídica e eficácia de cada uma delas, visando responder aos questionamentos apresentados no início deste trabalho.

Antes disso, no entanto, analisaremos o regime jurídico aplicável às negociações, bem como algumas figuras que aparecem com frequência em negociações e que estão disciplinadas no Código Civil. Essa análise servirá de base para a apuração dos efeitos jurídicos efetivamente produzidos pelos documentos firmados em negociações de operações de fusões e aquisições.

[88] A esse respeito, Maristela Basso explica que "*tudo depende, portanto, de como está redigida a carta de intenção, do seu conteúdo, de sua forma e fundo. Por isso é difícil a generalização, já que estamos no reino da autonomia da vontade*" (BASSO, Maristela. *Contratos Internacionais do Comércio: negociação, conclusão, prática.* 3ª edição, Porto Alegre: Ed. Livraria do Advogado, 2002, p. 184). Luiz Olavo Baptista sustenta que "*da amplitude da liberdade de negociar e de redação decorre naturalmente a variedade de modelos e finalidades da carta de intenção, que tornam difícil sua conceituação rígida*" (BAPTISTA, Luiz Olavo. *Contratos Internacionais.* São Paulo: Ed. Lex Magister, 2010, p. 154).

PARTE II
REGIME JURÍDICO APLICÁVEL ÀS NEGOCIAÇÕES

CAPÍTULO 3
O REGIME JURÍDICO APLICÁVEL ÀS NEGOCIAÇÕES

3.1. As negociações no direito brasileiro

A relação obrigacional é um processo, cujo fim é o adimplemento.[89] Em sua totalidade, a relação obrigacional engloba direitos, deveres, pretensões, obrigações, exceções e posições jurídicas.[90]

Sendo um processo, a relação obrigacional abrange as seguintes fases: (i) a fase formativa, consistente no nascimento da relação obrigacional; (ii) a fase de desenvolvimento da relação obrigacional; e (iii) a fase do adimplemento, momento em que geralmente é extinta a relação pelo adimplemento satisfatório.[91]

A fase formativa pode ser antecedida por negociações.[92] As negociações são comuns em negócios complexos ou de grande vulto econômico. No entanto, existem situações em que a relação obrigacional é formada de forma instantânea, inexistindo negociações a seu respeito (por exemplo, nos contratos de adesão).[93]

Conforme elucidado no capítulo 1 deste trabalho, antes da celebração de contratos em operações de fusões e aquisições, é comum que os can-

[89] COUTO E SILVA, Clóvis V. do. *A obrigação como processo.* Rio de Janeiro: Ed. FGV, 2007, p. 17.

[90] *Ibid.*, p. 19.

[91] MARTINS-COSTA, Judith. *A boa-fé no direito privado: critérios para a sua aplicação.* São Paulo: Ed. Marcial Pons, 2015, p. 381.

[92] MARTINS-COSTA, Judith. *A boa-fé no direito privado: critérios para a sua aplicação.* São Paulo: Ed. Marcial Pons, 2015, p. 383.

[93] ZANETTI, Cristiano de Sousa. *Responsabilidade pela Ruptura das Negociações.* São Paulo: Ed. Juarez de Oliveira, 2005, pp. 5-7.

didatos a contratante negociem longamente os seus termos e condições, devido à complexidade dos negócios dessa natureza.

As negociações[94], por si só, também podem ser entendidas como um processo, ou seja, como um conjunto de atos sucessivos, que têm como finalidade última a conclusão de um negócio jurídico.[95] Elas se encerram com a conclusão do contrato, ou seja, com o encontro de declarações negociais convergentes de oferta e aceitação.[96]

A respeito do processo de formação do contrato, Enzo Roppo elucida que:

> numa perspectiva realista, o juízo sobre se um contrato se formou ou não, constitui o resultado de uma qualificação de determinados comportamentos humanos, operada por normas jurídicas. Por outras palavras, a formação do contrato consiste num processo, isto é, numa sequência de actos e comportamentos humanos, coordenados entre si, segundo um modelo não já «natural» e «necessário», mas sim pré-fixado de modo completamente convencional e arbitrário pelo direito (pelos vários direitos).[97]

[94] O termo negociações está sendo utilizado no presente trabalho para se referir à etapa anterior à formação do contrato em sua totalidade.

[95] Karina Nunes Fritz, com base nos ensinamentos de Franceso Messineo e Karl Larenz, explica que "*as negociações preliminares são a fase na qual os interessados debatem e discutem o conteúdo do futuro contrato com a finalidade de formar o juízo de conveniência do negócio, ou seja, concluir se vale a pena para ambos celebrar o contrato ou não, quando, então, põem fim às conversações. Aduz o ilustre mestre italiano, acima citado, que as negociações constituem ainda um estágio imaturo, no qual as partes discutem um eventual e futuro contrato, sendo movidas não por uma vontade de contratar, mas por uma vontade de discutir. Em que pese a assertiva da afirmação, ela não pode conduzir ao entendimento de que as negociações não têm como finalidade última o eventual fechamento do contrato, pois, como destaca Larenz, a fase negocial se caracteriza especificamente por ter como fim a eventual conclusão de determinado negócio jurídico, sendo, portanto, um processo teleológico, ou seja, um processo direcionado para uma determinada finalidade*" (FRITZ, Karina Nunes. "A responsabilidade pré-contratual por ruptura injustificada das negociações". In: *Revista dos Tribunais*, volume 883, maio/2009, p. 9). Seguindo essa lógica, Menezes de Cordeiro afirma que "quando duas pessoas iniciem negociações contratuais, fazem-no de modo voluntário e – o que tem a maior importância – com a consciência mútua de estar, de facto, em jogo, um processo capaz de desembocar em contrato" (CORDEIRO, António Manuel da Rocha e Menezes. *Da boa-fé no direito civil*. 6ª reimpressão. Coimbra: Ed. Almedina, 2015, p. 538).

[96] ZANETTI, Cristiano de Sousa. *Responsabilidade pela Ruptura das Negociações*. São Paulo: Ed. Juarez de Oliveira, 2005, p. 5.

[97] ROPPO, Enzo. *O contrato*. Coimbra: Ed. Almedina, 2009, p. 85.

Devido à maturidade alcançada pelo mercado brasileiro, verifica-se que as negociações de operações de fusões e aquisições têm as características de um processo, mediante o qual diversas etapas devem ser superadas pelos candidatos a contratante até que se chegue à conclusão do contrato definitivo.

No curso das negociações é comum o surgimento de figuras jurídicas com eficácia própria, como é caso da proposta[98], aceitação[99] e o contrato preliminar[100]. Cristiano de Sousa Zanetti ensina que *"como decorrência do princípio da liberdade negocial, a fase de formação do contrato comporta diferentes tipos de figuras jurídicas"*[101].

Apesar de essas figuras estarem devidamente disciplinadas no Código Civil, não existem no ordenamento jurídico brasileiro dispositivos específicos disciplinando, de forma sistematizada, as negociações como um todo. Assim, de uma forma geral, as negociações são atualmente tuteladas não só por essas figuras disciplinadas no Código Civil, mas também por princípios e pelo instituto da responsabilidade pré-contratual.

A seguir, iremos analisar, de forma breve, a responsabilidade pré-contratual, bem como algumas figuras disciplinadas em lei que podem surgir na fase de negociações.

3.2. A responsabilidade pré-contratual

Ao se tratar das negociações de forma geral, parte-se, geralmente, da liberdade contratual, que é uma particularização do princípio da autonomia da vontade.[102] A liberdade contratual corresponde ao poder dos indivíduos de produzir efeitos reconhecidos e tutelados pelo ordenamento jurídico, mediante declaração de vontade.[103]

Ou seja, em razão da liberdade contratual, em regra, os candidatos a contratante têm discricionariedade para discutir e estabelecer o conteúdo do contrato definitivo, estipular a estrutura jurídica que melhor

[98] Artigos 427 e seguintes do Código Civil.

[99] Artigos 427 e seguintes do Código Civil.

[100] Artigos 462 e seguintes do Código Civil.

[101] ZANETTI, Cristiano de Sousa. *Responsabilidade pela Ruptura das Negociações*. São Paulo: Ed. Juarez de Oliveira, 2005, p. 11.

[102] VENOSA, Sílvio de Salvo. *Direito Civil – Teoria Geral das Obrigações e Teoria Geral dos Contratos*. 8ª edição, São Paulo: Ed. Atlas, 2008, p. 359.

[103] GOMES, Orlando. *Contratos*. 26ª edição. Rio de Janeiro: Ed. Forense, 2007, pp. 25-26.

atenda às suas necessidades, definir o seu efetivo interesse em celebrá-lo e o momento de celebrá-lo.[104]

Se os candidatos a contratante não tivessem a liberdade para negociar sem se vincular à celebração do contrato objeto da negociação, o número de operações de fusões e aquisições provavelmente diminuiria consideravelmente, pois os custos de transação e riscos seriam muito mais elevados.[105]

A bem da verdade, as operações de fusões e aquisições provavelmente ocorreriam somente em duas situações, se não vigorasse a liberdade contratual, a saber: (i) entre concorrentes e, ainda, em mercados em que os concorrentes se conhecem muito bem; e (ii) aquisição hostil em sociedades anônimas de capital aberto. Até porque nessas situações, as negociações seriam dispensáveis para os candidatos a contratante, sendo, portanto, possível pular diretamente para as fases de proposta e aceitação.

Em um primeiro momento, ao focar apenas no aspecto da liberdade contratual, seria possível afirmar que os candidatos a contratante poderiam negociar livremente os termos de operações de fusões e aquisições, sem que isso criasse qualquer tipo de vínculo jurídico entre eles até a assinatura de um contrato definitivo para a realização do negócio.

No entanto, admitir tal hipótese poderia ter por consequência a frustração de expectativas legítimas criadas no curso das negociações, ou seja, da confiança gerada entre os candidatos a contratante.

A confiança é uma das bases em que repousa o ordenamento jurídico, de modo que deve ser devidamente tutelada por ele. Nesse sentido, Menezes Cordeiro explica que:

[104] Segundo Orlando Gomes, "*o conceito de liberdade de contratar abrange os poderes de regência de interesses, de livre discussão das condições contratuais e, por fim, de escolha do tipo de contrato conveniente à atuação da vontade. Manifesta-se, por conseguinte, sob tríplice aspecto: a) liberdade de contratar propriamente dita; b) liberdade de estipular o contrato; c) liberdade de determinar o conteúdo do contrato*" (Gomes, Orlando. *Contratos.* 26ª edição. Rio de Janeiro: Ed. Forense, 2007, p. 26).

[105] Segundo Regis Fichtner Pereira, "*não existe, assim, uma obrigação de contratar, decorrente do simples fato de se ter dado início às negociações. Se tal obrigação existisse, ela certamente se constituiria em um sério entrave à circulação da riqueza e ao estabelecimento de relações econômicas entre as pessoas. A liberdade para negociar, sem que pelo simples fato do estabelecimento das tratativas surja a obrigação de contratação, é fundamental para o incremento e desenvolvimento das relações econômicas. Não é concebível que seja considerado como requisito para o início das tratativas a certeza no estabelecimento do contrato. As tratativas, pela sua própria natureza, pressupõem dúvidas e incertezas dos contraentes no que respeita ao estabelecimento da relação jurídica contratual*" (Pereira, Regis Fichtner. *Op. cit.*, p. 284).

Em termos de relacionamento social, o Direito, como sistema, é um fator poderoso de redução da complexidade social, surgindo como fonte primordial de confiança: o conhecimento dos esquemas dogmáticos permite, por excelência, simplificar e ordenar os factores condicionantes de decisão. Numa sociedade denominada pela impessoalidade, como é de norma na sequência das revoluções industriais, as reduções permitidas pela confiança num contrato celebrado não advêm tanto de expectativas de comportamento regular da outra parte, como da segurança inculcada pela inserção do pacto em canais jurídicos, cujo percurso se encontra pré-determinado.[106]

Assim, para equilibrar e limitar[107] a incidência da liberdade contratual nas negociações, surge, a depender da ótica adotada, o princípio da boa-fé objetiva ou/e o princípio do *neminem laedere*, visando a tutela das expectativas legítimas criadas durante essa fase, evitando-se comportamentos oportunistas disfuncionais.[108]

Afinal, a confiança é um fator que tem especial importância em negociações de operações de fusões e aquisições, pois permite que os candidatos a contratante se sintam seguros para trocar informações confidenciais, estratégicas e/ou sensíveis para seus negócios, deixem de analisar outras oportunidades de negócio, entre outras razões.

[106] CORDEIRO, António Manuel da Rocha e Menezes. *Op. cit.*, pp. 1242-1243.

[107] Sobre a confiança existente entre os candidatos a contratante em negociações, esclarece Mary Grün que "*no momento em que as tratativas começam a se desenvolver, as esferas de interesses das partes se tocam e a partir daí não se pode mais conceber que elas ajam com irrestrita liberdade, porque qualquer movimento de uma parte pode interferir nos interesses das outra. Sua conduta deverá ser pautada dentro da perspectiva de uma relação jurídica especial, já que contratual ainda não é. (...) Na medida em que o contato de interesses efetivamente se estabelece nasce entre as partes a confiança (affidamento), que nada mais é do que o resultado objetivo da relação jurídica especial. Ela expressa a convicção dos negociadores na seriedade das tratativas que estão entabulando, a certeza de que a outra parte está agindo dentro dos limites de respeito aos seus interesses, esclarecendo-se que essa confiança não é voltada necessariamente à expectativa de conclusão do contrato. A confiança passa a ser, então, objeto de tutela jurídica*" (GRÜN, Mary. *A Eficácia dos Documentos Pré-contratuais*. Dissertação de Mestrado – Faculdade de Direito da Universidade de São Paulo, 2006, p. 48).

[108] São exemplos de condutas oportunistas a realização da negociação apenas para obter informações estratégicas de concorrentes, a divulgação de informações confidenciais obtidas durante as negociações, a criação na parte contrária de falsa expectativa quanto à conclusão do negócio, entre outras, que serão exploradas de forma mais detalhada ao longo deste trabalho.

Visando equilibrar a aplicação da liberdade contratual na fase pré-contratual, a doutrina construiu o instituto da responsabilidade pré-contratual, que será estudado mais detalhadamente a seguir.

3.2.1. Estudos iniciais relativos à responsabilidade pré-contratual

Segundo Ana Prata, a origem remota da responsabilidade pré-contratual está no direito romano.[109] Cícero relata no Livro III, XIV do "De officiis"[110] o caso de um cidadão romano que, durante suas férias em Siracusa, foi induzido pelo vendedor a adquirir um imóvel na região por alto valor, acreditando que as águas em seu entorno eram muito férteis e que a entrega de peixes por pescadores era rotineira. O artifício utilizado pelo vendedor para convencer o cidadão romano a adquirir o imóvel foi a convocação de diversos pescadores da região para trazerem muitos peixes durante a visita dele ao imóvel.

Ao analisar o caso, Cícero concluiu que o comportamento do vendedor foi fraudulento e, assim, os atos dele resultantes não poderiam produzir efeitos.[111] Verifica-se, assim, a tutela na fase pré-contratual pelo direito romano contra desvios de conduta, ainda que restrita às hipóteses de inviabilidade de prestação originária e de condutas, culposas ou dolosas, visando omitir vícios ou exagerar nas qualidades.[112]

No entanto, o efetivo desenvolvimento do estudo sobre a fase pré-contratual iniciou-se com o trabalho elaborado por Rudolf Von Jhering em 1860, a respeito da chamada *culpa in contrahendo*. Até então, o tema era pouco estudado, limitando-se a casos isolados, o que fez com que a obra de Rudolf Von Jhering recebesse grande atenção.[113]

Rudolf Von Jhering sistematizou a *culpa in contrahendo* a partir da análise de casos envolvendo contratos nulos, em que um dos contratantes, apesar

[109] PRATA, Ana. *Notas sobre responsabilidade pré-contratual.* Coimbra: Ed. Almedina, 2005, pp. 7-8.

[110] CICERO, Marcus Tullius. De officiis. Tradução para o inglês de Walter Miller. Cambridge: Harvard University Press, 1913. Disponível em: http://www.constitution.org/rom/de_officiis.htm#book3. Acessado em 28.04.2016.

[111] FERNANDES, Wanderley. "O Processo de Formação do Contrato". In: FERNANDES, Wanderley (coord.). *Fundamentos e Princípios dos Contratos Empresariais.* 2ª ed., São Paulo: Saraiva, 2012, p. 254.

[112] PRATA, Ana. *Notas sobre responsabilidade pré-contratual.* Coimbra: Ed. Almedina, 2005, p. 8.

[113] ZANETTI, Cristiano de Sousa. *Responsabilidade pela Ruptura das Negociações.* São Paulo: Ed. Juarez de Oliveira, 2005, p. 37.

de ter pleno conhecimento do fator que poderia resultar na nulidade do ato, deixa de informá-lo à outra parte.[114]

Sensível à injustiça acometida na época à parte que confiou na validade do negócio nulo[115], Rudolf Von Jhering concluiu que essa parte teria direito à indenização pelos danos sofridos com o desfazimento do negócio.[116] A indenização nesse caso seria pelo interesse negativo, ou seja, pelo prejuízo decorrente da frustração da confiança na realização do negócio.[117]

Isso porque, ainda que nulo, o contrato produziria um efeito secundário, qual seja, o dever de indenizar.[118] Somente o efeito primário do contrato – o cumprimento da obrigação – seria acometido pela nulidade.[119]

Para Rudolf Von Jhering, o critério para aferição da responsabilidade seria o dever específico de diligência[120] a ser obrigatoriamente observado pelas partes durante as relações anteriores à conclusão do contrato (a *culpa*

[114] FERNANDES, Wanderley. "O Processo de Formação do Contrato". In: FERNANDES, Wanderley (coord.). *Fundamentos e Princípios dos Contratos Empresariais*. 2ª ed., São Paulo: Saraiva, 2012, p. 254.

[115] PRATA, Ana. *Notas sobre responsabilidade pré-contratual*. Coimbra: Ed. Almedina, 2005, p.9.

[116] FERNANDES, Wanderley. "O Processo de Formação do Contrato". In: FERNANDES, Wanderley (coord.). *Fundamentos e Princípios dos Contratos Empresariais*. 2ª ed., São Paulo: Saraiva, 2012, p. 254.

[117] ZANETTI, Cristiano de Sousa. *Responsabilidade pela Ruptura das Negociações*. São Paulo: Ed. Juarez de Oliveira, 2005, p. 39.

[118] Cristiano de Sousa Zanetti explica que "*procurando corrigir uma injustiça, Ihering recorreu à responsabilidade contratual. Nesse sentido, argumentou que a declaração de nulidade do contrato não invalida todos os seus efeitos, senão aqueles que se referem à execução do pactuado. Permanecem, com efeito, outras obrigações, como a restituição das coisas entregues às partes, a devolução das arras e também o pagamento de indenizações*" (ZANETTI, Cristiano de Sousa. *Responsabilidade pela Ruptura das Negociações*. São Paulo: Ed. Juarez de Oliveira, 2005, p. 39).

[119] Ana Prata esclarece que "*partindo da análise dos textos romanos, designadamente do Digesto, Jhering explica a atribuição de uma actio ex contractu, nos casos de invalidade deste, pelo seguinte raciocínio: a conclusão de um contrato não tem como único efeito jurídico a obrigação de o cumprir, pois, quando tal efeito seja precludido por um qualquer obstáculo jurídico, ainda assim o contrato pode produzir aquele outro efeito da obrigação de indemnizar por um dos contraentes relativamente à contraparte; a expressão nulidade do contrato apenas designa a privação do negócio daquele efeito obrigacional que lhe é próprio, mas não a de qualquer outro efeito, designadamente indenizatório*" (PRATA, Ana. *Notas sobre responsabilidade pré-contratual*. Coimbra: Ed. Almedina, 2005, p.10).

[120] Segundo Ana Prata, "*sobre aquele que faz uma proposta contratual impenderia a obrigação de se certificar de que se encontram preenchidos todos os pressupostos de validade do contrato, comunicando à contraparte qualquer omissão, pelo que a obrigação de indemnizar, efeito secundário do contrato, constituir-se-ia se uma das partes tivesse procedido culposamente, sendo a diligência exigível aquela que o seria no cumprimento do contrato, e presumindo-se a culpa do autor do ilícito, pois de uma responsabilidade*

in contrahendo) e não o dever genérico de a ninguém lesar.[121] Em razão desse raciocínio, Rudolf Von Jhering situou a *culpa in contrahendo* como espécie do gênero responsabilidade contratual.[122]

Cristiano de Sousa Zanetti explica que a grande contribuição do estudo de Rudolf Von Jhering foi, a partir da extensão do regramento contratual para o período anterior à conclusão do contrato, chamar a atenção para a possibilidade de se limitar a autonomia privada nas negociações.[123]

O estudo iniciado por Rudolf Von Jhering foi, pela primeira vez, aprofundado fora da Alemanha pelo italiano Gabriele Faggella, que voltou sua atenção ao campo da ruptura das negociações.[124]

Para Gabriele Faggella, o início das negociações implicaria em um acordo pré-contratual, fundado na confiança entre as partes quanto à lealdade da negociação.

Além disso, o autor defendia que as negociações somente poderiam resultar na celebração do contrato negociado ou na verificação entre as partes de que o consenso era impossível. Assim, a interrupção das negociações por qualquer outro motivo seria considerada injusta e arbitrária, resultando no dever de indenizar a contraparte pelos danos emergentes sofridos.[125]

Cristiano de Sousa Zanetti elucida que a grande contribuição de Gabriele Faggella foi vincular a responsabilidade pela quebra da confiança à existência de negociações e não a um contrato ou à *culpa in contrahendo*.[126]

As construções dogmáticas presentes nos trabalhos elaborados por Rudolf Von Jhering e Gabriele Faggella serviram de base para o aprofundamento do estudo da responsabilidade pré-contratual nos dias de hoje.

contratual se trataria" (PRATA, Ana. *Notas sobre responsabilidade pré-contratual*. Coimbra: Ed. Almedina, 2005, p.10).

121 ZANETTI, Cristiano de Sousa. *Responsabilidade pela Ruptura das Negociações*. São Paulo: Ed. Juarez de Oliveira, 2005, p. 39.

122 MARTINS-COSTA, Judith. *A boa-fé no direito privado: critérios para a sua aplicação*. São Paulo: Ed. Marcial Pons, 2015, p. 409.

123 ZANETTI, Cristiano de Sousa. *Responsabilidade pela Ruptura das Negociações*. São Paulo: Ed. Juarez de Oliveira, 2005, p. 40.

124 ZANETTI, Cristiano de Sousa. *Responsabilidade pela Ruptura das Negociações*. São Paulo: Ed. Juarez de Oliveira, 2005, p. 40.

125 PRATA, Ana. *Notas sobre responsabilidade pré-contratual*. Coimbra: Ed. Almedina, 2005, pp. 13-14.

126 ZANETTI, Cristiano de Sousa. *Responsabilidade pela Ruptura das Negociações*. São Paulo: Ed. Juarez de Oliveira, 2005, p. 42.

A seguir, iremos analisar os atuais contornos da responsabilidade pré-contratual no direito brasileiro.

3.2.2. As hipóteses de incidência da responsabilidade pré-contratual

O âmbito de atuação da responsabilidade pré-contratual é a fase de negociações, que, conforme elucidado anteriormente, é aquela anterior à conclusão do contrato. A finalidade da responsabilidade pré-contratual é a tutela da confiança gerada entre os candidatos a contratante nessa fase.

De acordo com Regis Fichtner Pereira[127], existem quatro situações em que é possível a configuração da responsabilidade pré-contratual: (i) a ruptura das negociações; (ii) danos ocasionados à pessoa ou aos bens do outro contratante durante as negociações; (iii) a constituição de contrato inexistente, nulo ou anulável; (iv) danos ocorridos na fase das negociações quando tenha sido validamente constituído o contrato.[128]

Inexistem dispositivos específicos no Código Civil regulamentando a responsabilidade pré-contratual. Em razão disso, os fundamentos da responsabilidade pré-contratual resultam atualmente de construções doutrinárias baseadas no regramento legal vigente.

A doutrina, no geral, concorda que é necessária a presença dos seguintes requisitos para a configuração da responsabilidade pré-contratual: (i) a existência de negociações; (ii) o dano; e (iii) o nexo causal.[129]

[127] PEREIRA, Regis Fichtner. *Op. cit.*, p. 442.

[128] Judith Martins Costa, citando Regis Fichtner Pereira, apresenta posição similar ao elucidar que "*sistematizando as hipóteses, a responsabilidade pré-contratual abarca: (a) o injusto recesso das tratativas; (b) danos causados à pessoa ou ao patrimônio durante as negociações; (c) a conclusão do contrato nulo, anulável ou ineficaz; (d) a ausência ou defeituosidade de informações que seriam devidas e pela falta culposa da veracidade de informações prestadas; (e) falsas representações na fase das tratativas, desde que culposas, não recaindo no dolo, que é abrangido por figura específica; e (f) danos culposamente causados por atos ocorridos na fase das negociações, quando tenha sido validamente constituído o contrato*" (MARTINS-COSTA, Judith. *A boa-fé no direito privado: critérios para a sua aplicação*. São Paulo: Ed. Marcial Pons, 2015, p. 418). Karina Penna Neves apresenta uma posição divergente em alguns aspectos: "*em resumo, a responsabilidade pré-contratual, portanto, restará caracterizada em situações de invalidade ou nulidade do contrato (base da teoria sistematizada por Jhering), casos de revogação de proposta já formulada, ou, ainda, rompimento ou abandono injustificado das negociações quando as partes já haviam gerado confiança suficiente uma na outra de que o contrato seria firmado, causando prejuízos*" (NEVES, Karina Penna. *Deveres de consideração nas fases externas do contrato: responsabilidade pré e pós-contratual*. 1ª edição, São Paulo: Ed. Almedina, 2015, p. 99).

[129] PEREIRA, Regis Fichtner. *Op. cit.*, p. 295.

No entanto, conforme será apresentado a seguir, a doutrina se divide em três principais correntes com relação ao quarto requisito necessário para a configuração da responsabilidade pré-contratual, a saber: (i) a corrente que tem como base o princípio do *neminem laedere*; (ii) a corrente que tem como base os deveres decorrentes da boa-fé objetiva; e (iii) a corrente que tem como base o abuso do direito.[130]

3.2.2.1. *O princípio do neminem laedere e a responsabilidade pré-contratual*

O princípio do *neminem laedere*, previsto nos artigos 159 do Código Civil de 1916 e 186 do Código Civil atual, trata da responsabilidade extracontratual, cujo principal fundamento está na culpa em sentido amplo.[131]

Referido princípio estabelece um dever geral de respeito ao próximo e aos seus bens.[132] Por consequência, a violação culposa[133] de um direito alheio, que ocasione dano, configura ato ilícito, passível de reparação, nos termos do artigo 927 do Código Civil atual.

Parte da doutrina defende o princípio do *neminem laedere* como fundamento da responsabilidade pré-contratual no direito brasileiro, em razão (i) da necessidade de existência de culpa na conduta daquele que viola direitos de outrem no curso das negociações; (ii) da inexistência de contrato nessa fase; e (iii) da necessidade da tutela na fase pré-contratual surgir do dano.

Durante a vigência do Código Civil de 1916, os principais defensores do princípio do *neminem laedere* como fundamento da responsabilidade pré-contratual eram Antônio Chaves[134], Caio Mário da Silva Pereira[135] e Carlos Alberto Bittar[136] e Maria Helena Diniz.[137]

[130] Esclareça-se que se optou neste trabalho por dividir os principais fundamentos da responsabilidade pré-contratual em três categorias somente para facilitar a exposição do tema.

[131] ZANETTI, Cristiano de Sousa. *Responsabilidade pela Ruptura das Negociações*. São Paulo: Ed. Juarez de Oliveira, 2005, p. 77.

[132] JUNQUEIRA DE AZEVEDO, Antônio. "A boa-fé na formação dos contratos". In: *Revista de Direito do Consumidor*, n. 3. São Paulo: Ed. RT, 1992, pp. 79-80.

[133] Entende-se a culpa em seu sentindo amplo.

[134] *"A verdade é uma só: a culpa é elemento caracterizador da responsabilidade pré-contratual. [...] Dê-se ao conceito de culpa, em matéria pré-contratual, uma compreensão diferente da que decorre do direito comum, reconheça-se a posição particular em que se encontram as pessoas que estão apenas entabulando negociações, o que é certo é que, quando haja um recesso prejudicial, a culpa não pode ser negada nem mesmo na eventualidade lembrada pelos autores que estamos criticando, em que a retirada seja motivada por proposta de terceiro"* (CHAVES, Antonio. *Responsabilidade pré-contratual*. 2ª edição, São Paulo: Ed. Lejus, 1997, p. 161).

Para esses autores, os requisitos para a configuração da responsabilidade pré-contratual seriam os mesmos exigidos para a responsabilidade extracontratual, quais sejam, (i) conduta comissiva ou omissiva; (ii) culpa em sentido amplo; (iii) dano; e (iv) nexo causal.

No direito francês prevalece lógica similar.[138] Isso porque o fundamento da responsabilidade pré-contratual no direito francês está nos artigos 1.382[139] e 1.383[140] do Código de 1804, que tratam da regra geral de responsabilização.

No entanto, conforme elucida Cristiano de Sousa Zanetti, a responsabilidade pré-contratual é de difícil aplicação prática na França, pois, visando privilegiar a liberdade contratual, a jurisprudência tende a condicionar a configuração do dever de indenizar à ocorrência inequívoca de culpa.[141]

Para contornar esse entendimento jurisprudencial, é comum a utilização no direito francês dos *avant contrats*[142] na prática comercial, por meio dos quais se aplicam os deveres da boa-fé objetiva ao período pré-contratual.[143]

135 *"Para que ocorra tal responsabilidade, em que se desenha um caso especial de responsabilidade civil, é que a culpa que se apura é aquiliana e não contratual, porque assenta no princípio geral que impõe a qualquer pessoa abster-se de prejudicar outrem, e não em infração de alguma cláusula do contrato, pois que nesta fase, ainda não existe contrato"* (Pereira, Caio Mário da Silva. *Responsabilidade civil.* Rio de Janeiro: Ed. Forense, 1994, p. 74).

136 *"No Código vigente, encontra a responsabilidade pré-contratual fundamento na teoria do ato ilícito (art. 159), configurando-se, pois, caso de sancionamento dentro da extracontratualidade"* (Bittar, Carlos Alberto. *Curso de direito civil.* Volume I. Rio de Janeiro: Ed. Forense Universitária, 1991, p. 474).

137 *"Todavia, é preciso deixar bem claro que, apesar de faltar obrigatoriedade aos entendimentos preliminares, pode surgir, excepcionalmente, a responsabilidade civil para os que deles participam, não no campo da culpa contratual, mas no da aquiliana"* (Diniz, Maria Helena. *Curso de direito civil brasileiro.* Volume 3, 17ª ed., São Paulo: Ed. Saraiva, 2002, p. 47).

138 Zanetti, Cristiano de Sousa. *Responsabilidade pela Ruptura das Negociações.* São Paulo: Ed. Juarez de Oliveira, 2005, p. 70.

139 Art. 1.382. Tout fait quelconque de l`homme, qui cause à autrui un dommage, oblige celui par La faute duquel Il est arrivé, à le réparer.

140 Art. 1.383. Chacun est responsable du dommage qu'il a causé non seulement par son fait, mais encore par sa négligence ou par son imprudence.

141 Cristiano de Souza Zanetti elucida que *"cabe ressaltar também que a operatividade da responsabilidade pré-contratual no direito francês é fortemente reduzida em razão dos critérios interpretativos adotados, que, privilegiando a liberdade contratual, exigem a verificação evidente e indiscutível da culpa para que surja o dever de indenizar"*. (Zanetti, Cristiano de Sousa. *Responsabilidade pela Ruptura das Negociações.* São Paulo: Ed. Juarez de Oliveira, 2005, p. 69).

142 A *faute* no direito francês engloba a culpa e o ilícito, o que geralmente é separado nos demais ordenamentos de origem romano-germânica.

A maioria dos defensores desta corrente analisou a responsabilidade pré-contratual à luz do Código Civil de 1916, o qual não havia positivado algumas importantes figuras que existem no Código Civil atual, como a boa-fé objetiva e o abuso de direito, que são fundamentos atualmente mais adequados para a responsabilidade pré-contratual, conforme será analisado a seguir. Em razão disso, entendemos que atualmente o princípio do *neminem laedere* não é, por si só, o mais adequado para fundamentar a responsabilidade pré-contratual no direito brasileiro.

3.2.2.2. *A violação de deveres decorrentes da boa-fé objetiva e a responsabilidade pré-contratual*

Há autores que entendem que a violação dos deveres decorrentes da boa-fé objetiva é um dos requisitos para a configuração da responsabilidade pré-contratual no direito brasileiro. No geral, esses autores entendem que as negociações corresponderiam a um "contato social" qualificado[144].

O conceito de contato social qualificado é extraído do estudo elaborado pelo alemão Gunther Haupt em 1941, sobre as relações contratuais de fato.[145] Gunther Haupt sustentava que as relações contratuais de fato[146] eram relações jurídicas contratuais, criadas por meio de comportamentos materiais, incluindo o contato social[147], sem que houvesse qualquer declaração negocial.[148]

[143] De acordo com Cristiano de Souza Zanetti, "*procurando fugir do necessário e delicado juízo a respeito da existência de faute no caso concreto, utiliza-se de maneira difusa os avant contrats no direito francês, estendendo-se, via negócio jurídico, os deveres de comportamento segundo a boa-fé objetiva ao período pré-contratual. Nesse sentido, a jurisprudência, como adiantado, admite a conclusão tácita dos avant contrats, levando a uma contratualização do período anterior à conclusão do negócio jurídico contratual*" (Zanetti, Cristiano de Sousa. *Responsabilidade pela Ruptura das Negociações*. São Paulo: Ed. Juarez de Oliveira, 2005, pp. 69-70).

[144] No geral, classificam o contato social como "qualificado" pelo fato de as partes estarem em negociações.

[145] Zanetti, Cristiano de Sousa. *Responsabilidade pela Ruptura das Negociações*. São Paulo: Ed. Juarez de Oliveira, 2005, p. 52.

[146] Uma das principais críticas à teoria das relações contratuais de fato no direito brasileiro é a ausência de limitação de seus contornos, que torna difícil a sua aplicação prática. Inclusive, questiona-se a aplicação da teoria das relações de fato à fase pré-contratual, em razão dessa ausência de limitação. Vide Zanetti, Cristiano de Sousa. *Responsabilidade pela Ruptura das Negociações*. São Paulo: Ed. Juarez de Oliveira, 2005, pp. 58-59.

[147] Cristiano de Sousa Zanetti explica que "*a noção de contato social relaciona-se à teoria sociológica da associação, que, por sua vez, parte da consideração de que, na vida em sociedade, há diferentes graus de*

O estudo de Gunther Haupt tem como base a teoria da associação, segundo a qual graus diferentes de contato na vida em sociedade são formados, permitindo a mensuração dos efeitos diretos deles decorrentes (o grau mínimo de contato seria a inserção na sociedade e o grau máximo de contato seria a celebração de um contrato).[149]

Assim, partindo da premissa de que (i) a negociação é um contato social qualificado[150] juntamente com o fato de (ii) o contrato ser um processo obrigacional, sendo o princípio da boa-fé objetiva aplicável a todas as suas fases, sustenta-se que durante as negociações surgem deveres decorrentes da boa-fé objetiva, por exemplo, o dever de lealdade, o dever de colaboração, entre outros, que devem ser respeitados por todos os candidatos a contratante.

Nesse sentido, a violação desses deveres decorrentes da boa-fé objetiva no curso das negociações levaria à configuração da responsabilidade pré-contratual. Os principais defensores dessa posição no direito brasileiro são Carlyle Popp[151], Antonio Junqueira de Azevedo[152], Judith Martins-Costa[153],

contato entre as pessoas. O grau mínimo é a própria inserção na sociedade, e o máximo, a celebração do contrato. Assim, valendo-se das noções de proximidade e de distância, deve-se reconhecer que o contato social existente nas negociações faz nascer um vínculo diverso daquele decorrente da mera convivência em sociedade. Sinteticamente, pode-se afirmar que, de acordo com a teoria das relações contratuais de fato, o contato social qualificado existente no curso das negociações tornaria necessariamente aplicável o regime contratual". (ZANETTI, Cristiano de Sousa. *Responsabilidade pela Ruptura das Negociações.* São Paulo: Ed. Juarez de Oliveira, 2005, pp. 52-53).

148 CORDEIRO, António Manuel da Rocha e Menezes. *Op. cit.*, 555.

149 MARTINS-COSTA, Judith. *As cartas de intenção no processo formativo da contratação internacional: os graus de eficácia dos contratos e a responsabilidade pré-negocial.* In: Revista da faculdade de direito da universidade federal do rio grande do sul, n. 10. Porto Alegre: 1994, pp. 45-46.

150 Esclareça-se que alguns autores, como José Alexandre Tavares Guerreiro, não tratam das negociações como contato social qualificado para justificar a existência de deveres decorrentes da boa-fé na fase pré-contratual.

151 *"O contato social propicia o surgimento de deveres de conduta, fundamentados no princípio da boa-fé objetiva, mas cuja situação jurídica tem índole relativa. A relação jurídica não nasce do ilícito, mas é a ele preexistente. O dever genérico de não prejudicar não nasce do ordenamento jurídico, mas sim, do conteúdo das tratativas e da conduta das partes. Isto porque, vista a obrigação como totalidade, estes deveres acessórios geram a obrigação de prestar, mas somente àqueles que se encontram sujeitos a este vínculo preexistente"* (POPP, Carlyle. *Responsabilidade civil pré-negocial: o rompimento das tratativas.* 1ª edição, Curitiba: Ed. Juruá, 2004, p. 149).

152 *"É preciso não confundir o interesse econômico do empresário em oferecer o estacionamento a possíveis clientes e a relação jurídica dita "contratual de fato", entre quem estaciona e o dono do estacionamento. Esta relação jurídica é, em si, autônoma. Basta pensar que o estacionamento pode, até mesmo, pertencer*

José Alexandre Tavares Guerreiro[154], Regis Fichtner Pereira[155], Récio Eduardo Cappelari[156], Rogério Donnini[157] e Wanderley Fernandes[158].

à terceira pessoa e que quem estaciona pode nem sequer ser cliente do empresário. Todavia, admitindo-se, ad argumentandum, que a relação surgida do estacionamento esteja fatalmente, inexoravelmente, ligada à relação de consumo – o que é falso, evidentemente -, então, esta relação estaria colocada na fase pré-contratual. Nesse sentido, poder-se-ia falar em dever de cuidado (não obrigação de cuidado, como sustentamos que há na relação já qualificada como contratual); seria dever semelhante ao que se atribui ao dono da loja, para com as pessoas que entram em seu estabelecimento. (...) Ora, esse dever, de cuidado – dever, e não obrigação, repetimos -, evidentemente, com mais razão, exige culpa (e essa culpa, aliás, por não se tratar de responsabilidade contratual, não é, aqui, presumida)" (Junqueira de Azevedo, Antônio. "Responsabilidade civil – assalto em estacionamento de supermercado – estacionamento gratuito como caso de 'relação contratual de fato' – admissão da prova de não-culpa – estupro atentado fora do estacionamento, seguido de morte – falta de relação de causalidade adequada". In: *Revista dos Tribunais*, n. 735, São Paulo, 1997, pp. 121-128). Além disso, Antônio Junqueira de Azevedo defendia que *"pessoalmente, tendo em vista nossa idéia de que o contrato é um processo (uma sucessão de "tempos", como ocorre com o próprio negócio jurídico), que vai, desde a fase pré-contratual, passando à fase contratual, distribuída em três fases menores (conclusão do contrato, eficácia do contrato e execução/adimplemento do contrato), e indo até a fase pós-contratual, todas subordinadas à boa-fé objetiva, pensamos que, embora surgindo de ato ilícito, a responsabilidade pré-contratual, por se tratar de descumprimento de deveres específicos, gerados pela boa-fé objetiva, deva se submeter ao tratamento da responsabilidade contratual"* (Junqueira de Azevedo, Antônio. *Responsabilidade pré-contratual no código de defesa do consumidor: estudo comparativo com a responsabilidade pré-contratual no direito comum*. In: *Revista de Direito do Consumidor*, volume 18, São Paulo, abril/1996, p, 24).

153 *"Efetivamente, em face da proximidade existente, na escala do contato social, entre os negociadores de um contrato, justifica-se reforçar, por via da imposição de deveres de proteção pré-contratual, a confiança que deve presidir o tráfico jurídico para que as relações econômico-sociais possam se desenvolver com normalidade. (...) é correto afirmar que também no sistema brasileiro a abertura das tratativas impõe aos que dela participam deveres especiais, de fonte legal (imediatamente ou por via do princípio da boa-fé) sem que se verifiquem deveres de prestação em sentido técnico. Tanto assim é que danos injustamente causados ao alter na fase das tratativas podem dar ensejo ao dever de indenizar. Este é regido, tal qual no Direito francês, pelo regime da responsabilidade extracontratual, sendo a violação a direito ensejadora do dever de indenizar (Código civil, art. 927) caracterizada pela quebra de especiais deveres de conduta, e não apenas o genérico dever de a ninguém lesar, imposto a todos que vivem em sociedade"*. (Martins-Costa, Judith. *A boa-fé no direito privado: critérios para a sua aplicação*. São Paulo: Ed. Marcial Pons, 2015, pp. 410 e 418).

154 *"No Direito brasileiro, a nosso ver, não se pode recusar o caráter aquiliano da responsabilidade pré-contratual. (...) Na verdade, porém, a boa-fé, no sentido de lealdade e confiança recíprocas, é princípio básico e inafastável da teoria dos contratos, que norteia o comportamento ideal das partes que pretendem contratar. Daí porque, em última análise, a violação do dever da boa-fé representa, a nosso ver, o pressuposto da chamada responsabilidade pré-contratual, constituindo a única condição do dever de indenizar que se encontra na base de toda e qualquer lesão patrimonial decorrente da interrupção ou cessação injustificadas das negociações preliminares"* (Guerreiro, José Alexandre Tavares. "A boa-fé nas negociações preliminares". In: *Revista de Direito Civil*, abril/1981).

155 *"De fato, não se pode desconhecer que, no relacionamento que precede ao contrato, os contraentes não instituíram entre si, ainda, uma relação jurídica obrigacional, pela qual um deva ao outro uma prestação, o que afasta a responsabilidade de natureza contratual. Eles também não se encontram na mesma situação de dois anônimos que venham a entrar em relação jurídica pelo fato de um ter causado um dano injusto ao outro. É, no entanto, claramente identificável a existência de uma relação jurídica entre os contraentes durante o desenvolvimento das negociações contratuais. (...) Qual, porém, a natureza jurídica das negociações pré-contratuais? Trata-se de relação jurídica em que as partes têm entre si deveres qualificados, deveres esses que decorrem diretamente da lei e são subprodutos do dever geral de boa-fé, entendida como boa-fé objetiva, característica das relações contratuais"* (PEREIRA, Regis Fichtner. *Op. cit.*, p. 276).

156 *"A responsabilidade é, nesses casos, efetivamente extracontratual, porque o que caracteriza a RCP é o comportamento das partes e não o inadimplemento de um contrato, fato que não há de pensar, visto que o contrato não chegou a existir, pelo que a infração dos deveres alocados na fase pré-contratual qualifica-se como ofensa ao princípio geral de não lesar – neminem laedere. Além do mais, no comportamento de quem transgride os deveres pré-contratuais de agir corretamente, são reconhecíveis os caracteres próprios de um fato ilícito, quais sejam, um comportamento culposo (lato sensu), que produz a outrem um dano e que, por sua vez, gera um dever de ressarcimento, culpa, esta, a ser detectada pela comparação com a conduta gerada pelo princípio da boa-fé"* (CAPPELARI, Récio Eduardo. *Responsabilidade pré-contratual: aplicabilidade ao direito brasileiro*. Porto Alegre: Livraria do Advogado, 1995, p. 56).

157 *"A boa-fé objetiva foi consagrada no art. 422 do novo Código Civil e com ela a responsabilidade pré-contratual e a responsabilidade pós-contratual. Quando determina esse dispositivo que os contraentes devem se ater aos princípios da boa-fé e probidade na conclusão e execução do contrato, reconhece que a proteção reúne as fases anterior e ulterior à celebração do pacto. (...) Por outro lado, há que se fazer, no tocante a esse tema, uma diferenciação entre a relação entre particulares, regulada pelo Código Civil, e a relação de consumo, regida pela lei consumerista. No primeiro caso sustentamos que a ruptura imotivada na fase pré-negocial gera o dever de reparar eventuais prejuízos, com fundamento na regra geral de responsabilidade extracontratual ou aquiliana"* (DONNINI, Rogério. *Responsabilidade civil pós-contratual: no direito civil, no direito do consumidor, no direito do trabalho, no direito ambiental e no direito administrativo*. 3ª edição, São Paulo: Ed. Saraiva, 2011, pp. 104 e 206).

158 Partindo da análise da matéria no direito italiano, Wanderley Fernandes explica que "*(...) a existência de uma norma específica para essa hipótese não significa que a responsabilidade pré-contratual esgota-se nessa fattispecie, mas pode ser deduzida de uma regra geral de comportamento decorrente do princípio da boa-fé objetiva. (...) Da mesma maneira, a responsabilidade pela ruptura abrupta e imotivada das negociações, em face da regra do comportamento não contraditório, é também decorrência do dever de lealdade e correção que é conteúdo da boa-fé objetiva. Em síntese, o disposto no art. 422 do Código Civil brasileiro, que exige das partes o comportamento consistente com os princípios de probidade e boa-fé, é suficiente para atribuir responsabilidade à parte que deixou de atendê-los antes, durante e depois da execução do contrato, tal como, aliás, reconhecido em enunciado da III Jornada de Direito Civil promovida pelo STJ (Enunciado 170 – "art. 422: A boa-fé objetiva deve ser observada pelas partes na fase de negociações preliminares e após a execução do contrato, quando tal exigência decorrer da natureza do contrato. (...) a responsabilidade pré-contratual, em razão do contato social de negociação, deve ser qualificada como responsabilidade contratual")*" (FERNANDES, Wanderley. "O Processo de Formação do Contrato". In: FERNANDES, Wanderley (coord.). *Fundamentos e Princípios dos Contratos Empresariais*. 2ª ed., São Paulo: Saraiva, 2012, pp. 255-257 e 277).

Apesar de partirem do mesmo fundamento, esses autores divergem acerca da natureza da responsabilidade pré-contratual. Antonio Junqueira de Azevedo[159], José Alexandre Tavares Guerreiro[160], Judith Martins-Costa[161], Récio Eduardo Capellari[162] e Rogério Donnini[163] defendem que a responsabilidade pré-contratual teria natureza extracontratual.

Isso porque a violação aos deveres decorrentes da boa-fé objetiva representaria um ato ilícito e não haveria propriamente um contrato celebrado em tal fase para justificar a classificação dessa responsabilidade como contratual. Portanto, seria mais adequada a aplicação da regra geral de responsabilidade civil, prevista nos artigos 186 e 927 do Código Civil.

Ou seja, para esses autores, a boa-fé objetiva seria uma forma de concretização do princípio do *neminem laedere* na fase pré-contratual. Percebe-se que esses autores aprimoraram a corrente segundo a qual a responsabilidade pré-contratual estaria fundamentada, por si só, no princípio do *neminem laedere*, ao trazerem um ele elemento para aferi-lo. [164]

A jurisprudência italiana apresenta posição similar a esses autores. No direito italiano, a responsabilidade pré-contratual está fundamentada nos artigos 1.337[165] e 2.043[166] do Código Civil de 1942. O artigo 1.337 dispõe

[159] Vide nota de rodapé n. 153.

[160] Vide nota de rodapé n. 155.

[161] Vide nota de rodapé n. 154.

[162] Vide nota de rodapé n. 157.

[163] Vide nota de rodapé n. 158.

[164] Cristiano de Sousa Zanetti elucida que "*o recurso ao neminem laedere para fundamentar a responsabilidade pré-contratual e, principalmente, a responsabilidade pela ruptura das negociações, foi criticado pela doutrina, tendo em vista que os candidatos a contratante mantêm uma relação específica, com deveres igualmente específicos, o que não se assemelha ao dever genérico de não prejudicar. (...) Essa objeção, todavia, pode ser contornada quando se tem em mente o papel desempenhado pela boa-fé objetiva o curso das negociações, a qual permite a concretização do neminem laedere. Como se terá oportunidade de demonstrar, é a tutela à boa-fé objetiva que, a um só tempo, justifica e delimita o comportamento a ser observado pelos candidatos a contratante no curso de suas negociações. (...) A possibilidade da avaliação da culpa in concreto revela que, ainda que não haja qualquer referência à boa-fé, pode-se, partindo exclusivamente da regra geral de responsabilidade civil, examinar as circunstâncias particulares do caso concreto, não colhendo, portanto, o argumento de que o dever constante no art. 159 do Código Civil de 1916, e agora reproduzido no art. 186 do novo Código Civil, não seja passível de especificação*" (ZANETTI, Cristiano de Sousa. *Responsabilidade pela Ruptura das Negociações*. São Paulo: Ed. Juarez de Oliveira, 2005, pp. 80-81).

[165] Art. 1.337. Trattative e responsabilità precontratuale. – Le parti, nello svogimento delle trattative e nella formazione del contratto, denovo comportasi secondo buona fede.

[166] Art. 2.043. Qualunque fatto doloso o colposo, che cagiona ad altri un danno ingiusto, obbliga colui che ha commesso il fatto a risarcire il danno.

que a boa-fé é aplicável à fase das tratativas. O artigo 2.043, por sua vez, prevê o dever de ressarcimento daquele que, dolosa ou culposamente, causa um dano injusto.[167]

Apesar da divergência na doutrina italiana sobre a natureza da responsabilidade pré-contratual acerca da interpretação conjunta dos artigos 1.337 e 2.043 do Código Civil, o entendimento jurisprudencial dominante é o de que a responsabilidade pré-contratual é extracontratual, sendo a boa-fé objetiva utilizada para apurar a diligência média esperada no caso concreto.[168]

O direito português apresenta um regramento muito similar ao direito italiano, permitindo também aferir a natureza extracontratual da responsabilidade pré-contratual, apesar da aplicação da boa-fé objetiva. Isso porque, no direito português, a fase pré-contratual está disciplinada no artigo 227 do Código Civil[169], o qual prevê a aplicação da boa-fé objetiva à fase pré-contratual, bem como a responsabilidade dos agentes nessa fase por atos ilícitos.[170]

Carlyle Popp[171] e Wanderley Fernandes[172], por sua vez, sustentam que a responsabilidade pré-contratual teria natureza contratual. Para tanto, partem de dois principais pressupostos: (i) o contrato é um processo, de

[167] ZANETTI, Cristiano de Sousa. *Responsabilidade pela Ruptura das Negociações*. São Paulo: Ed. Juarez de Oliveira, 2005, p. 71.

[168] Cristiano de Sousa Zanetti explica que "*Como anota MERUZZI, a despeito da divergência doutrinária, a jurisprudência aderiu quase totalmente à teoria extracontratual. Assim, tendo em vista a orientação doutrinária e jurisprudencial, deve-se reconhecer a força da tese extracontratual na Itália, podendo-se afirmar que, naquele país, é possível sustentar a responsabilidade pelo dano decorrente da ruptura das negociações com arrimo na violação dolosa ou culposa da diligência média esperada, aferida, no entanto, em conformidade com a boa-fé objetiva, prevista no art. 1.337 do Codice. A lição do direito italiano permite afirmar que o caráter extracontratual da responsabilidade pré-contratual, incluída a responsabilidade pela ruptura das negociações, e o recurso à boa-fé objetiva não são inconciliáveis*". (ZANETTI, Cristiano de Sousa. *Responsabilidade pela Ruptura das Negociações*. São Paulo: Ed. Juarez de Oliveira, 2005, p. 72).

[169] Art. 227. Culpa na formação dos contratos. 1. Quem negocia com outrem para conclusão de um contrato deve, tanto nos preliminares, como na formação dele, proceder segundo as regras de boa-fé, sob pena de responder pelos danos que culposamente causar à outra parte. 2. A responsabilidade prescreve os termos do art. 498.

[170] De acordo com Cristiano de Sousa Zanetti, "*da mesma forma que ocorre no direito italiano, admite-se, no direito luso, que a responsabilidade pré-contratual e, mais especificamente, a responsabilidade pela ruptura das negociações, seja vista como uma concretização da regra geral, embora haja menção expressa à boa-fé*" (ZANETTI, Cristiano de Sousa. *Responsabilidade pela Ruptura das Negociações*. São Paulo: Ed. Juarez de Oliveira, 2005, p. 76).

[171] Vide nota de rodapé n. 152.

[172] Vide nota de rodapé n. 159.

modo que as negociações fazem parte dele; e (ii) existiria uma condição preexistente à eventual violação dos deveres decorrentes da boa-fé objetiva, qual seja, a negociação, que seria uma forma de contato social qualificado anterior, sendo inadequado seu enquadramento na responsabilidade extracontratual.[173]

Assim, diante da existência de um contato social qualificado anterior e da concepção da relação obrigacional como um processo, esses autores defendem que a responsabilidade pré-contratual teria caráter contratual.

Na Alemanha, a responsabilidade pré-contratual tem tratamento contratual. O seu principal fundamento é a boa-fé objetiva, prevista no artigo 242 do BGB, sendo a confiança o bem jurídico tutelado.[174]

Cristiano de Sousa Zanetti elucida que, ao contrário do direito brasileiro, o direito alemão não apresenta um princípio geral de responsabilização, prevalecendo o princípio da tipicidade dos ilícitos civis. Ocorre que, os danos ocorridos na fase pré-contratual não se enquadram em quaisquer dos ilícitos civis tipificados em lei. Assim, a única saída do direito alemão foi basear a responsabilidade pré-contratual na boa-fé objetiva.[175]

Por fim, Regis Fichtner Pereira[176] defende que a responsabilidade pré-contratual não se enquadraria como contratual ou extracontratual. Para o autor, a responsabilidade pré-contratual teria caráter *sui generis*, pois: (i) a relação entre os candidatos a contratante não nasceria do dano, como na responsabilidade extracontratual, mas sim das negociações (relação prévia); e (ii) os deveres intersubjetivos atribuídos aos candidatos a con-

[173] Wanderley Fernandes explica que "*sendo parte de um processo contratual, a responsabilidade decorrente de fatos ou atos na fase de negociação está marcada por um contato existencial qualificado pela condição de "estar negociando", circunstância que retira desse contato o caráter genérico característico da responsabilidade aquiliana*" (FERNANDES, Wanderley. "O Processo de Formação do Contrato". In: FERNANDES, Wanderley (coord.). *Fundamentos e Princípios dos Contratos Empresariais*. 2ª ed., São Paulo: Saraiva, 2012, pp. 255-257).

[174] "*Para contornar as dificuldades inerentes `disciplina legal em vigor, a categoria da responsabilidade pré-contratual é elaborada na Alemanha na partir da extensão do dever de comportar-se conforme a boa-fé, previsto no parágrafo 242 do BGB, ao período anterior à conclusão do contrato, a despeito de não haver um dever principal de prestação, como ocorre nos contratos. O bem jurídico protegido, por meio do recurso à boa-fé objetiva, seria a confiança, o que autorizou até mesmo a afirmar-se que haveria uma nova categoria da responsabilidade, encerrando a dicotomia entre responsabilidade contratual e extracontratual*" (ZANETTI, Cristiano de Sousa. *Responsabilidade pela Ruptura das Negociações*. São Paulo: Ed. Juarez de Oliveira, 2005, p. 51).

[175] ZANETTI, Cristiano de Sousa. *Responsabilidade pela Ruptura das Negociações*. São Paulo: Ed. Juarez de Oliveira, 2005, pp. 49-51.

[176] Vide nota de rodapé n. 156.

tratante envolvidos em negociações não decorreriam de contrato. Assim, o autor propõe uma terceira via de responsabilidade para acomodar a responsabilidade pré-contratual.[177]

Judith Martins-Costa entende que a natureza da responsabilidade pré--contratual é, em grande medida, um falso problema no direito brasileiro, em razão da semelhança entre os regimes jurídicos da responsabilidade contratual e da responsabilidade extracontratual.[178]

Porém, concordamos com Wanderley Fernandes[179] e Mário Júlio de Almeida Costa[180] quanto à importância da definição da natureza jurídica da responsabilidade pré-contratual. Existem algumas diferenças entre o regime jurídico da responsabilidade contratual e o da responsabilidade extracontratual, que podem afetar diretamente a aplicação da responsabilidade pré-contratual no caso concreto.

Por exemplo, na responsabilidade extracontratual, aquele que alega o ilícito deve provar a culpa daquele que o cometeu. Já na responsabilidade contratual a culpa é presumida. Note-se a importância da classificação da responsabilidade, que poderá determinar o ônus da prova com relação à culpa, resultando na possibilidade ou impossibilidade de proteção e tutela de determinados direitos.[181]

[177] *"O contato que as partes desenvolvem com a finalidade de discutirem as bases de um eventual negócio jurídico a ser constituído é contato qualificado. Embora não haja ainda relação jurídica contratual – afastando a cogitação de responsabilidade civil contratual – entre as partes há, não obstante, deveres jurídicos qualificados, que fazem surgir entre elas uma relação jurídica especial, cuja configuração afasta os preceitos da responsabilidade civil extracontratual*" (PEREIRA, Regis Fichtner. *Op. cit.*, p. 101).

[178] *"A questão de saber se a responsabilidade pré-negocial – ou pré-contratual – obedece ao regime da responsabilidade extracontratual ou da contratual é tormentosa nos diferentes sistemas. No Brasil, contudo, trata-se, em grande medida, de um falso problema, seja porque no âmbito do CDC verifica-se a unificação dos regimes jurídicos, seja porque no regime geral, do Código Civil, é tradicionalmente forte a aproximação entre ambos os regimes, embora não chegue a haver a unificação. Pontuei as diferenças existentes em: Martins-Costa, Judith. Comentários ao Novo Código Civil. Do Inadimplemento das Obrigações, vol. V. Tomo II. 2ª ed. Rio de Janeiro: Forense, 2009*" (MARTINS-COSTA, Judith. *A boa-fé no direito privado: critérios para a sua aplicação.* São Paulo: Ed. Marcial Pons, 2015, p. 418).

[179] FERNANDES, Wanderley. "O Processo de Formação do Contrato". In: FERNANDES, Wanderley (coord.). *Fundamentos e Princípios dos Contratos Empresariais.* 2ª ed., São Paulo: Saraiva, 2012, p. 276.

[180] ALMEIDA COSTA, Mário Júlio de. *Responsabilidade civil pela ruptura das negociações preparatórias de um contrato.* Coimbra: Coimbra, 1984, pp. 90-95.

[181] FERNANDES, Wanderley. "O Processo de Formação do Contrato". In: FERNANDES, Wanderley (coord.). *Fundamentos e Princípios dos Contratos Empresariais.* 2ª ed., São Paulo: Saraiva, 2012, p. 276.

Muitos dos autores que partem da violação dos deveres decorrentes da boa-fé objetiva para justificar a responsabilidade pré-contratual, se basearam no direito alemão, que apresenta lógica similar.

Apesar de inexistir qualquer dispositivo específico[182] no Código Civil atrelando a boa-fé objetiva à fase pré-contratual, concordamos que a boa-fé objetiva é aplicável em tal fase. Afinal, a boa-fé objetiva é princípio e cláusula geral do ordenamento jurídico brasileiro. Além disso, deve-se considerar a relação jurídica obrigacional como um processo, sendo uma de suas etapas a fase pré-contratual, o que resulta na aplicação da boa-fé objetiva desde o início de tal processo (ou seja, inclusive na fase pré-contratual).

No entanto, a caracterização da responsabilidade pré-contratual como contratual não nos parece ser a solução mais adequada à luz do direito brasileiro. Isso porque a principal fonte do regime da responsabilidade contratual está nos negócios jurídicos decorrentes da vontade contratual e não na boa-fé objetiva.[183]

Além disso, o regime jurídico da responsabilidade contratual apresenta toda uma construção dogmática inaplicável à fase pré-contratual. Por exemplo, dispositivos sobre o inadimplemento contratual, onerosidade excessiva, prefixação de danos etc.

Portanto, acompanhamos a opinião dos doutrinadores que entendem que a responsabilidade pré-contratual tem natureza extracontratual.[184]

3.2.2.3. *O abuso do direito e a responsabilidade pré-contratual*

O abuso do direito, previsto no artigo 187 do Código Civil, é também defendido como um fundamento da responsabilidade pré-contratual. No direito brasileiro, Cristiano de Sousa Zanetti foi quem estudou o tema com maior profundidade.

Apesar de o trabalho elaborado por Cristiano de Sousa Zanetti ter se proposto a examinar uma das hipóteses de responsabilidade pré-contra-

[182] Apesar de o art. 422 do Código Civil não fazer qualquer menção à fase pré-contratual, grande parte da doutrina defende que a aplicação da boa-fé objetiva à fase pré-contratual estaria nele implícita. Inclusive, o enunciado 70 da Jornada de Direito Civil promovida pelo Superior Tribunal de Justiça estabelece que a boa-fé é aplicável à fase pré-contratual.

[183] ZANETTI, Cristiano de Sousa. *Responsabilidade pela Ruptura das Negociações*. São Paulo: Ed. Juarez de Oliveira, 2005, p. 57.

[184] Nesse sentido, GRÜN, Mary. *Op. cit.*, p. 113; e ZANETTI, Cristiano de Sousa. *Responsabilidade pela Ruptura das Negociações*. São Paulo: Ed. Juarez de Oliveira, 2005, p. 57.

tual (a saber, a ruptura das negociações), entendemos que a teoria por ele desenvolvida também pode ser aplicada a outras hipóteses de responsabilidade pré-contratual (por exemplo àquela decorrente de danos ocasionados à pessoa ou ao patrimônio durante as negociações, por existir direitos subjetivos a serem tutelados).

Cristiano de Sousa Zanetti parte da existência de um direito subjetivo das partes de encerrar as negociações, o qual deriva do princípio da autonomia da vontade.[185] Explica que, devido à existência desse direito subjetivo, não é possível o enquadramento do encerramento das negociações no conceito de ato ilícito, previsto no artigo 186 do Código Civil.[186]

Não obstante a existência de um direito de encerrar as negociações, o autor reconhece que eventualmente o exercício desse direito pode ser abusivo e, por consequência, configurar um ato ilícito, nos termos do artigo 187 do Código Civil.[187]

O artigo 187 do Código Civil define o abuso do direito como um ato ilícito decorrente do exercício de posições jurídico-subjetivas[188], em desrespeito aos limites impostos pelo seu fim econômico ou social, pela boa-fé ou pelos bons costumes.

Partindo do conceito legal do abuso do direito, Cristiano de Sousa Zanetti sustenta que o encerramento das negociações, por ser um direito subjetivo, pode eventualmente representar um abuso do direito, se for exercido em violação à boa-fé objetiva.

[185] *"No direito brasileiro, no entanto, há um argumento que, num primeiro momento, parece afastar a caracterização da responsabilidade pela ruptura das negociações com recurso à regra geral, qual seja, o de que o abandono das conversações consiste em exercício regular de direito. De fato, dispõe o art. 188, inc. I, do novo Código Civil, não ser ilícito o ato praticado no exercício regular de um direito, o que afastaria, em princípio, a potencial responsabilização daquele que deu as negociações por encerradas. O direito de dar por encerradas as negociações decorre do princípio da autonomia da vontade, o qual, embora venha sendo mitigado, continua vigente no ordenamento jurídico brasileiro, como deixa expresso o art. 421 do novo Código Civil"* (ZANETTI, Cristiano de Sousa. *Responsabilidade pela Ruptura das Negociações.* São Paulo: Ed. Juarez de Oliveira, 2005, p. 82).

[186] ZANETTI, Cristiano de Sousa. *Responsabilidade pela Ruptura das Negociações.* São Paulo: Ed. Juarez de Oliveira, 2005, p. 87.

[187] ZANETTI, Cristiano de Sousa. *Responsabilidade pela Ruptura das Negociações.* São Paulo: Ed. Juarez de Oliveira, 2005, p. 88.

[188] Judith Martins-Costa elucida que *"o art. 187 prevê, portanto, uma ilicitude nomode de exercício de posições jurídico-subjetivas – não apenas direitos subjetivos, em sentido técnico, porém, por extensão, também poderes, liberdades, pretensões e faculdades"* (MARTINS-COSTA, Judith. *A boa-fé no direito privado: critérios para a sua aplicação.* São Paulo: Ed. Marcial Pons, 2015, p. 612).

Cristiano de Sousa Zanetti descarta o fim econômico ou social do direito subjetivo e os bons costumes como parâmetros para apuração do abuso do direito. Isso porque, em suma, entende que (i) o fim social é apenas um elemento interpretativo, que não comporta concretização, (ii) o fim econômico do direito ao encerramento das negociações é justamente a preservação da liberdade, o que impede a ocorrência de violação funcional, e (iii) é difícil a identificação de costumes na fase das negociações, além de ainda restar em aberto o problema relativo à influência da moral no direito.[189]

Por consequência, Cristiano de Sousa Zanetti conclui que a boa-fé objetiva é o verdadeiro critério de apuração do abuso do direito no direito brasileiro, bem como do abuso na ruptura das negociações.[190] Esclarece que a boa-fé e a culpa andam sempre juntas, de modo que seria dispensável o exame específico da culpa, quando se tenha concluído pela violação da boa-fé objetiva.[191]

Para apurar eventuais violações à boa-fé objetiva no encerramento das negociações[192], algumas figuras típicas da boa-fé objetiva, etiquetadas pela atividade doutrinária e jurisprudencial, são utilizadas, pois correspondem aos casos mais comuns de abuso de direito. São exemplos dessas figuras: (i) *venire contra factum proprium*; (ii) *suppressio e surrectio*; (iii) *tu quoque*; e (iv) o exercício do direito em desequilíbrio.[193]

[189] *"A menção à função social do direito, por sua vez reduz-se a um elemento interpretativo, e, como consequência nega a própria autonomia da figura do abuso de direito, pois não comporta concretização. No caso específico das negociações, a função social e econômica do direito dá-las por encerradas parece ser justamente preservar a liberdade que a inspira, o que impede cogitar de violação funcional nesse caso. A referência aos bons costumes, por sua vez, também não satisfaz, seja por ainda não ter sido definitivamente resolvido o problema atinente à influência da moral no direito, seja por força da dificuldade específica em se identificar costumes atinentes ao encerramento das negociações no direito brasileiro"* (ZANETTI, Cristiano de Sousa. *Responsabilidade pela Ruptura das Negociações*. São Paulo: Ed. Juarez de Oliveira, 2005, p. 142).

[190] *"Pode-se afirmar, portanto, que a boa-fé é, com efeito, o verdadeiro critério para definir o abuso de direito no Brasil, servindo, consequentemente, para que se possa determinar quando a ruptura das negociações deve ser tida por ilícita"* (ZANETTI, Cristiano de Sousa. *Responsabilidade pela Ruptura das Negociações*. São Paulo: Ed. Juarez de Oliveira, 2005, p. 142).

[191] ZANETTI, Cristiano de Sousa. *Responsabilidade pela Ruptura das Negociações*. São Paulo: Ed. Juarez de Oliveira, 2005, p. 210.

[192] *"(...) não há incompatibilidade entre boa-fé e abuso do direito, pois pode-se afirmar que a primeira confere conteúdo efetivo ao segundo, permitindo uma melhor aferição de comportamentos inadmissíveis, os quais, por força do art. 187 do novo Código Civil, são qualificados como ilícitos"* (ZANETTI, Cristiano de Sousa. *Responsabilidade pela Ruptura das Negociações*. São Paulo: Ed. Juarez de Oliveira, 2005, p. 151).

[193] Cristiano de Sousa Zanetti explica que *"a boa-fé objetiva, por sua vez, permite regrar com bastante precisão a ruptura das negociações, tutelando os valores da lealdade e da confiança. Para tanto,*

Por entender que o encerramento das negociações pode vir a se enquadrar como um abuso do direito, que é um ato ilícito, Cristiano de Sousa Zanetti defende que a responsabilidade pela ruptura das negociações tem natureza extracontratual.[194] Os requisitos para a sua configuração são: (i) existência de abuso do direito apurado por meio da boa-fé objetiva; (ii) dano; e (iii) nexo causal.

Judith Martins-Costa também faz menção ao abuso do direito na configuração da responsabilidade pré-contratual. No entanto, a autora indica o abuso do direito dentre um dos deveres decorrentes da boa-fé objetiva.[195]

aproveitando-se novamente do desenvolvimento da ciência jurídica alemã, o operador do direito pode valer-se de diversas figuras típicas, que, embora não sejam exaustivas, servem para demonstrar com maior nitidez, quando a cláusula geral é desrespeitada. No caso da ruptura das negociações, assume particular importância o venire contra factum proprium, que, proibindo o comportamento contraditório violador da confiança, serve para configurar o ilícito quando a ruptura se dá após o candidato a contratante ter levado seu parceiro negocial a crer que o negócio jurídico seria concluído. Não se pode descartar, porém, o recurso a outras figuras típicas, como o tu quoque, a supressio, a surrectio e o exercício do direito em desequilíbrio, os quais, ainda que menos frequentemente, também podem auxiliar na identificação dos casos em que o exercício do direito de romper as negociações deve ser considerado abusivo" (Zanetti, Cristiano de Sousa. *Responsabilidade pela Ruptura das Negociações.* São Paulo. Ed. Juarez de Oliveira, 2005, p. 210). Nesse sentido, Judith Martins-Costa afirma que "*para coibir a contrariedade desleal no exercício de direitos, poderes e situações, determinadas figuras etiquetadas pela atividade doutrinária e jurisprudencial, expressam os casos mais frequentes de exercício jurídico ilícito. Essas figuras ou forma de expressão são discernidas entre si por determinadas ênfases nos elementos caracterizadores da conduta que se quer corrigir ou limitar. A doutrina jurídica denomina: venire contra factum proprium; tu quoque; Nemo auditur propriam turpitudinem allegans; suppressio e surrectio; e exceptio doli. As denominações variam mais no espaço que no tempo*" (Martins-Costa, Judith. *A boa-fé no direito privado: critérios para a sua aplicação.* São Paulo: Ed. Marcial Pons, 2015, pp. 613-614).

194 "*Isso não significa, deve-se salientar, que a boa-fé não deva ser considerada no período das negociações. Muito ao contrário, a boa-fé é o verdadeiro fundamento das responsabilidades pela ruptura das negociações, sem que, no entanto, seja possível extrair desse fato a consequência de que a boa-fé somente é aplicável porque prevista para o período contratual*" (Zanetti, Cristiano de Sousa. *Responsabilidade pela Ruptura das Negociações.* São Paulo: Ed. Juarez de Oliveira, 2005, p. 80).

195 Segundo Judith Martins-Costa, "entre os deveres que defluem do princípio da boa-fé, está o da manutenção de um comportamento leal e coerente – o que implica a aplicação da máxima – venire contra factum proprium – o de informar com correção e a rejeição do abuso de direito, implicando à boa-fé cabal limitação do exercício de direitos abusivos, os quais, entre nós, contrariam inclusive o valor maior da vida social (Constituição Federal, art. 3º, I)" (Martins-Costa, Judith. *As cartas de intenção no processo formativo da contratação internacional: os graus de eficácia dos contratos e a responsabilidade pré-negocial.* Trabalho apresentado no seminário sobre "Contratos Internacionais e o MERCOSUL", Faculdade de Direito, Universidade Federal do Rio Grande do Sul, p. 9).

O abuso do direito deve ser considerado na apuração de eventual responsabilidade pré-contratual sempre que houver o exercício abusivo de uma posição jurídica subjetiva no curso das negociações.

3.2.3. A responsabilidade pré-contratual e a reparação de danos

No direito brasileiro a principal sanção decorrente da responsabilidade pré-contratual é o pagamento de indenização pelos danos ocasionados no curso das negociações.[196] Isso porque, em regra, os deveres presentes na fase pré-contratual não têm natureza de deveres de prestação, mas sim de deveres de proteção.[197]

Em regra, não será possível exigir a execução específica do contrato objeto das negociações nos casos de ruptura das negociações. Cabe execução específica somente nas situações em que, por meio de contrato preliminar[198], os candidatos a contratante se obrigaram a celebrar o contrato definitivo, e, ainda, definiram os pontos essenciais do contrato definitivo, sendo desnecessária a emissão de declarações de vontade inovativas posteriores.[199]

[196] *"Deve-se reconhecer assim que, no ordenamento jurídico brasileiro, salvo exceção legal, a sanção pela ruptura das negociações limita-se à condenação do contratante que violou a boa-fé objetiva ao pagamento de indenização correspondente aos danos causados"* (Zanetti, Cristiano de Sousa. *Responsabilidade pela Ruptura das Negociações.* São Paulo: Ed. Juarez de Oliveira, 2005, pp. 149-150).

[197] Sobre a diferença entre os deveres de prestação e deveres de proteção, Judith Martins-Costa elucida que *"essa é questão que desafia continuamente os juristas ocupados em discernir as variadas situações em que ainda não há contrato concluído, mas poderá haver, porque os sujeitos se aproximam justamente em vista da possibilidade de vir a concluí-lo, por isso mesmo, estando em tratativas negociais. Nesses casos, indevido seria identificar os danos eventualmente produzidos ao outro negociador com aqueles prejuízos derivados do inadimplemento contratual, isto é, aquele dano, causado pelo inadimplemento de deveres de prestação. (...) Considera-se que na fase antecedente a um contrato (e também na que a sucede) há uma qualificação derivada do grau de proximidade do contato social entre os agentes que entraram em contato em vista de um possível futuro contrato (ou de um contrato que acabou de ser extinto, no caso dos danos pós-contratuais). Dessa qualificação gerada pelo grau do contato social, nascem, para os sujeitos, especiais interesses à proteção e à preservação da integridade da esfera jurídica e da confiança que os uniu, os chamados deveres de proteção"* (Martins-Costa, Judith. *A boa-fé no direito privado: critérios para a sua aplicação.* São Paulo: Ed. Marcial Pons, 2015, p. 384).

[198] O contrato preliminar será estudo no próximo item deste trabalho.

[199] *"Deve-se reconhecer, no entanto, que negociações em fase final, quando já foram definidos os pontos essenciais do contrato para as partes, não são meras negociações. Tendo sido definidos os pontos essenciais do contrato para as partes, pode-se afirmar que foi formado o contrato ou, caso não tenha sido observada a forma necessária, contrato preliminar, nos termos do art. 462 do novo Código Civil. (...) No direito brasileiro, também não se tem admitido a execução específica no caso de ruptura das negociações,*

Sendo a indenização a principal sanção para os casos de responsabilidade pré-contratual, cumpre analisar se essa indenização será pelo *interesse positivo* ou pelo *interesse negativo.*

A distinção entre interesse negativo e interesse positivo tem origem no direito alemão. O interesse negativo visa tutelar a boa-fé na formação dos contratos, resultando no dever de indenizar todos os danos decorrentes da violação da confiança depositada na conclusão do contrato. O interesse positivo, por sua vez, visa tutelar o dever de prestação no contrato formado, resultando no dever de indenizar todos os danos decorrentes de seu inadimplemento.[200]

A indenização nos casos de responsabilidade pré-contratual será geralmente pelo interesse negativo. Isso porque os danos são, na maioria dos casos, ocasionados pela quebra da confiança gerada entre os candidatos a contratante na formação do contrato. São típicas hipóteses de indenização pelo interesse negativo, a ruptura das negociações, a conclusão de contrato nulo ou inválido e revogação de proposta vinculante ainda não aceita[201].

Inspirado pelo direito alemão, Pontes de Miranda sustentava que o ressarcimento decorrente do interesse negativo deveria se limitar ao valor

não se conhecendo julgados ou outros autores que defendam seu cabimento" (ZANETTI, Cristiano de Sousa. *Responsabilidade pela Ruptura das Negociações.* São Paulo: Ed. Juarez de Oliveira, 2005, p. 149).

200 Cristiano de Sousa Zanetti, citando doutrinadores italianos, esclarece que "*como anota Rubino, o interesse negativo difere substancialmente do positivo, pois o primeiro protege a fase de formação do contrato e o segundo a de sua conclusão. A mais recente doutrina italiana ensina que o interesse negativo identifica o dano decorrente da inobservância da boa-fé no período anterior à conclusão do contrato, compreendidos tanto os danos emergentes como os lucros cessantes. Os danos oriundos da inobservância da boa-fé no rompimento das negociações não se confundem com aqueles decorrentes do descumprimento contratual, na medida em que são protegidos bens jurídicos diferentes, quais sejam, a própria boa-fé, no primeiro caso, e o direito à prestação, no segundo*" (ZANETTI, Cristiano de Sousa. *Responsabilidade pela Ruptura das Negociações.* São Paulo: Ed. Juarez de Oliveira, 2005, pp. 154-155).

201 "*Durante o estado de vinculação resultante do oferecimento de uma proposta, os figurantes ainda restam na fase pré-contratual, que será encerrada se houver o exercício do direito formativo gerador de aceitação ou sua renúncia. (...) Sendo este o mecanismo formativo de um contrato no sistema do Direito Privado brasileiro, questiona-se qual o papel da boa-fé nesse momento. E a resposta será a mesma já apontada acima, genericamente, quanto às fases aqui nomeadas de «prospecção» e de «negociação» propriamente dita: a boa-fé atua como fonte de deveres de proteção, pois estes existem e se manifestam antes mesmo do estado de vinculação (recebimento da oferta) ou do estado de vinculabilidade (envio de oferta ainda não recebida). Incide, pois, a boa-fé desde quando os negociadores se põem em contato social pré-negocial*" (MARTINS-COSTA, Judith. *A boa-fé no direito privado: critérios para a sua aplicação.* São Paulo: Ed. Marcial Pons, 2015, p. 401).

correspondente ao interesse positivo, sob pena de se conferir validade ao que, por força de lei, é inválido.[202]

No entanto, a limitação defendida por Pontes de Miranda não tem lugar no direito brasileiro. Isso porque, prevalece no direito brasileiro o princípio da integral reparação do dano, positivado no artigo 927 do Código Civil.

Todos os danos relacionados ao interesse negativo são passíveis de serem indenizados, o que inclui danos emergentes e lucros cessantes, inexistindo qualquer limitação ao ressarcimento pelo interesse positivo.[203] Por óbvio, será essencial a comprovação do dano, bem como do nexo de causalidade para que exista o dever de reparação integral.

No caso, os danos emergentes correspondem aos danos materiais e aos danos morais[204]. Quanto aos danos materiais, estes consistem naquilo investido por um dos candidatos a contratante devido à confiança despertada pela outra parte no curso das negociações. O investimento na confiança deve ser comprovado com uma conduta concreta do candidato a contratante, pois a confiança não pode ser extraída de elementos meramente subjetivos.[205]

Como o que se está tutelando no interesse negativo é, em última instância, a confiança, os riscos assumidos unilateralmente pelos candidatos a contratante durante as negociações não são indenizáveis.[206]

[202] PONTES DE MIRANDA, Francisco Cavalcanti. *Tratado de direito privado.* 4ª edição, São Paulo: Ed. Revista dos Tribunais 1983, t. IV, p. 91.

[203] *"De fato, os danos decorrentes da violação da boa-fé no exercício do direito de encerrar as negociações devem ser integralmente ressarcidos, incluindo-se não só os danos emergentes como os lucros cessantes. Tal ressarcimento não está limitado ao interesse positivo, na medida em que não tem por efeito conferir maior eficácia às negociações do que ao próprio contrato, como entendia Antônio Chaves, mas sim indenizar completamente todos os prejuízos decorrentes da inobservância da boa-fé. Trata-se de bens jurídicos distintos, comportando, por isso, tutelas ressarcitórias diferentes. Como bem salienta Regis Fichtner Pereira, o possível ganho contratual não é o parâmetro para que se estabeleça a indenização dos danos decorrentes da ruptura ilícita das negociações"* (ZANETTI, Cristiano de Sousa. *Responsabilidade pela Ruptura das Negociações.* São Paulo: Ed. Juarez de Oliveira, 2005, p. 156).

[204] De acordo com o artigo 5º, inciso X, da Constituição Federal, os danos morais são passíveis de serem indenizados. O Superior Tribunal de Justiça consolidou, por meio de sua súmula 227, que as pessoas jurídicas também podem sofrer dano moral.

[205] FERNANDES, Wanderley. "O Processo de Formação do Contrato". In: FERNANDES, Wanderley (coord.). *Fundamentos e Princípios dos Contratos Empresariais.* 2ª ed., São Paulo: Saraiva, 2012, p. 275.

[206] *"A título de danos emergentes, o candidato a contratante tem direito a tudo o que perdeu em decorrência da frustração das negociações, ou seja, aquilo que investiu na confiança que lhe foi despertada pelo outro*

Sobre o investimento realizado em razão da confiança suscitada pelo outro candidato a contratante, Wanderley Fernandes explica que:

> em qualquer negócio, um empresário avalia o risco do investimento que faz. Investimento na realização de um negócio é algo mensurável a cada planejamento estratégico. Isso significa que esse empresário já computou em seus custos indiretos os custos de comercialização. Se isso é verdadeiro, e isso é esperado do empresário, não faz sentido que uma parte em negociação com esse mesmo empresário assuma o risco de compensar os custos de comercialização de uma negociação fracassada. Em outras palavras, toda empresa tem um custo calculado sobre o risco de realizar ou não determinados negócios. Esse custo é o preço do risco no negócio. Porém, em determinadas circunstâncias, certos custos são incorridos não apenas sob o risco do negócio, mas motivados pelo incentivo dado pela outra parte sob a promessa de que determinada operação econômica seria efetivamente realizada. Há, portanto, um investimento motivado não apenas pela expectativa de novos negócios em um mercado aquecido, mas uma confiança gerada pelo comportamento do outro.[207]

Os lucros cessantes decorrentes da frustração da confiança suscitada pelo outro candidato a contratante durante as negociações também são passíveis de indenização.[208] Note-se, no entanto, que os lucros cessantes decorrentes do interesse negativo são distintos dos lucros cessantes decorrentes do interesse positivo.

Os lucros cessantes decorrentes do interesse negativo estão associados aos negócios que se deixou de realizar em função daquele que se acredi-

candidato a contratante. (...) Tutelando-se a confiança, de modo que a indenização do interesse negativo não serve para eliminar os riscos unilateralmente assumidos pelos candidatos a contratante no processo negocial" (Zanetti, Cristiano de Sousa. *Responsabilidade pela Ruptura das Negociações*. São Paulo: Ed. Juarez de Oliveira, 2005, p. 158).

207 Fernandes, Wanderley. "O Processo de Formação do Contrato". In: Fernandes, Wanderley (coord.). *Fundamentos e Princípios dos Contratos Empresariais*. 2ª ed., São Paulo: Saraiva, 2012, pp. 259-260.

208 "*(...) as restrições à indenização do lucro cessante não se justificam no direito brasileiro. (...) o que importa é que os danos decorram da frustração da confiança do candidato a contratante no curso das negociações, o que pode abarcar oportunidades perdidas em função da concentração de energias no desenvolvimento de um determinado projeto contratual*" (Zanetti, Cristiano de Sousa. *Responsabilidade pela Ruptura das Negociações*. São Paulo: Ed. Juarez de Oliveira, 2005, p. 161).

tava que seria concluído (também chamado pela literatura de "custo de oportunidade"). Os lucros cessantes decorrentes do interesse positivo, por sua vez, correspondem à expectativa de ganho de determinando negócio, que foi frustrada pelo inadimplemento.[209]

Aplica-se aos lucros cessantes a lógica dos danos materiais com relação a exclusão dos casos em que houve a assunção unilateral de risco pelos candidatos a contratante. As oportunidades perdidas devido tão somente a um risco assumido pelo próprio candidato a contratante (ou seja, sem quebra de confiança) não são indenizáveis.[210]

Apesar de a indenização pelo interesse negativo prevalecer nos casos de responsabilidade pré-contratual, existem determinadas situações em que a indenização será pelo interesse positivo.

Por exemplo, nos casos em que há um dano culposo por atos ocorridos durante as negociações, quando o contrato já tenha sido validamente celebrado. Nessa situação, se o dano repercutiu no contrato, impedindo o seu pleno cumprimento, a base para a indenização se torna o interesse positivo.

[209] *"Nas duas hipóteses (invalidade do ato ou ruptura de negociações), temos um negócio frustrado. Seja porque não se concluiu pela ruptura abrupta das negociações, ou porque se revelou inválido, embora uma das partes tivesse conhecimento da invalidade. Em ambos os casos, a responsabilidade está associada à expectativa de que um ganho futuro deveria ocorrer e, consequentemente, o dano está associado à frustração da realização ou da manutenção do negócio. Logo, estamos nos referindo ao interesse negativo a ser indenizado e a parte inocente poderá ter ressarcidos os danos emergentes efetivamente incorridos e os lucros cessantes decorrentes do negócio que deixou de realizar em função do negócio que acreditava certo. Diversamente da hipótese de responsabilidade contratual, em que o lucro cessante é o lucro próprio e específico daquele negócio (interesse positivo), a expectativa de ganho daquela operação econômica é que foi frustrada pelo inadimplemento"* (FERNANDES, Wanderley. "O Processo de Formação do Contrato". In: FERNANDES, Wanderley (coord.). *Fundamentos e Princípios dos Contratos Empresariais*. 2ª ed., São Paulo: Saraiva, 2012, pp. 270-271).

[210] *"A possível responsabilização por lucros cessantes, todavia, não exclui a assunção unilateral de risco por parte de um dos candidatos a contratante. Caso a perda de oportunidades não decorra da confiança suscitada na conclusão do contrato por parte do outro candidato a contratante, sendo, consequentemente, fruto da livre escolha do suposto prejudicado, a indenização não pode ter lugar, na medida em que não decorre da violação da boa-fé objetiva na ruptura das negociações. (...) Além disso, não se pode descartar a hipótese de o dano decorrente da inobservância da boa-fé no direito de ruptura das negociações ser superior ao lucro que se teria com a celebração do contrato (...) A responsabilidade pela ruptura das negociações tutela a confiança, materializada na boa-fé objetiva; não serve, entretanto, para eliminar os riscos do mundo negocial, privilegiando comportamentos negligentes"* (ZANETTI, Cristiano de Sousa. *Responsabilidade pela Ruptura das Negociações*. São Paulo: Ed. Juarez de Oliveira, 2005, pp. 162-163).

Partindo da premissa do contrato como processo[211] e retomando o caso narrado por Cícero[212] a título ilustrativo, Wanderley Fernandes elucida que:

> (...) em se tratando de uma compra e venda, foram cumpridas as prestações típicas: entrega da coisa e pagamento do preço. Imaginemos que o comprador decida não desfazer o negócio. Ainda assim terá o direito de pleitear uma compensação, como, por exemplo, uma redução do preço, extraindo-se dele o valor adicional pago sob falsa representação induzida pelo vendedor. Ora, neste caso, ainda estamos diante de um comportamento desleal tomado durante as negociações (portanto, *culpa in contrahendo*), porém não se desfaz o contrato. Além disso, o interesse a ser compensado não é o interesse negativo. Poder-se-ia dizer que a responsabilidade era, então, contratual, pois o negócio já havia se formado – o que é verdade -, no entanto, é inegável que essa responsabilidade correu de uma conduta desleal no momento da formação do contrato. Imaginemos, ainda, que para a compra do imóvel, o comprador tenha incorrido em despesas relacionadas à crença de que as águas eram piscosas. Neste caso temos despesas que estão associadas a uma falsa representação criada pelo vendedor e, embora o contrato não seja desfeito, é evidente que o comprador merece compensação pelas despesas indevidamente incorridas. Novamente, o fundamento dessa responsabilidade está associado à *culpa in contrahendo* e não há que falar em interesse negativo neste caso.[213]

Nos exemplos acima apresentados por Wanderley Fernandes verifica-se que os danos incorridos na fase pré-contratual (preço pago a maior e despesas despendidas devido à crença de que as águas eram piscosas) acabaram repercutindo diretamente no contrato firmado entre as partes,

211 *"Devemos considerar que a assinatura de um contrato válido constitui renúncia do direito de pleitear compensação por algum dano sofrido no decorrer das negociações? A pergunta, no entanto, deve ser submetida a uma crítica preliminar. Ela parte da premissa de que o contrato se constitui de fases estanques e que a celebração do contrato, em si, possa ser uma cura de todas as falhas ou defeitos de procedimento anteriores. Vejamos a hipótese de um contrato em execução. Em um caso de representação comercial, a continuidade de um contrato não significa que a parte prejudicada durante a execução do contrato não possa pleitear, posteriormente, ainda que somente depois de extinto o contrato, os direitos que entende devidos durante a relação jurídica havida entre as partes"* (FERNANDES, Wanderley. "O Processo de Formação do Contrato". In: FERNANDES, Wanderley (coord.). *Fundamentos e Princípios dos Contratos Empresariais.* 2ª ed., São Paulo: Saraiva, 2012, p. 271).

212 Caso abordado no item 3.2.1. deste capítulo.

213 FERNANDES, Wanderley. "O Processo de Formação do Contrato". In: FERNANDES, Wanderley (coord.). *Fundamentos e Princípios dos Contratos Empresariais.* 2ª ed., São Paulo: Saraiva, 2012, pp. 271-272.

impedindo o pleno atendimento das obrigações contratuais do vendedor, sendo, portanto, a base de eventual indenização pelo interesse positivo.

Portanto, conclui-se que os danos sofridos na fase pré-contratual devem ser integralmente reparados, sendo a indenização nas hipóteses de responsabilidade pré-contratual, em regra, baseada no interesse negativo.

3.3. Figuras previstas em lei que podem surgir em negociações

Nos itens anteriores foi possível verificar que as negociações são tuteladas principalmente pelos princípios da liberdade contratual, boa-fé objetiva e *neminem laedere*, os quais resultaram na construção da responsabilidade pré-contratual.

No entanto, durante as negociações podem surgir duas figuras disciplinadas pelo Código Civil, que levam a uma tutela distinta daquela decorrente da responsabilidade pré-contratual, a saber: (i) contrato preliminar[214]; e (ii) proposta e aceitação. A seguir, essas figuras serão analisadas.

3.3.1. Contrato preliminar

O contrato preliminar é um contrato típico, que está atualmente disciplinado nos artigos 462 e seguintes do Código Civil. A sua principal função é assegurar a efetiva realização de um negócio, que não pode ser concretizado por completo em um dado momento devido a algum aspecto formal ou à indeterminação de alguns de seus elementos.[215]

[214] Sobre a diferença entre a responsabilidade pré-contratual e o inadimplemento de contrato preliminar, Karina Nunes Fritz explica que *"a responsabilidade pré-contratual não surge a partir da violação de um contrato preliminar ou pré-contrato, como uma semelhança terminológica poderia surgir. Isso, porque o pré-contrato – consagrado no art. 462 do CC/2002, cujo objeto consiste no dever de celebrar um contrato principal – é, assim como este, verdadeiro negócio jurídico, cujo descumprimento dá ensejo à típica responsabilidade contratual por infringência de um dever de prestação, isto é, de uma obrigação no sentido técnico. A responsabilidade pré-contratual decorre da violação de dever oriundo da boa-fé objetiva (e não do negócio jurídico") durante a fase negocial, entendido como o período de preparação do negócio, no qual as partes entram em contato em razão de um eventual e incerto negócio jurídico. Tem-se aqui o chamado contato negocial, aquele que tem por razão e fim um negócio jurídico, como formulou* LARENZ *a fim de diferenciá-lo do mero contato social"* (FRITZ, Karina Nunes. *A responsabilidade pré-contratual por ruptura injustificada das negociações.* Civilistica.com. Rio de Janeiro, a. 1, n. 2, jullho-dezembro/2012. Disponível em <http://civilistica.com/a-responsabilidade-pre-contratual-por-ruptura-injustificada-das-negociacoes/>. Acessado em 5 de novembro de 2016).

[215] FERNANDES, Wanderley; OLIVEIRA, Jonathan Mendes. *Contrato Preliminar: Segurança de Contratar.* In: FERNANDES, Wanderley (coord.). *Fundamentos e Princípios dos Contratos Empresariais.* 2ª ed., São Paulo: Saraiva, 2012, pp. 295-296.

O contrato preliminar permite a divisão do processo de contratação em duas etapas: em um primeiro momento, as partes firmam o contrato preliminar, pelo qual se comprometem a celebrar o contrato definitivo no futuro; em um segundo momento, as partes celebram o contrato definitivo.

Durante a vigência do Código Civil de 1916, prevalecia o entendimento de que o contrato preliminar deveria conter todos os elementos do contrato definitivo para restar configurado (elementos categoriais inderrogáveis e elementos categoriais derrogáveis). [216]

Aliás, em caso emblemático sobre o tema (conhecido como Pão de Açúcar vs. Disco)[217], o Supremo Tribunal Federal firmou o entendimento de que o contrato preliminar somente poderia ser considerado perfeito, se contivesse todos os elementos do contrato definitivo. Caso contrário, ele não seria vinculante e mereceria a qualificação de mera minuta.[218]

A posição do Supremo Tribunal Federal foi muito criticada na época. Sustentava-se que o Supremo Tribunal Federal teria privado o contrato preliminar de sua principal função ao condicionar o seu caráter vinculante à presença de todas as cláusulas do contrato definitivo.[219]

No entanto, com a entrada em vigor do Código Civil de 2002, que regulamentou o contrato preliminar, esse entendimento enfraqueceu. Para melhor compreensão dos atuais contornos do contrato preliminar, a seguir, será realizada a sua análise a partir dos planos da existência, validade e eficácia.

3.3.1.1. *Existência*

Os artigos 462 e 463 do Código Civil estabelecem dois elementos de existência do contrato preliminar: (i) a adstrição das partes à conclusão do

[216] Segundo Fábio Pedro Alem, "*a força vinculativa do instrumento pré-contratual é o ponto fundamental para que o acordo preliminar deixe de ser apenas parte de uma mera negociação e se torne parte efetiva de um contrato preliminar e até mesmo do contrato definitivo*" (ALEM, Fabio Pedro. *Contrato preliminar: eficácia nos negócios jurídicos complexos.* Mestrado em Direito das Relações Sociais, subárea Direito Civil Comparado, pela Pontifícia Universidade Católica de São Paulo, 2009, p. 131).

[217] STF. Recurso Extraordinário 88.716-RJ, 2ª Turma, Relator Ministro Moreira Alves, julgado em 11.9.1979.

[218] FERNANDES, Wanderley; OLIVEIRA, Jonathan Mendes. *Contrato Preliminar: Segurança de Contratar.* In: FERNANDES, Wanderley (coord.). *Fundamentos e Princípios dos Contratos Empresariais.* 2ª ed., São Paulo: Saraiva, 2012, p. 290.

[219] JUNQUEIRA DE AZEVEDO, Antonio. *Novos estudos e pareceres de direito privado.* São Paulo: Ed. Saraiva, 2010, p. 255.

contrato definitivo; e (ii) a presença dos elementos categoriais inderrogáveis do contrato definitivo.[220]

Conforme mencionado acima, a principal função do contrato preliminar é obrigar as partes a celebrarem o contrato definitivo. Assim, o elemento categorial inderrogável[221] do contrato preliminar é a conclusão do contrato definitivo.[222] Ou seja, para que ele exista, é imprescindível que as partes se obriguem por meio dele a celebrar o contrato definitivo.[223]

Para apurar se a intenção das partes era realmente se obrigar a firmar o contrato definitivo, Cristiano de Sousa Zanetti aponta os seguintes critérios: (i) a existência de cláusulas de irrevogabilidade e irretratabilidade; (ii) as circunstâncias do caso; (iii) o grau de precisão do acordo e se as cláusulas deixadas em branco são secundárias; (iv) se a cláusula em branco comporta determinação somente em momento posterior à celebração da avença; (v) a execução parcial do pactuado; (vi) o comportamento das partes após a celebração do contrato preliminar, dentre outros.[224]

Além da obrigação de contratar, a existência do contrato preliminar está condicionada à presença dos elementos categoriais inderrogáveis do contrato definitivo.

Apesar de o artigo 462 do Código Civil fazer referência a "requisitos essenciais do contrato a ser celebrado", entende-se que o contrato preli-

[220] ZANETTI, Cristiano de Sousa. *A Conservação dos Contratos Nulos por Defeito de Forma*. São Paulo: Ed. Quartier Latin, 2013, pp. 124-125.

[221] Segundo Antonio Junqueira de Azevedo, os elementos categorias inderrogáveis são aqueles que caracterizam o tipo do negócio. Os elementos categoriais inderrogáveis podem ser formais (negócios abstratos) ou objetivos (negócios causais). (JUNQUEIRA DE AZEVEDO, Antonio. *Negócio jurídico: existência, validade e eficácia*. 4ª edição, São Paulo: Ed. Saraiva, 2010, p. 140).

[222] Cristiano de Sousa Zanetti explica que "*a história evidencia que a característica própria do contrato preliminar é a introdução paulatina do regramento de interesses de seus figurantes, a ser concluída por meio da celebração do contrato definitivo. Por outras palavras, o elemento categorial inderrogável do contrato preliminar é a conclusão do contrato definitivo. Não pode haver contrato preliminar, portanto, sem que as partes estejam adstritas à oportuna celebração do negócio definitivo. Nisso, aliás, o contrato preliminar difere da simples minuta, pois somente o primeiro vinculará as partes à celebração do futuro negócio, efeito que não poderá decorrer da segunda, por mais detalhada que seja, conforme esclarecem a doutrina e a jurisprudência italianas*" (ZANETTI, Cristiano de Sousa. *A Conservação dos Contratos Nulos por Defeito de Forma*. São Paulo: Ed. Quartier Latin, 2013, p. 124).

[223] TOMASETTI JR., Alcides. *Execução do contrato preliminar*. Doutorado em direito civil pela Faculdade de Direito da Universidade de São Paulo, 1982, p. 18.

[224] ZANETTI, Cristiano de Sousa. *A Conservação dos Contratos Nulos por Defeito de Forma*. São Paulo: Ed. Quartier Latin, 2013, pp. 128-129.

minar deve apresentar os "elementos essenciais" do contrato a ser celebrado. Isso porque a terminologia "requisito" está relacionada ao plano da validade e não da existência dos negócios jurídicos.[225]

Ou seja, o contrato preliminar deve apresentar os elementos caracterizadores do contrato definitivo, permitindo que o negócio ao qual as partes se comprometeram a firmar seja facilmente aferível.

Nesse contexto, é possível que as partes deixem uma reserva de complementação referente ao contrato definitivo para momento posterior (por exemplo, elementos categoriais derrogáveis e/ou elementos particulares, desde que tal reserva não interfira na identificação do elemento categorial inderrogável do contrato definitivo).[226]

A reserva de complementação pode apresentar diversos graus (máximo, médio e mínimo), o que interferirá somente na eficácia do contrato preliminar, não em sua existência.[227] No item 3.3.1.3 deste capítulo, esses graus serão analisados.

3.3.1.2. *Validade*

O plano da validade visa controlar a forma por meio da qual a declaração negocial entra no mundo do direito.[228] O contrato preliminar, como todo negócio jurídico, deve ser celebrado por agente capaz e apresentar objeto lícito para ser válido.

Note-se que o objeto do contrato definitivo também deve ser lícito. Isso porque o contrato preliminar deve conter os elementos categoriais inderrogáveis do contrato definitivo para existir.[229] O contrato preliminar não pode ser utilizado para produzir efeitos proibidos em lei.

Quanto ao requisito da forma, não é necessário que o contrato preliminar siga a forma do contrato definitivo para ser válido. Nos termos do

[225] FERNANDES, Wanderley; OLIVEIRA, Jonathan Mendes. *Contrato Preliminar: Segurança de Contratar.* In: FERNANDES, Wanderley (coord.). *Fundamentos e Princípios dos Contratos Empresariais.* 2ª ed., São Paulo: Saraiva, 2012, pp. 309-310.

[226] ZANETTI, Cristiano de Sousa. *A Conservação dos Contratos Nulos por Defeito de Forma.* São Paulo: Ed. Quartier Latin, 2013, p. 126.

[227] ZANETTI, Cristiano de Sousa. *A Conservação dos Contratos Nulos por Defeito de Forma.* São Paulo: Ed. Quartier Latin, 2013, p. 129.

[228] ZANETTI, Cristiano de Sousa. *A Conservação dos Contratos Nulos por Defeito de Forma.* São Paulo: Ed. Quartier Latin, 2013, p. 130.

[229] ZANETTI, Cristiano de Sousa. *A Conservação dos Contratos Nulos por Defeito de Forma.* São Paulo: Ed. Quartier Latin, 2013, p. 130.

artigo 462 do Código Civil, a validade do contrato preliminar não está condicionada à observância da forma do contrato definitivo.

3.3.1.3. *Eficácia*

A eficácia típica do contrato preliminar é vincular as partes à conclusão do negócio definitivo.[230] Assim, se uma das partes se recusar a concluir o negócio definitivo, os artigos 463 e 464 do Código Civil autorizam a parte interessada a requerer a execução específica da obrigação em processo de conhecimento.

Por meio da execução específica, o juiz profere sentença que produzirá os efeitos da declaração não emitida após o seu trânsito em julgado. No caso, a sentença irá substituir a declaração daquele que resistiu à celebração do contrato definitivo, em desrespeito àquilo acordado no contrato preliminar.

O CPC de 1973 regulamentava as tutelas específicas tanto das obrigações de prestar declaração de vontade (artigo 466-A), como da obrigação de concluir contrato (art. 466-B). No caso dos contratos preliminares, era mais adequada a aplicação do artigo 466-B do CPC de 1973, em razão de sua especificidade.

O CPC de 2015, por sua vez, optou por prever expressamente apenas a obrigação de prestar declaração de vontade (artigo 501), não prevendo dispositivo legal semelhante para a obrigação de celebrar um contrato. Entretanto, pelo fato de esta obrigação ser apenas uma espécie do gênero prestar declaração de vontade, entendemos que o CPC de 2015 não alterou substancialmente a disciplina legal do assunto, apesar de ter suprimido um dispositivo legal.

Nem sempre a execução específica é cabível, restando ao lesado apenas a possibilidade de exigir indenização pelos prejuízos sofridos, nos termos do artigo 465 do Código Civil.[231] A indenização nesse caso será pelo interesse positivo.[232]

[230] ZANETTI, Cristiano de Sousa. *A Conservação dos Contratos Nulos por Defeito de Forma.* São Paulo: Ed. Quartier Latin, 2013, p. 134.

[231] ZANETTI, Cristiano de Sousa. *A Conservação dos Contratos Nulos por Defeito de Forma.* São Paulo: Ed. Quartier Latin, 2013, p. 136.

[232] ZANETTI, Cristiano de Sousa. *A Conservação dos Contratos Nulos por Defeito de Forma.* São Paulo: Ed. Quartier Latin, 2013, p. 146.

Para verificar se o contrato preliminar comporta tutela específica, um dos principais aspectos a ser analisado é o seu grau de preliminaridade. Conforme indicado acima, a existência do contrato preliminar depende do comprometimento das partes em firmar o contrato definitivo, bem como da presença dos elementos categoriais inderrogáveis do contrato definitivo.

Como a existência do contrato preliminar está vinculada à presença dos elementos categoriais inderrogáveis quanto ao conteúdo do contrato definitivo, o contrato preliminar pode apresentar diversos níveis de informação a respeito dele.

Essa predeterminação do conteúdo do contrato definitivo foi dividida por Alcides Tomasetti Jr.[233] em três graus distintos, que são explicados por Cristiano de Sousa Zanetti da seguinte forma:

Preliminaridade Máxima	Preliminaridade Média	Preliminaridade Mínima
O objeto do contrato definitivo encontra-se totalmente disciplinado no contrato preliminar.[234]	O objeto do contrato definitivo está parcialmente disciplinado no contrato preliminar. Porém, as informações faltantes **não dependem de declarações inovativas das partes.**[235]	O contrato preliminar fixa somente as bases do contrato definitivo. Para a definição das informações faltantes no contrato preliminar, são necessários "acordos residuais ulteriores" de **caráter inovativo.**[236]

A execução específica somente é cabível quando for possível se extrair do contrato preliminar o conteúdo do contrato definitivo.[237] Assim, nos contratos com preliminaridade máxima ou média[238] seria possível a exe-

[233] TOMASETTI JR., Alcides. *Execução do contrato preliminar.* Doutorado em direito civil pela Faculdade de Direito da Universidade de São Paulo, 1982, pp. 22-27.

[234] ZANETTI, Cristiano de Sousa. *A Conservação dos Contratos Nulos por Defeito de Forma.* São Paulo: Ed. Quartier Latin, 2013, p. 127.

[235] ZANETTI, Cristiano de Sousa. *A Conservação dos Contratos Nulos por Defeito de Forma.* São Paulo: Ed. Quartier Latin, 2013, p. 127.

[236] ZANETTI, Cristiano de Sousa. *A Conservação dos Contratos Nulos por Defeito de Forma.* São Paulo: Ed. Quartier Latin, 2013, p. 127.

[237] ZANETTI, Cristiano de Sousa. *A Conservação dos Contratos Nulos por Defeito de Forma.* São Paulo: Ed. Quartier Latin, 2013, p. 140.

[238] Alguns doutrinadores indicam que os contratos com grau de preliminaridade média, a depender do caso concreto, podem não ser passíveis de execução específica. Vide ALEM, Fabio Pedro. *Contrato preliminar: eficácia nos negócios jurídicos complexos.* Mestrado em Direito

cução específica, pois não serão necessárias declarações inovativas das partes, sendo viável ao julgador, ao menos em tese, aferir o conteúdo do contrato definitivo.[239]

Nos casos de preliminaridade mínima, a conclusão do contrato definitivo depende de acordos residuais entre as partes, os quais podem estar relacionados a pontos essenciais do contrato definitivo. Assim, cabe ao julgador decidir a respeito da possibilidade de suprir lacunas do contrato definitivo desenhado, devendo utilizar-se de todos os meios possíveis para tanto, em respeito ao princípio da conservação do negócio jurídico (por exemplo, usos e costumes, circunstâncias negociais, máximas de experiência, entre outros).[240]

A complementação dos pontos em abertos do contrato definitivo por meio de execução específica se justifica pelo fato de as partes terem se vinculado a celebrá-lo por meio do contrato preliminar.[241]

Esclareça-se, entretanto, que o julgador não pode simplesmente contratar pelas partes, "atropelando" o cronograma para elaboração de cláusulas definido entre elas.[242] Sendo impossível aferir todas as cláusulas do contrato definitivo, o contrato preliminar ainda assim será vinculante e, por consequência, ensejará à parte lesada o direito a indenização.

Conforme ensina Cristiano de Sousa Zanetti, além do grau de preliminaridade, a possibilidade de execução específica do contrato preliminar dependerá dos seguintes fatores:

- **Possibilidade física e jurídica para a concessão da tutela específica.** O objeto do contrato definitivo deve ser passível de ser executado no momento da execução específica. Seria simplesmente

das Relações Sociais, subárea Direito Civil Comparado, pela Pontifícia Universidade Católica de São Paulo, 2009, p. 145.

239 ZANETTI, Cristiano de Sousa. *A Conservação dos Contratos Nulos por Defeito de Forma.* São Paulo: Ed. Quartier Latin, 2013, pp. 140-141.

240 ZANETTI, Cristiano de Sousa. *A Conservação dos Contratos Nulos por Defeito de Forma.* São Paulo: Ed. Quartier Latin, 2013, p. 141.

241 Cristiano de Sousa Zanetti explica que "*o contrato preliminar, nunca é demais dizê-lo, não obriga as partes simplesmente a negociar um segundo negócio. Seu escopo vai mais longe, pois vincula um ou ambos os contratantes a concluir um segundo contrato. Daí a conveniência de promover complementação das cláusulas faltantes, sempre que as partes se negarem a fazê-lo*" (ZANETTI, Cristiano de Sousa. *A Conservação dos Contratos Nulos por Defeito de Forma.* São Paulo: Ed. Quartier Latin, 2013, p. 146).

242 ZANETTI, Cristiano de Sousa. *A Conservação dos Contratos Nulos por Defeito de Forma.* São Paulo: Ed. Quartier Latin, 2013, p. 147.

impossível a execução específica se o bem objeto do contrato definitivo estivesse destruído (impossibilidade física) ou se apenas um dos cônjuges tivesse acordado em alienar o imóvel objeto do contrato definitivo por meio de contrato preliminar (impossibilidade jurídica, em razão da ausência de outorga uxória).[243]

- **Natureza do negócio.** O Poder Judiciário deve ter o poder de substituir a vontade das partes em execução específica, dando cumprimento ao contrato preliminar. Assim, não será possível a execução específica de negócios em que a conclusão do contrato definitivo preveja obrigação de caráter infungível a cargo da parte recalcitrante. Note que mesmo que o contrato preliminar tenha caráter *intuito personae*, a execução específica seria possível, se a obrigação do contrato definitivo fosse fungível.[244]
- **Inexistência de cláusula de arrependimento.** A execução específica é impossível nas situações em que o contrato preliminar apresentar uma cláusula de arrependimento, que libere as partes da obrigação de concluir o negócio definitivo.[245]
- **Registro.** O registro do contrato preliminar não é necessário para que ele produza efeitos entre as partes. Dessa forma, o registro é facultativo. Porém, o registro do contrato preliminar será necessário para ele produza efeitos perante terceiros, que, a partir do momento do registro, não poderão alegar desconhecimento.[246]

Ainda que a execução específica do contrato preliminar seja possível, nos termos do artigo 465 do Código Civil, a parte lesada poderá optar pela resolução do contrato preliminar e, por consequência, pelo pagamento de indenização pelos prejuízos sofridos. Conforme ensina Cristiano de Sousa Zanetti, seria razoável que a parte lesada optasse pela indenização, se o imóvel objeto do contrato definitivo fosse de um terceiro.

[243] ZANETTI, Cristiano de Sousa. *A Conservação dos Contratos Nulos por Defeito de Forma.* São Paulo: Ed. Quartier Latin, 2013, pp. 136-137.

[244] ZANETTI, Cristiano de Sousa. *A Conservação dos Contratos Nulos por Defeito de Forma.* São Paulo: Ed. Quartier Latin, 2013, pp. 137-140.

[245] ZANETTI, Cristiano de Sousa. *A Conservação dos Contratos Nulos por Defeito de Forma.* São Paulo: Ed. Quartier Latin, 2013, p. 148.

[246] ZANETTI, Cristiano de Sousa. *A Conservação dos Contratos Nulos por Defeito de Forma.* São Paulo: Ed. Quartier Latin, 2013, p. 149.

Nessas situações em que a parte lesada opta pela indenização ao invés da execução específica, o valor da indenização deve ser calculado com base no interesse positivo (o que a parte lesada perdeu e deixou de lucrar). Isso porque seria possível a execução do contrato definitivo.[247]

Nos casos em que a tutela específica do contrato preliminar seja impossível devido à ausência de um dos fatores indicados acima, o contrato preliminar, ainda assim, será vinculante. Por consequência, a parte lesada poderá pleitear indenização pelo seu descumprimento, a qual seria apurada com base no interesse negativo (somente aquilo que a parte lesada perdeu).[248]

3.3.2. Proposta e aceitação

A proposta e a aceitação representam etapas mais avançadas das negociações.[249] Quando as partes atingem o estágio da proposta e aceitação, em especial em operações de fusões e aquisições, é provável que o contrato definitivo já tenha sido amplamente negociado, não restando qualquer ponto relevante em aberto.

A proposta é uma declaração em que é manifestada a vontade de realizar com a contraparte um contrato.[250] Nos termos do artigo 427 do Código Civil, a proposta é vinculante ao proponente, obrigando-o a firmar o contrato proposto.

A proposta deve conter todos os elementos essenciais do tipo contratual desejado, de modo que seja suficiente a mera aceitação do oblato para que o contrato proposto se forme.[251]

[247] ZANETTI, Cristiano de Sousa. *A Conservação dos Contratos Nulos por Defeito de Forma.* São Paulo: Ed. Quartier Latin, 2013, p. 146.

[248] ZANETTI, Cristiano de Sousa. *A Conservação dos Contratos Nulos por Defeito de Forma.* São Paulo: Ed. Quartier Latin, 2013, p. 147.

[249] Cristiano de Sousa Zanetti ensina que "*o período de formação do contrato pode ser qualificado como um estágio mais avançado das negociações, no qual as partes praticam atos relevantes que, por si só, podem produzir efeitos jurídicos, como as declarações de oferta e de aceitação, a opção, o contrato de preferência, o contrato preliminar, entre outros*". (ZANETTI, Cristiano de Sousa. *Responsabilidade pela Ruptura das Negociações.* São Paulo: Ed. Juarez de Oliveira, 2005, p. 11).

[250] MIRANDA, Custodio da Piedade Ubaldino. *Comentários ao código civil: dos contratos em geral (arts. 421 a 480).* São Paulo: Ed. Saraiva, 2013, p. 129.

[251] Custodio Miranda explica que "*o que é indispensável é que a proposta contenha os elementos essenciais do tipo contratual (por ex. o preço e a coisa vendida numa compra e venda. (...) A proposta tem de ser completa, no sentido acima indicado há de ser por si só suficiente para que, mediante uma aceitação pura e simples, se forme o contrato, o que não quer dizer que, ao invés de aceitação, o declaratário não possa*

A aceitação, por sua vez, é uma declaração em que o oblato manifesta a sua concordância em realizar o contrato proposto. É a adesão pura e simples a uma proposta contratual. O aceitante é titular de um direito potestativo.[252] Ela deve ocorrer dentro do prazo de vigência da proposta, sem qualquer restrição, adição ou modificação à proposta. Caso contrário, a aceitação se converterá em uma nova proposta, nos termos do artigo 431 do Código Civil.

A aceitação pode ocorrer mediante manifestação expressa ou tácita. Como a aceitação é, no geral, um ato de conclusão do processo de formação do contrato, é importante examinar o ato de aceitação com o conjunto de atos que lhe antecederam, a fim de averiguar se a manifestação de vontade pode ser realmente qualificada como aceitação.

A proposta e a aceitação são declarações receptícias de vontade.[253] Ou seja, elas somente produzem efeitos a partir do momento em que são de conhecimento do destinatário.[254]

Por produzirem somente os efeitos previstos em lei, entendemos que a proposta e a aceitação são atos jurídicos.[255] No entanto, há quem defenda que a proposta e a aceitação seriam negócios jurídicos unilaterais, como Pontes de Miranda[256] e Sérgio Botrel[257].

Os negócios jurídicos unilaterais são aqueles em que a declaração negocial, por si só, será apta a produzir os efeitos do negócio jurídico a que se destina (por exemplo, testamento).

Partindo-se do conceito de negócio jurídico unilateral, entendemos que a proposta e a aceitação não são aptas a produzir efeitos vinculantes por si só. Os principais efeitos delas decorrentes estão previstos em lei. Assim, não seria possível enquadrá-las como negócios jurídicos unilaterais.[258]

assumir a posição de declarante, emitindo, como se disse, uma contraproposta" (MIRANDA, Custodio da Piedade Ubaldino. *Op. cit.*, pp. 129-130).

252 ZANETTI, Cristiano de Sousa. *Responsabilidade pela Ruptura das Negociações*. São Paulo: Ed. Juarez de Oliveira, 2005, p. 13.

253 GOMES, Orlando. *Contratos*. 26ª edição. Rio de Janeiro: Ed. Forense, 2007, p. 68.

254 MIRANDA, Custodio da Piedade Ubaldino. *Op. cit.*, p. 129.

255 Nesse sentido, (i) MIRANDA, Custodio da Piedade Ubaldino. *Op. cit.*, p. 136; (ii) GOMES, Orlando. *Contratos*. 26ª edição. Rio de Janeiro: Ed. Forense, 2007, p. 68.

256 PONTES DE MIRANDA, Francisco Cavalcanti. *Tratado de direito privado*. 4ª edição, São Paulo: Ed. Revista dos Tribunais, tomo II, 1984, pp. 421, 422 e 430.

257 BOTREL, Sérgio. *Op. cit.*, p. 218.

258 MIRANDA, Custodio da Piedade Ubaldino. *Op. cit.*, p. 136.

Como as figuras da proposta/aceitação representam o encerramento das negociações por meio da celebração do contrato, a sua análise neste trabalho se restringirá a este item.

3.4. A importância do princípio da boa-fé objetiva em negociações

Durante as negociações podem surgir figuras como a proposta, a aceitação e o contrato preliminar. Essas figuras estão disciplinadas no Código Civil e, assim, produzem efeitos jurídicos próprios.

As negociações de uma forma geral, sem a presença dessas figuras, não estão disciplinas especificamente no Código Civil. Assim, a tutela de danos decorrentes da quebra da confiança existente entre os candidatos a contratante durante as negociações ocorre por meio da responsabilidade pré-contratual.

Conforme restou demonstrado nos itens anteriores, a doutrina, no geral, concorda que os seguintes requisitos são necessários para a configuração da responsabilidade pré-contratual: (i) existência de negociações; (ii) dano; e (iii) nexo causal.

Todavia, a doutrina se divide em três principais correntes com relação ao quarto requisito necessário para a configuração da responsabilidade pré-contratual, a saber: (i) a corrente que tem como base o princípio do *neminem laedere*; (ii) a corrente que tem como base os deveres decorrentes da boa-fé objetiva; e (iii) a corrente que tem como base o abuso do direito.

Apesar de essas correntes partirem de lógicas diferentes, na verdade, elas se complementam, permitindo uma ampla tutela na fase de negociações a partir da responsabilidade pré-contratual. Até porque a boa-fé objetiva permite a concretização do princípio do *neminem laedere* tanto na qualidade de norma de criação de deveres jurídicos como na qualidade de norma de limitação ao exercício de posições jurídico-subjetivas. Além disso, a atuação da boa-fé objetiva como norma de criação de deveres jurídicos ou como norma de limitação ao exercício de posições jurídico-subjetivas dependerá do que se enquadrar melhor no caso concreto.

Há, ainda, divergência na doutrina acerca da natureza jurídica da responsabilidade pré-contratual. Alguns autores defendem que ela teria natureza extracontratual, já outros defendem que ela teria natureza contratual. Existem autores que chegam até a propor uma terceira espécie de responsabilidade civil, por defender o caráter *sui generis* da responsabilidade pré-contratual.

Como exposto anteriormente, apesar de não ser esse o objeto do presente estudo, entendemos que a responsabilidade pré-contratual tem natureza extracontratual.

Independentemente da posição que se adote acerca dos pontos controvertidos indicados acima com relação à responsabilidade pré-contratual, o que deve se levar em consideração é que, em última instância, a boa-fé objetiva é atualmente o parâmetro último utilizado para se apurar eventual violação à confiança durante as negociações e, por consequência, a responsabilidade pré-contratual.[259]

A seguir, analisaremos, de forma breve, o princípio da boa-fé objetiva, o que auxiliará na compreensão da relevância jurídica dos documentos produzidos em negociações de operações de fusões e aquisições a partir de seus efeitos jurídicos.

[259] Vale ressaltar que a maioria dos autores que defendem o princípio do *neminem laedere* como fundamento da responsabilidade pré-contratual estudaram o tema antes da vigência do atual Código Civil, ou seja, quando a boa-fé objetiva e o abuso de direito ainda não estavam positivados em lei.

CAPÍTULO 4
A BOA-FÉ OBJETIVA NAS NEGOCIAÇÕES

4.1. A aplicação da boa-fé objetiva nas negociações

Segundo Judith Martins-Costa, "*são tradicionalmente imputadas à boa-fé objetiva três distintas funções, quais sejam a de cânone hermenêutico-integrativo do contrato, a de norma de criação de deveres jurídicos e a de norma de limitação ao exercício de direitos subjetivos*".[260]

Conforme elucidado no capítulo anterior, a doutrina majoritária defende a aplicação da boa-fé objetiva à fase de negociações em duas de suas funções, a saber, a de criação de deveres jurídicos e a de limitação ao exercício de direitos subjetivos.

No geral, independentemente de sua função, a boa-fé objetiva atua como um parâmetro de aferição da responsabilidade pré-contratual em casos concretos. A seguir, iremos analisar, de forma breve, referida atuação da boa-fé objetiva na fase de negociações.

4.2. A boa-fé objetiva como norma de criação de deveres pré-contratuais

Conforme elucidado no capítulo anterior, parte da doutrina defende que o princípio da boa-fé objetiva atua na fase pré-contratual na qualidade de norma criadora de deveres jurídicos. Para tanto, parte-se da relação obrigacional complexa.

Jorge Cesa Ferreira da Silva explica que tradicionalmente a obrigação é vista no direito brasileiro como um "*vínculo jurídico entre dois ou mais sujeitos que adstringe, pelo menos um deles frente a outro, ao cumprimento de uma prestação*"[261].

[260] MARTINS-COSTA, Judith. *A boa-fé no direito privado: critérios para a sua aplicação*. São Paulo: Ed. Marcial Pons, 2015, pp. 427-428.

[261] SILVA, Jorge Cesa Ferreira. *A boa-fé e a violação positiva do contrato*. Rio de Janeiro: Ed. Renovar, 2002, p. 57.

No entanto, principalmente após o desenvolvimento do tema no direito alemão,[262] a obrigação passou também a ser vista como um processo, cuja finalidade seria o adimplemento[263], englobando uma multiplicidade de direitos, deveres, ônus e faculdades.[264]

O fim da obrigação, o seu adimplemento, só ocorreria com o atendimento do conjunto de interesses dos envolvidos na relação obrigacional. Ou seja, o adimplemento só é alcançado com o atendimento não só daqueles interesses vinculados direta ou indiretamente à prestação, mas também daqueles vinculados à manutenção do estado pessoal e patrimonial dos integrantes da relação.[265]

4.2.1. Os deveres jurídicos e suas fontes

Partindo-se da racionalidade acima exposta, depreende-se que a relação obrigacional complexa dá ensejo a três tipos de deveres jurídicos[266], quais sejam, os deveres de prestação (primários e secundários), os deveres anexos e os deveres de proteção.[267]

[262] Conforme elucida Jorge Cesa Ferreira da Silva, esses dois conceitos de obrigação não são excludentes, pois respondem a questões distintas: "*o importante é fixar que, atualmente e em diversos países, a obrigação é descrita de uma forma estrita, idêntica àquela ordinariamente utilizada no Brasil, mas também de uma forma complexa, resultado dos estudos aqui referidos. A visão mais estrita, cumpre sublinhar, não porta qualquer desacerto e serve perfeitamente para explicar toda as relações obrigacionais nos seus aspectos mínimos, tal como as palavras que se dedicam a explicar o átomo na física ou na química. Contudo, assim como o átomo liga-se em moléculas, de sorte a exigir uma análise – igualmente unitária – que congregue o fenômeno relacional no seu todo, os fatos jurídicos também ensejam o nascimento de um conjunto de vínculos que se agrupam em uma unidade, porém unidade que, ao contrário da distinção átomo-molécula, recebe o mesmo nome dos vínculos separados analiticamente: a obrigação. (...) Porém, admitir ou conhecer somente a mais restrita delas, gera a impossibilidade dogmática de se entender, de se visualizar e de explicar uma série de situações absolutamente práticas, tais como as idéias de adimplemento substancial, de cessão de posição contratual, os contratos com eficácia de proteção de terceiros e especialmente, para fins deste estudo, a noção de violação positiva do contrato*" (SILVA, Jorge Cesa Ferreira. *Op. cit.*, pp. 67-68).

[263] Jorge Cesa Ferreira da Silva ensina que "*como todo processo, a obrigação caminha para algo, orienta-se para algo, encontrando-se neste "algo" o fundamento de sua unidade e de sua existência. Desta forma, a consecução do fim passa a ser muito mais relevante do que a absoluta e perfeita realização de cada um dos passos do percurso temporal* (...)" (SILVA, Jorge Cesa Ferreira. *Op. cit.*, p. 65).

[264] COUTO E SILVA, Clóvis V. do. *A obrigação como processo*. Rio de Janeiro: Ed. FGV, 2007, p. 19.

[265] SILVA, Jorge Cesa Ferreira. *Op. cit.*, p. 69.

[266] A doutrina apresenta diversas classificações e nomenclaturas para os deveres decorrentes da relação obrigacional complexa. Neste trabalho, adotaremos a classificação de Judith Martins-Costa, em razão da precisão e clareza de seus conceitos.

[267] Judith Martins-Costa ensina que "*cada negócio jurídico é particularizado pela existência de um complexo de deveres e de interesses: (i) há deveres de prestação, principais e secundários; (ii) há deveres*

O principal fator de diferenciação entre esses deveres jurídicos são suas fontes. As principais fontes dos deveres jurídicos são a vontade das partes, a própria lei, o dano ou o princípio da boa-fé objetiva.

4.2.1.1. *Os deveres de prestação*

Os deveres de prestação são aqueles derivados, em regra, da manifestação negocial das partes ou da lei. Eles correspondem ao interesse de prestação, elemento estruturante de toda relação obrigacional.

Assim, os deveres de prestação objetivam a realização ou a substituição da prestação devida, concretizando o escopo da relação obrigacional.[268] Eles são os deveres que identificam o tipo de contrato.

Os deveres de prestação são divididos em duas espécies: (i) deveres primários ou principais de prestação; e (ii) deveres secundários ou acidentais de prestação.

Os deveres principais de prestação correspondem ao núcleo da relação obrigacional e, assim, estão voltados à realização do interesse do credor à prestação.[269]

Os deveres secundários de prestação, por sua vez, são aqueles que visam preparar ou assegurar o perfeito cumprimento da obrigação. Por exemplo, o dever de embalar bem e transportar com segurança a coisa objeto de contrato de compra e venda.[270]

anexos ou instrumentais aos deveres de prestação; e (iii) há deveres de proteção contra danos que poderiam advir do negócio jurídico. Essas três ordens de deveres correspondem a dois distintos interesses: há interesse à prestação e há interesse à proteção" (MARTINS-COSTA, Judith. *A boa-fé no direito privado: critérios para a sua aplicação*. São Paulo: Ed. Marcial Pons, 2015, p. 220).

[268] Judith Martins-Costa elucida que os deveres de prestação são compreendidos "*como aqueles que conformam o prestare, elemento estruturante de toda e qualquer relação obrigacional («obrigação principal»), estando consubstanciado num dare, facere ou num non-facere. Os deveres de prestação são correlativos a interesses de prestação e se originam da manifestação negocial ou da pontual fixação legislativa. Assim, exemplificativamente, no contrato de locação, o dever de ceder o uso e o gozo da coisa locada e o de pagar o respectivo aluguel; (...) sendo escopo dos deveres de prestação conferir ao credor determinado benefício por meio de um direito à prestação correspondente ao dever de prestar, logicamente estes só se manifestam no âmbito de uma relação de crédito onde se correlacionam o direito de crédito e o dever de prestar, tem como escopo a realização ou a substituição da prestação devida*" (MARTINS-COSTA, Judith. *A boa-fé no direito privado: critérios para a sua aplicação*. São Paulo: Ed. Marcial Pons, 2015, p. 220).

[269] MARTINS-COSTA, Judith. *A boa-fé no direito privado: critérios para a sua aplicação*. São Paulo: Ed. Marcial Pons, 2015, p. 220.

[270] MARTINS-COSTA, Judith. *A boa-fé no direito privado: critérios para a sua aplicação*. São Paulo: Ed. Marcial Pons, 2015, p. 220.

Os deveres secundários de prestação podem, ainda, ser sucedâneos do dever principal (por exemplo, o dever de indenizar no caso de impossibilidade de cumprimento da obrigação principal) ou a ele coexistentes (por exemplo, dever de indenizar por mora).[271]

4.2.1.2. *Os deveres anexos ou instrumentais*

Os deveres anexos ou instrumentais são aqueles que atuam para otimizar o adimplemento satisfatório, que é o fim da obrigação. Eles estão voltados ao "como" e não ao "que" prestar, o que demonstra a sua correlação/instrumentalidade ao dever principal de prestação.[272]

O fundamento último dos deveres anexos é o princípio da boa-fé objetiva. Isso porque, no caso de ausência de regulamentação consensual de determinado ponto na relação obrigacional pelas partes, os deveres anexos surgem a partir da integração do conteúdo contratual por meio da boa-fé objetiva em sua função hermenêutica e integrativa.[273]

São exemplos de deveres anexos o dever de esclarecimento sobre o alcance de determinada prestação, a implementação de deveres de informação sobre a qualidade das coisas prometidas a venda, entre outros.[274]

4.2.1.3. *Os deveres de proteção*

Ao contrário dos deveres de prestação e dos deveres anexos, os deveres de proteção não estão relacionados aos interesses de prestação, mas sim aos interesses de proteção. Eles buscam estabelecer uma ordem de proteção entre as partes.[275]

[271] MARTINS-COSTA, Judith. *A boa-fé no direito privado: critérios para a sua aplicação.* São Paulo: Ed. Marcial Pons, 2015, pp. 220-221.

[272] MARTINS-COSTA, Judith. *A boa-fé no direito privado: critérios para a sua aplicação.* São Paulo: Ed. Marcial Pons, 2015, p. 222.

[273] MARTINS-COSTA, Judith. *A boa-fé no direito privado: critérios para a sua aplicação.* São Paulo: Ed. Marcial Pons, 2015, pp. 222-223.

[274] MARTINS-COSTA, Judith. *A boa-fé no direito privado: critérios para a sua aplicação.* São Paulo: Ed. Marcial Pons, 2015, p. 223.

[275] De acordo com Judith Martins-Costa, "*entendidos em sentido técnico, os deveres de proteção se diferenciam dos deveres de prestação (principais e secundários, bem como dos deveres anexos aos de prestação), por estarem voltados ao escopo de implementar uma «ordem de proteção entre as partes» («deveres de proteção» ou «deveres laterais»). Não se voltam, pois, ao praestare. Nem secundária, nem instrumentalmente, nem de forma anexa podem ser confundidos com os deveres de prestação, pois o interesse que tutelam é outro: não o prestar, mas o interesse de proteção, para que, da relação obrigacional,*

Os deveres de proteção objetivam proteger a esfera jurídica dos envolvidos contra danos decorrentes da relação obrigacional, resultando no auxílio da realização positiva do fim do contrato e na proteção aos bens e à pessoa dos envolvidos. Protege-se o *status quo* (posição inicial das partes) e não o *status ad quem* (aquele decorrente do cumprimento da obrigação).[276]

Os deveres de proteção podem se apresentar negativa ou positivamente. O mais comum é a compreensão dos deveres de proteção sob o viés negativo, ou seja, como deveres a evitar danos à contraparte. Já sob o viés positivo, os deveres de proteção exigem uma conduta de colaboração visando evitar danos injustos à contraparte.[277]

A fonte direta dos deveres de proteção é o princípio da boa-fé objetiva.[278] Esclareça-se, no entanto, que é possível que deveres de proteção transmutem-se para deveres de prestação ou deveres anexos, dependendo do caso concreto.[279]

4.2.2. Os deveres jurídicos na fase pré-contratual

Para justificar dogmaticamente a existência de vínculos obrigacionais na fase pré-contratual, onde, em regra, não há declaração de vontade, utili-

e independentemente da realização da prestação, não resultem em dano injusto para a contraparte" (Martins-Costa, Judith. *A boa-fé no direito privado: critérios para a sua aplicação.* São Paulo: Ed. Marcial Pons, 2015, p. 224).

276 Martins-Costa, Judith. *A boa-fé no direito privado: critérios para a sua aplicação.* São Paulo: Ed. Marcial Pons, 2015, p. 224.

277 Martins-Costa, Judith. *A boa-fé no direito privado: critérios para a sua aplicação.* São Paulo: Ed. Marcial Pons, 2015, p. 225.

278 Judith Martins-Costa ensina que "*os deveres de prestação decorrem da lei ou da vontade – a boa-fé tem, relativamente aos interesses de prestação, posição instrumental (criando «deveres anexos ou instrumentais» ao prestar, mas não o próprio prestar). Já quanto aos interesses de proteção, o princípio da boa-fé vigora como fonte direta dos deveres que promovem o seu resguardo*" (Martins-Costa, Judith. *A boa-fé no direito privado: critérios para a sua aplicação.* São Paulo: Ed. Marcial Pons, 2015, p. 228).

279 Como exemplo, Judith Martins-Costa parte do dever de informar: "*cogite-se do já mencionado dever de informar. Este pode estar configurado como dever principal; como dever de proteção; ou como dever anexo, conforme o caso. Configurará dever principal quando a informação for o próprio objeto do contrato (...) Será qualificável como dever de proteção, por exemplo, quando a informação servir para prevenir contra riscos que poderiam advir do contrato considerado «fato social»; (...) Por fim, o dever de informar estará caracterizado sob a forma de dever anexo quando a informação se justifica para possibilitar o melhor adimplemento do contrato (...)*" (Martins-Costa, Judith. *A boa-fé no direito privado: critérios para a sua aplicação.* São Paulo: Ed. Marcial Pons, 2015, p. 227).

zou-se como base o contato social, categoria derivada originalmente da teoria sociológica da associação.[280]

Como vimos no item 3.2.2.2 acima, a análise do estudo de Gunther Haupt, a noção de contato social pressupõe a existência de diversos graus de proximidade e distância nas relações em sociedade. O grau mínimo de contato social seria a própria vida em sociedade (o que geraria o dever de *neminem laedere*) e o grau máximo de contato social seria o contrato.[281]

Diante da abrangência na noção de contato social, Clóvis Couto e Silva viu nessa categoria uma forma hábil de sistematizar e unificar o direito das obrigações.[282] Como única fonte obrigacional (fonte mediata), a categoria do contato social abrangeria os contratos, delitos e outras figuras geradoras de vínculos obrigacionais.[283]

[280] MARTINS-COSTA, Judith. *A boa-fé no direito privado: critérios para a sua aplicação*. São Paulo: Ed. Marcial Pons, 2015, p. 240.

[281] MARTINS-COSTA, Judith. *A boa-fé no direito privado: critérios para a sua aplicação*. São Paulo: Ed. Marcial Pons, 2015, p. 241.

[282] Judith Martins-Costa explica que a alguns autores, como Gunther Haupt, restringem a noção de contato social a situações que antecedem a celebração de um contrato ou as relações de simples cortesia. Porém, para ela, o contato social seria muito mais abrangente: "*o contato social seria, portanto, a fonte geral e comum a todas as espécies de relações obrigacionais, sua fonte mediata capaz de acomodar numa mesma estrutura de sistematização os fatos jurídicos nascidos da autonomia da vontade e da confiança legítima, notadamente os negócios jurídicos contratuais; os fatos que tem a confiança como seu elemento de propulsão, como os acordos de cavalheiros e outros atos não negocialmente vinculativos, alocados na fase que antecede a conclusão de um contrato; os variados atos unilaterais que promovem deslocamentos patrimoniais, fundamentados no princípio da conservação estática dos patrimônios; os atos existenciais, correspondentes, lato sensu, à noção de contracts for necessaries, direcionados pelo princípios da necessidade e vulnerabilidade; os atos produtores de risco e os delitos em sentido próprio*" (MARTINS-COSTA, Judith. *A boa-fé no direito privado: critérios para a sua aplicação*. São Paulo: Ed. Marcial Pons, 2015, p. 243).

[283] A respeito do tema, Judith Martins-Costa explica que "*como é intuitivo, tal concepção se vincula à visualização da relação obrigacional como um processo, um suceder de fases ou planos polarizados pelo adimplemento, um vínculo dinâmico, portanto, que não se esgota na mera soma de suas obrigações principais – o crédito e o débito -, mas que se expande inclusive às fases prévias à avença e pós-extintiva, em razão, particularmente, da incidência do princípio da boa-fé objetiva em tanto que matriz de deveres de conduta que atingem ambos os partícipes da relação*" (MARTINS-COSTA, Judith. *As cartas de intenção no processo formativo da contratação internacional: os graus de eficácia dos contratos e a responsabilidade pré-negocial*. Trabalho apresentado no seminário sobre "Contratos Internacionais e o MERCOSUL", Faculdade de Direito, Universidade Federal do Rio Grande do Sul, p. 8). Judith Martins-Costa ratificou essa posição em trabalho posterior (MARTINS-COSTA, Judith. *A boa-fé no direito privado: critérios para a sua aplicação*. São Paulo: Ed. Marcial Pons, 2015, p. 242).

Ou seja, a relação de confiança existente entre os candidatos à contratante em negociações seria uma espécie de contato social e, portanto, também geraria vínculos obrigacionais.

Mais especificamente, a fonte imediata desses vínculos obrigacionais não é, em regra, a vontade das partes ou a lei especial. Isso porque, em regra, não há interesses de prestação nas negociações e, ainda, inexistem dispositivos específicos no Código Civil para regulamentar as negociações.

Assim, os vínculos obrigacionais existentes nas negociações são decorrência imediata da cláusula geral da boa-fé objetiva, que incide nessas situações em sua plenitude.[284]

Nesse contexto, tais vínculos obrigacionais correspondem aos deveres de proteção.[285],[286] Conforme mencionado acima, os deveres de proteção não estão, em regra, vinculados a uma prestação. Como obrigações decorrentes diretamente do princípio da boa-fé, eles existem por si mesmos.

Os principais deveres de proteção incidentes nas negociações, que serão a seguir analisados, são: (i) o dever de informar; (ii) o dever de proteção em sentido estrito; (iii) o dever de sigilo; e (iv) o dever de lealdade.

4.2.2.1. *O dever de lealdade*

O dever de lealdade é o núcleo dos deveres decorrentes do princípio da boa-fé objetiva, incidente na fase de negociações. Isso porque ele acaba, de certa forma, englobando um pouco a ideia de cada um dos demais deveres. Em razão disso, o dever de lealdade é bastante abrangente, sendo, no geral, possível suscitá-lo conjuntamente com outros deveres.[287]

[284] Para elucidar a questão, Judith Martins-Costa explica que "*nesses casos, por força da boa-fé objetiva em sua conexão com as situações de confiança, há o nascimento de deveres tendentes a evitar nos parceiros negociais representações injustificadas bem como prevenir danos ocasionáveis pela especial aproximação que os interessados mantiveram*" (MARTINS-COSTA, Judith. *A boa-fé no direito privado: critérios para a sua aplicação.* São Paulo: Ed. Marcial Pons, 2015, p. 236).

[285] De acordo com Judith Martins-Costa, "*os interesses de proteção (e, consequentemente, os deveres de proteção) não estão limitados à relação contratual. Também se estendem para a fase de formação do contrato, isto é, ao período pré-negocial, pois uma relação obrigacional contendo deveres de proteção pode surgir também para pessoas que não são partes (ou ainda não são partes) num contrato. Nesses casos, não há interesses à prestação (e, consequentemente, dever de prestar), mas pode haver interesse de proteção (logo, há deveres de proteção)*" (MARTINS-COSTA, Judith. *A boa-fé no direito privado: critérios para a sua aplicação.* São Paulo: Ed. Marcial Pons, 2015, p. 223).

[286] Os deveres de proteção incidem também na fase pós-contratual, que não será abordada neste trabalho por não ser objeto dele.

[287] Segundo Karina Penna Neves, "*o dever de lealdade, portanto, é, um dos principais integrantes dos deveres de consideração, senão o principal, justamente porque dele decorre efetivamente um senso de*

O dever de lealdade obriga os candidatos a contratante a serem leais ao fim comum conjuntural ou pontualmente estabelecido.[288] Ou seja, conforme ensina Menezes Cordeiro, o dever de lealdade obriga as partes a se absterem "*de comportamentos que possam falsear o objectivo do negócio ou desequilibrar o jogo das prestações por elas consignado*"[289].

Em caso paradigmático sobre responsabilidade pré-contratual, julgado pelo Tribunal de Justiça do Estado do Rio Grande do Sul e de relatoria de Ruy Rosado de Aguiar Júnior, a violação ao dever de lealdade teve grande importância em sua resolução.[290]

Nesse caso, agricultores plantaram tomates, confiando na promessa da empresa alimentícia, fornecedora das sementes, de que ela iria adquirir futuramente os tomates. A empresa alimentícia já tinha se comportado dessa forma no passado na região, sendo razoável aos agricultores confiar que a promessa da empresa alimentícia seria mantida. Porém, tal empresa descumpriu o combinado, desistindo da compra dos tomates.

O Tribunal de Justiça do Estado do Rio Grande do Sul decidiu que a empresa alimentícia deveria indenizar o agricultor, pois "*decorre do princípio da boa-fé objetiva, aceito pelo nosso ordenamento jurídico [...] o dever de lealdade durante as tratativas e a consequente responsabilidade da parte que, depois de suscitar na outra a justa expectativa da celebração de um certo negócio, volta atrás e desiste de consumar a avença*".

O dever de lealdade pode se apresentar de forma positiva ou negativa. O dever de lealdade será positivo quando exigir uma conduta comissiva. Por exemplo, comunicar de forma clara as reais possibilidades de concluir o negócio. O dever de lealdade será, por sua vez, negativo quando exigir uma conduta omissiva, por exemplo, abster-se de prestar informações inverídicas ou de negociar sem a intenção de concluir efetivamente o negócio.[291]

ética, de respeito, de lisura, totalmente vinculado à ideia de não prejudicar o outro (neminem laedere), sendo possível de ser suscitado ainda quando se pensa especificamente em violação aos deveres de sigilo, proteção e informação" (NEVES, Karina Penna. *Op. cit.*, pp. 45 e 50).

[288] MARTINS-COSTA, Judith. *A boa-fé no direito privado: critérios para a sua aplicação.* São Paulo: Ed. Marcial Pons, 2015, p. 524.

[289] MENEZES CORDEIRO, António Manuel da Rocha. *Op. cit.*, p. 606.

[290] TJ/RS. Processo n. 591028295, 5ª Câmara Cível, Rel. Ruy Rosado Aguiar Júnior, julgado em 6.6.1991.

[291] NEVES, Karina Penna. *Op. cit.*, p. 46.

Como se pode perceber, o dever de lealdade, portanto, exige que os candidatos a contratante atuem de forma honesta, retilínea, em respeito à confiança depositada na contraparte.[292]

4.2.2.2. *O dever de informar*

Um importante dever incidente na fase de negociações é o dever de informar. Nas negociações, o objetivo do dever de informar é permitir que os candidatos a contratante manifestem um consentimento informado, tutelando-se, assim, a higidez da manifestação negocial e a confiança gerada entre os candidatos a contratante.[293]

Nesse contexto, o dever de informar na fase de negociações consiste, basicamente, em comunicar fatos essenciais ao negócio, passíveis de modificar o rumo das negociações ou o interesse de um dos candidatos a contratante na continuidade das negociações.[294]

Carlyle Popp ensina que a informação prestada ao longo das negociações deve ser tempestiva e, ainda, adequada ao fim a que se destina, sendo útil ao destinatário. Não basta o cumprimento do dever de informar de forma engenhosa, sorrateira, ardil, apenas para demonstrar o seu cumprimento.[295]

O dever de informar desempenha um papel de grande relevância em negociações, pois os candidatos a contratantes somente poderão efetivamente exercer a autonomia da vontade, após terem conhecimento de todos os aspectos do objeto da negociação.[296]

[292] NEVES, Karina Penna. *Op. cit.*, p. 45.

[293] Judith Martins-Costa esclarece que "*na fase antecedente a um contrato, servem os deveres informativos muito especialmente para possibilitar o consentimento informado. Os bens jurídicos protegidos são a higidez da manifestação negocial e a confiança que possibilita não apenas acalentar expectativas legítimas mas, igualmente, avaliar riscos. Variam, contudo, as consequências da infração desse dever, podendo situar-se no plano da invalidade (por exemplo, no caso de omissão dolosa de dever informativo, Código Civil, art. 147) ou no da eficácia (e.g., a perda do direito à garantia, ex vi do art. 766 do Código Civil; o próprio nascimento do dever de indenizar danos causados aos interesses da confiança, por culpa in contrahendo; e a geração de eficácias resolutórias, ex vi do art. 766, parágrafo único, do Código Civil)*" (MARTINS-COSTA, Judith. *A boa-fé no direito privado: critérios para a sua aplicação*. São Paulo: Ed. Marcial Pons, 2015, p. 529).

[294] Para ilustrar esse ponto, Karina Penna Neves explica que "*durante as negociações preliminares, por exemplo, poderá surgir a necessidade de uma das partes esclarecer dúvidas sobre os mais variados aspectos da relação contratual que se pretende firmar, de modo que a contraparte está, pelo dever de informação, obrigada a esclarecê-las*" (NEVES, Karina Penna. *Op. cit.*, p. 50).

[295] POPP, Carlyle. *Op. cit.*, p. 205.

[296] NEVES, Karina Penna. *Op. cit.*, p. 53.

No geral, o dever de informar se apresenta em seu aspecto positivo e negativo. Ao citar Michael de Juglart, Karina Penna Neves[297] elucida que, em seu aspecto positivo, o dever de informar consiste na prestação de informações que não sejam dúbias, incompletas, imprecisas, falsas, contraditórias ou obscuras. Já em seu aspecto negativo, o dever de informar atua para evitar a omissão de informações essenciais ao negócio.

Ao tratar das características do dever de informar, Judith Martins-Costa ensina que, independentemente de sua classificação como dever de prestação, anexo ou de proteção, o dever de informar, normalmente, é marcado por duas principais qualidades, a saber, a instrumentalidade e a relacionalidade.[298]

O caráter instrumental do dever de informar decorre do fato de ser ele um recurso para se atingir uma determinada finalidade. Durante as negociações, por exemplo, o dever de informar atua para permitir que o eventual consentimento dos candidatos a contratante seja informado.

Quanto à relacionalidade do dever de informar, esta resulta do fato de o conteúdo e a intensidade do dever de informar depender da análise das situações concretas.[299]

Ou seja, o conteúdo e a intensidade do dever de informar variam de acordo com o perfil dos candidatos a contratante[300], do objeto da negociação, das circunstâncias da negociação, entre outros, no caso concreto.[301]

[297] Neves, Karina Penna. *Op. cit.*, p. 53.

[298] Para Judith Martins-Costa "*seja caracterizada como dever anexo a uma prestação principal, seja como dever lateral ao dever de prestação, a informação é, no mais das vezes, marcada pela instrumentalidade (informar-se para atingir determinado resultado útil) e pela relacionalidade (o dever e a sua intensidade são relativos às concretas situações, pois o que pode ser uma informação lacunosa ou incompreensível para um leigo, poderá ser uma informação despicienda para um profissional). Essas características formam o compasso que marca a medida da informação a ser dada*" (Martins-Costa, Judith. *A boa-fé no direito privado: critérios para a sua aplicação.* São Paulo: Ed. Marcial Pons, 2015, p. 530).

[299] Ana Prata esclarece que "*por isso as doutrinas e jurisprudências européias tendam a utilizar potencialidades do instituto nessa área, identificando deveres de esclarecimentos mais intensos e mais amplos sempre que reconhecem a desigualdade negocial das partes, que revela frequentemente também – e aí encontram adicional justificação tais obrigações – do especial apetrechamento técnico de uma delas*" (Prata, Ana. *Notas sobre responsabilidade pré-contratual.* Coimbra: Ed. Almedina, 2005, p. 52).

[300] Carlyle Popp explica que "*informações prévias serão mais relevantes quando as partes estiverem em manifesta desigualdade, seja ela técnica, econômica ou jurídica*" (Popp, Carlyle. *Op. cit.*, p. 205).

[301] Ao citar Peirre Engel e Von Tuhr, Karina Penna Neves esclarece que "*existem algumas contratações que necessitam de uma exigência maior quanto ao conteúdo das informações e esclarecimentos*

Nesse contexto, Judith Martins-Costa sugere a análise dos seguintes aspectos do caso concreto para se apurar o conteúdo e a intensidade do dever de informar:

> (i) elementos fáticos subjetivos (ligados à pessoa dos envolvidos, tais como a sua possibilidade de acesso à informação; bem como à presunção, ou não, de assimetria informacional entre as partes); (ii) elementos normativos (tais como os usos do tráfico jurídico, a presença, ou não, de um dever legal e/ou contratual de informar) e elementos fáticos objetivos (*v.g.*, a aceitabilidade, conforme a relação, de assumir-se o risco de cuidado prévio revelado pela realização de *due diligence*, ou a sua negligência, etc.)[302].

O caráter de relacionalidade do dever de informar suscita duas questões muito debatidas na fase de negociações, quais sejam, (i) a possibilidade de se fazer afirmações inverídicas sobre aspectos essenciais do que está sendo negociado; e (ii) os limites entre o dever de informar e o próprio dever de cada um de informar-se[303].[304]

Quanto à possibilidade de se fazer afirmações inverídicas, é pacífico o entendimento de que inexiste um direito subjetivo à prestação de informações inverídicas sobre o objeto e as condições do negócio. Se a informação foi prestada, ela deve ser verídica ou, ao menos, tida como verídica pela parte que a prestou.[305]

a serem prestados por cada uma das partes, pela própria natureza de a relação estar marcada pelo elemento da confiança. Seria o caso dos contratos de sociedade ou mandato, por exemplo" (NEVES, Karina Penna. *Op. cit.*, p. 57).

302 MARTINS-COSTA, Judith. *A boa-fé no direito privado: critérios para a sua aplicação*. São Paulo: Ed. Marcial Pons, 2015, p. 535.

303 Karl Larenz explica que "*o não fornecimento de uma informação não é, entretanto, em todo o caso, digno de proteção, porque cada parceiro contratual suporta em princípio o ônus da própria informação e precisa tratar de obter as informações relevantes para o contrato, em caso de necessidade, também através de questionamentos e de própria investigação*" (LARENZ, Karl. *Allgemeiner Teil des Burgerlichen Rechs*. Atualização Manfred Wolf. München: C. H. Beck, 2004, p. 599, apud FRITZ, Karina Cristina Nunes. *Responsabilidade pré-contratual por rompimento das negociações preliminares*. Dissertação de mestrado defendida na Pontifícia Universidade Católica de São Paulo, São Paulo, 2005, p. 57).

304 MARTINS-COSTA, Judith. *A boa-fé no direito privado: critérios para a sua aplicação*. São Paulo: Ed. Marcial Pons, 2015, p. 538.

305 MARTINS-COSTA, Judith. *A boa-fé no direito privado: critérios para a sua aplicação*. São Paulo: Ed. Marcial Pons, 2015, p. 539.

Quanto aos limites entre o dever de informar e o próprio dever de cada um de informar-se, Judith Martins-Costa, citando Josep Llobet I Aguado, esclarece que exige-se que "*cada parte deva informar a outra sobre os dados que aquele ignora e que não está em condições de conhecer por si mesma*".[306]

Ou seja, o limite entre o dever de informar e o próprio dever de cada um de informar-se está na dificuldade da parte em obter a informação. Cabe àquele que detém informação importante ao negócio fornecê-la à parte que teria dificuldade em obtê-la.[307]

Nas negociações, a violação do dever de informar pode ser culposa ou dolosa. Se a violação ao dever de informar for culposa (ou, também, no caso de dolo acidental), a consequência será o nascimento da responsabilidade pré-contratual, resultando no pagamento de indenização, considerando-se que tal violação tenha causado danos indenizáveis. No entanto, se a violação do dever de informação for dolosa, a consequência poderá ser a anulação do próprio negócio, além do pagamento de indenização.[308]

Como se pode perceber, uma das principais dificuldades relativas ao dever de informar está na definição de seus contornos. Isso porque tal definição depende essencialmente da análise do caso concreto, inexistindo (ao menos *ex ante*) elementos objetivos para tal definição.

[306] MARTINS-COSTA, Judith. *A boa-fé no direito privado: critérios para a sua aplicação*. São Paulo: Ed. Marcial Pons, 2015, p. 540.

[307] Nesse sentido, Karina Penna Neves explica que "*o dever de informação estaria muito mais ligado a aspectos de difícil acesso ao contrafigurante, que dependeria do fornecimento daquela informação quase exclusivamente pelo outro. Não é o caso, por exemplo, daquele que vai adquirir um imóvel e tem o dever de informar-se acerca da solvência do vendedor e da regularidade de débitos do próprio imóvel. A parte possui plenas condições de extrair certidões e documentos que comprovem existir ou não demandas ajuizadas, protestos realizados, pendências de tributos, não sendo possível deixar de cumprir suas diligências e depois, ao se deparar com eventual fraude à execução, alegar ignorância sobre tais fatos de fácil constatação. (...) É necessário que as partes encontrem uma justa medida entre o ônus que possuem de se informar, elas mesmas, acerca de diligências básicas a serem tomadas antes da celebração de qualquer negócio jurídico, e o dever de informar daquele que conhece relevante informação ou que essa seja por ele facilmente conhecível (...)*" (NEVES, Karina Penna. *Op. cit.*, p. 55).

[308] Judith Martins-Costa ensina que "*nessa fase, a infração do dever informativo pode ser culposa ou dolosa. No primeiro caso, a conseqüência será o nascimento da responsabilidade civil, por culpa in contrahendo (responsabilidade pré-contratual, ou pré-negocial); se dolosa (incluso o dolo por omissão informativa), podendo levar à anulação, se essencial o dolo, ou ao pagamento de perdas e danos, se caracterizando o dolo acidental*" (MARTINS-COSTA, Judith. *A boa-fé no direito privado: critérios para a sua aplicação*. São Paulo: Ed. Marcial Pons, 2015, p. 539).

Nas situações em que o dever de informar é regulamentado por lei, tal dificuldade é amenizada. Por exemplo, o Código de Defesa do Consumidor disciplina a incidência do dever de informar nas relações de consumo, indicando o conteúdo do dever de informar.[309]

Ademais, o dever de informação é amplamente regulamentado no mercado de valores mobiliários.[310] No mercado de valores mobiliários, o dever de informação tem grande destaque, pois ele assegura não só o consentimento informado por parte dos candidatos a investidores, como também garante a confiança no mercado de valores mobiliário, elemento essencial ao seu desenvolvimento e funcionamento.[311]

Infelizmente, no caso das negociações de operações de fusões e aquisições, a insegurança jurídica não é amenizada, pois não há regulamentação específica sobre o dever de informação para essas situações e as operações são dinâmicas, o que resulta na mudança constante de intensidade do dever de informar ao longo da operação.

Para ilustrar a dificuldade em se delimitar os contornos do dever de informação em operações de fusões e aquisições, Judith Martins-Costa apresenta a hipótese em que houve a conclusão de contrato de alienação de ações, porém ainda estão pendentes uma fase de auditoria e uma fase de gestão conjunta, por período determinado, ao fim das quais será possível o exercício de opção de compra ou venda de ações, que concluirá a operação contratual e societária.[312]

A partir dessa hipótese, Judith Martins-Costa conclui que o dever de informar quanto aos aspectos que otimizem a operacionalização do contrato progride na medida em que a operação progride, o que dificulta a definição de seus contornos.[313]

[309] Artigo 6º, inciso III, do Código de Defesa do Consumidor.

[310] Por exemplo, Lei n. 6.385/1976, Lei n. 6.404/1976, Instrução CVM n. 400 e Instrução CVM n. 358. No entanto, na falta de regulamentação da disciplina informativa, o princípio da boa-fé objetiva incide para justificar o dever de informar (MARTINS-COSTA, Judith. *A boa-fé no direito privado: critérios para a sua aplicação.* São Paulo: Ed. Marcial Pons, 2015, p. 533).

[311] MARTINS-COSTA, Judith. *A boa-fé no direito privado: critérios para a sua aplicação.* São Paulo: Ed. Marcial Pons, 2015, p. 533.

[312] MARTINS-COSTA, Judith. *A boa-fé no direito privado: critérios para a sua aplicação.* São Paulo: Ed. Marcial Pons, 2015, p. 539.

[313] MARTINS-COSTA, Judith. *A boa-fé no direito privado: critérios para a sua aplicação.* São Paulo: Ed. Marcial Pons, 2015, p. 539.

4.2.2.3. *O dever de sigilo*

O dever de sigilo consiste na proibição de os candidatos a contratante fornecerem a terceiros informações confidenciais obtidas ao longo das negociações ou utilizá-las em proveito próprio a fim de obter alguma vantagem.[314]

O surgimento do dever de sigilo está relacionado à forma como a informação foi obtida.[315] Isso quer dizer que o dever de sigilo somente existirá nas situações em que a informação estava inacessível[316], de modo que o candidato a contratante somente teve acesso a ela em decorrência das negociações.[317]

Durante as negociações, especialmente naquelas relacionadas a operações de fusões e aquisições, muitas das informações trocadas entre os candidatos a contratante são confidenciais. Elas somente são trocadas devido à expectativa dos candidatos a contratante de que, eventualmente, o negócio objeto das negociações poderá ser concluído.

Assim, do princípio da boa-fé objetiva decorre o dever de sigilo na fase de negociações para tutelar a confiança dos candidatos a contratante de que a troca de informações confidenciais será protegida.

Sobre a importância do dever de sigilo, Ana Prata explica que:

> o dever de segredo pode, também, reportar-se às próprias negociações, independentemente da natureza e situação dos contratantes e do tipo de contrato projectado: situações há, na verdade, em que a publicitação do decurso de dadas negociações é susceptível de provocar graves prejuízos a uma das partes, traduzidos nomeadamente na frustração de outras expectativas contratuais, no agravamento das condições econômicas de outros contratos, na alteração de projectos de atividade dos respectivos concorrentes[318].

314 Neves, Karina Penna. *Op. cit.*, p. 59; POPP, Carlyle. *Op. cit.*, p. 207.

315 Carlyle Popp ensina que "*esta situação jurídica decorre da origem do recebimento das informações ou de fatos, qualidade de equipamentos, enfim de conhecimento que se obteve em razão e por causa de tratativas preliminares. A boa-fé, assim como a dignidade e a solidariedade, veda a utilização de informações obtidas no âmbito das tratativas, ainda que não por causa delas, mas somente por ocasião delas*" (Popp, Carlyle. *Op. cit.*, p. 207).

316 Maristela Basso explica que "*o dever de sigilo ou segredo é um requisito fundamental das negociações, pois as partes não devem divulgar aquilo que lhes for revelado como segredo ou como dado confidencial*" (Basso, Maristela. *Contratos internacionais do comércio: negociação, conclusão, prática.* 3ª edição, Porto Alegre: Ed. Livraria do Advogado, 2002, p. 164).

317 Neves, Karina Penna. *Op. cit.*, p. 61.

318 Prata, Ana. *Notas sobre responsabilidade pré-contratual.* Coimbra: Ed. Almedina, 2005, p. 63.

A violação do dever de sigilo é apurada de forma objetiva em negociações. Basta a verificação de que a informação confidencial recebida devido às negociações foi indevidamente divulgada para restar configurada a violação ao dever de sigilo.

A violação do dever de sigilo estará caracterizada independentemente do motivo por trás dela ou de se ter atingido ou não a reputação do titular da informação confidencial. Essas questões somente terão relevância na fixação do dano e de seu valor.[319]

4.2.2.4. *O dever de proteção em sentido estrito*

O dever de proteção obriga os candidatos a contratante a evitarem danos recíprocos quanto ao seu patrimônio, sua integridade pessoal e outros bens jurídicos durante as negociações, especialmente pelo fato de as negociações aumentarem a possibilidade de uma parte atuar na esfera jurídica da outra.[320]

O famoso caso dos rolos de tapetes de linóleo, julgado pelo Reichsgericht em 7.12.1911, é citado por muitos doutrinadores brasileiros para ilustrar a atuação do dever de proteção na prática. Em referido caso, o Tribunal alemão concedeu indenização aos autores pelos danos sofridos em decorrência da queda de rolos de tapete de linóleo, após a sua entrada no estabelecimento comercial do réu.[321]

O Tribunal alemão entendeu que uma relação obrigacional preparatória entre as partes teria se formado com a entrada dos autores no estabelecimento comercial do réu, resultando no nascimento do dever de proteção. Entendeu-se, ainda, que tal dever de proteção teria sido violado devido à queda, sobre os autores, dos rolos de tapete de linóleo negligentemente arrumados nas prateleiras.[322]

[319] Carlyle Popp explica que a violação do dever de sigilo estará caracterizada quando os seguintes requisitos estiverem presentes no caso concreto "*a) recebimento de informações ou conhecimento de fatos da outra parte, ou de pessoa física ou jurídica a ela ligada; b) tal conhecimento foi motivado pela existência de tratativas entre as partes (por causa ou em razão delas, não importa); c) transferência destas informações a terceiros ou sua utilização em benefício próprio*" (POPP, Carlyle. *Op. cit.*, p. 207).

[320] NEVES, Karina Penna. *Op. cit.*, p. 61.

[321] FRITZ, Karina Nunes. *A responsabilidade pré-contratual por ruptura injustificada das negociações.* Civilistica.com. Rio de Janeiro, a. 1, n. 2, jullho-dezembro/2012, p; 11. Disponível em <http://civilistica.com/a-responsabilidade-pre-contratual-por-ruptura-injustificada-das-negociacoes/>. Acessado em 5.11.2016.

[322] FRITZ, Karina Nunes. *A responsabilidade pré-contratual por ruptura injustificada das negociações.* Civilistica.com. Rio de Janeiro, a. 1, n. 2, jullho-dezembro/2012, p; 11. Disponível em

Ao comentar o caso dos rolos de tapetes de linóleo, Menezes de Cordeiro ensina que, em razão do dever de proteção, "*considera-se que as partes, enquanto perdure um fenómeno contratual, estão ligadas a evitar que, no âmbito desse fenómeno, sejam infligidos danos mútuos, nas pessoas ou nos seus patrimônios*".[323]

Alguns autores, como Carlyle Popp[324], Regis Fichtner Pereira[325] e Pontes de Miranda[326], sustentam que o dever de proteção decorreria do início das negociações e do princípio da boa-fé objetiva, consistindo a sua infração em causa de responsabilidade pré-contratual. Outros, por sua vez, entendem que o dever de proteção seria resolvido pela regra geral de responsabilidade extracontratual, pois ele existiria em todos os momentos da atividade humana.[327]

Independentemente da posição que se adote a respeito da origem do dever de proteção, o fato é que ele incide na fase de negociações, obrigando os candidatos a contratante a evitarem danos recíprocos com relação à vida, a saúde, ao corpo e a outros bens jurídicos.

4.3. A boa-fé na limitação de direitos

Conforme mencionado no capítulo anterior, a boa-fé pode ser aplicada às negociações em sua função limitadora do exercício de posições jurídico-subjetivas. Por exemplo, em situações de exercício abusivo do direito de encerrar as negociações por parte de um dos candidatos a contratante. Nessa função, a boa-fé objetiva atua como parâmetro para a apuração do abuso do direito, figura prevista no artigo 187 do Código Civil.

De acordo com o artigo 187 do Código Civil, o abuso de direito consiste no exercício de posições jurídico-subjetivas[328] em desrespeito aos limites

<http://civilistica.com/a-responsabilidade-pre-contratual-por-ruptura-injustificada-das-negociacoes/>. Acessado em 5.11.2016.

323 Cordeiro, António Manuel da Rocha e Menezes. *Op. cit.*, p. 604.

324 Popp, Carlyle. *Op. cit.*, p. 206.

325 Pereira, Regis Fichtner. *Op. cit.*, p. 215.

326 Pontes de Miranda, Francisco Cavalcanti. *Tratado de direito privado*. Tomo XXXVIII, Rio de Janeiro: Ed. Borsoi, 1962, p. 320.

327 Fritz, Karina Nunes. *A responsabilidade pré-contratual por ruptura injustificada das negociações*. Civilistica.com. Rio de Janeiro, a. 1, n. 2, jullho-dezembro/2012, p; 12. Disponível em <http://civilistica.com/a-responsabilidade-pre-contratual-por-ruptura-injustificada-das-negociacoes/>. Acessado em 5.11.2016.

328 Judith Martins-Costa esclarece que o abuso de direito não se limita ao exercício ilícito de um direito subjetivo em sentido estrito. Ele, na verdade, corresponde a "*uma atuação humana estritamente conforme as normas imediatamente aplicáveis, entretanto que, tudo visto, se apresenta*

impostos pelo seu fim econômico ou social, pela boa-fé ou pelos bons costumes, configurando ato ilícito.

Como vimos acima, apesar do artigo 187 do Código Civil trazer três elementos restritivos ao exercício de posições jurídico-subjetivas – o fim econômico ou social, a boa-fé objetiva e os bons costumes -, somente a boa-fé objetiva parece permitir a avaliação efetiva no caso concreto da ocorrência do abuso de direito.[329]

O fim econômico ou social não passa de um elemento interpretativo, que nega autonomia ao abuso do direito por não comportar concretização. Os bons costumes, por sua vez, esbarram no fato de a influência da moral no direito não ter sido definitivamente resolvida[330] e, ainda, de ser difícil identificar costumes nos mais variados aspectos das negociações.[331]

Assim, a boa-fé objetiva é o único elemento que permite efetivamente a apuração do abuso do direito no caso concreto, pois ela apresenta meios para tanto[332]: as figuras típicas etiquetadas pela atividade doutrinária e jurisprudencial, sendo as principais delas, *venire contra factum proprium*, *suppressio e surrectio*, o *tu quoque* e o desequilíbrio no exercício jurídico.[333].

ilícita por contrariedade ao sistema, na sua globalidade por atingir manifestamente vetores tidos por fundamentais à ordem jurídica, como, designadamente, nas relações obrigacionais, a lealdade, a confiança, a finalidade e a utilidade. (...) O art. 187 prevê, portanto, uma ilicitude no modo de exercício de posições jurídico-subjetivas – não apenas direito subjetivos, em sentido técnico, porém, por extensão, também poderes, liberdades, pretensões e faculdades" (Martins-Costa, Judith. *A boa-fé no direito privado: critérios para a sua aplicação.* São Paulo: Ed. Marcial Pons, 2015, p. 612).

329 Zanetti, Cristiano de Sousa. *Responsabilidade pela Ruptura das Negociações.* São Paulo: Ed. Juarez de Oliveira, 2005, p. 143.

330 O principal fator que resulta no questionamento da moral no direito está no fato de a moral não ter critérios para a sua apuração no caso concreto. Nesse sentido, elucida Cristiano de Sousa Zanetti que "*seria necessário procurar em cada caso concreto quais as regras morais a serem aplicadas, para, somente então, determinar se o exercício do direito foi ou não abusivo. (...) os enunciados da moral, ainda que possam comportar aplicação no direito positivo, exigem sempre a concretização para poderem solucionar casos concretos, o que demonstra sua inaptidão para funcionar isoladamente como critério de aferição do abuso do direito*" (Zanetti, Cristiano de Sousa. *Responsabilidade pela Ruptura das Negociações.* São Paulo: Ed. Juarez de Oliveira, 2005, pp. 102-103).

331 Zanetti, Cristiano de Sousa. *Responsabilidade pela Ruptura das Negociações.* São Paulo: Ed. Juarez de Oliveira, 2005, p. 142.

332 Cristiano de Sousa Zanetti ensina que "*a boa-fé objetiva, por sua vez, parece conferir conteúdo adequado à noção de abuso do direito, pois fornece meios para que o operador do direito avalie, num caso concreto, se o exercício do direito é ou não inadmissível*" (Zanetti, Cristiano de Sousa. *Responsabilidade pela Ruptura das Negociações.* São Paulo: Ed. Juarez de Oliveira, 2005, p. 143).

333 Esclareça-se que existem outras figuras típicas apontadas pela doutrina brasileira. No entanto, neste trabalho, serão analisadas, de forma breve, apenas as principais delas.

Esclareça-se que o rol dessas figuras típicas não é taxativo. O abuso do direito estará caracterizado ainda quando ocorrerem comportamentos abusivos que não se enquadrarem nessas figuras tradicionais, mas que sejam contrários à boa-fé objetiva.[334]

4.3.1. *Venire contra factum proprium*

O *venire contra factum proprium* consiste no exercício de uma posição jurídico-subjetiva de forma diretamente contraditória ao comportamento anteriormente adotado.[335] Ou seja, a caracterização do *venire contra factum proprium* ocorrerá quando uma das partes agir de modo contraditório à confiança anteriormente suscitada na contraparte.

Não é todo comportamento contraditório que resultará na violação da boa-fé objetiva. A violação à boa-fé somente estará caracterizada quando houver a frustração da confiança depositada em terceiro. Isso porque a função do *venire contra factum proprium* é a proteção da boa-fé, especialmente do valor da confiança nela consubstanciado.[336]

Cristiano de Sousa Zanetti, citando Menezes Cordeiro, indica a existência de três requisitos para a configuração do *venire contra factum proprium*, sendo eles: (i) existência de um fato gerador de confiança; (ii) adesão de outra pessoa à confiança gerada por esse fato; (iii) desenvolvimento de atividades importantes em razão da confiança suscitada pelo fato, caracterizando o chamado "investimento de confiança".[337]

No entanto, é desnecessária a presença desses três requisitos no caso concreto para que o *venire contra factum proprium* se configure. A intensidade de um deles pode suprir a ausência dos restantes, pois a função do *venire contra factum proprium* é proteger a boa-fé objetiva.[338]

[334] Nesse sentido, Cristiano de Sousa Zanetti explica que "*a existência de tais figuras típicas, no entanto, não esgota a possibilidade de comportamentos abusivos, que podem ser verificados mesmo em sua ausência, desde que haja violação à boa-fé*" (ZANETTI, Cristiano de Sousa. *Responsabilidade pela Ruptura das Negociações*. São Paulo: Ed. Juarez de Oliveira, 2005, p. 111).

[335] MENEZES CORDEIRO, António Manuel da Rocha. *Op. cit.*, p. 742.

[336] ZANETTI, Cristiano de Sousa. *Responsabilidade pela Ruptura das Negociações*. São Paulo: Ed. Juarez de Oliveira, 2005, p. 116.

[337] ZANETTI, Cristiano de Sousa. *Responsabilidade pela Ruptura das Negociações*. São Paulo: Ed. Juarez de Oliveira, 2005, p. 116.

[338] ZANETTI, Cristiano de Sousa. *Responsabilidade pela Ruptura das Negociações*. São Paulo: Ed. Juarez de Oliveira, 2005, p. 116.

4.3.2. *Suppressio* e *surrectio*

A *suppressio* é uma construção jurisprudencial consistente na proibição ao exercício de um direito nas situações em que a inércia de seu titular por um determinado lapso temporal despertou na contraparte a confiança de seu não-exercício, com base na boa-fé objetiva.[339]

A consagração dogmática da *suppressio* ocorreu somente após a Primeira Guerra Mundial, quando a demora no exercício de direitos relacionados ao campo inflacionário levavam a um desequilíbrio inadmissível na relação entre as partes.[340]

Julio Gonzaga Andrade Nevez[341] indica como pressupostos autorizadores da *suppressio* no ordenamento jurídico pátrio: (i) a existência, ou crença de existência, de posição jurídica exercitável; (ii) a abstenção ostensiva[342] do exercício da posição jurídica; (iii) a confiança concretamente investida pela contraparte no sentido de que a abstenção ostensiva não seria rompida por um ulterior ato de exercício; e (iv) o exercício objetivamente contraditório à confiança investida, inconciliável com a conduta omissiva pretérita do titular.[343]

Existe uma semelhança entre a *suppressio* e o *venire contra factum proprium*: o fato de ambas as figuras servirem para vedar comportamentos

[339] ZANETTI, Cristiano de Sousa. *Responsabilidade pela Ruptura das Negociações*. São Paulo: Ed. Juarez de Oliveira, 2005, p. 128.

[340] ZANETTI, Cristiano de Sousa. *Responsabilidade pela Ruptura das Negociações*. São Paulo: Ed. Juarez de Oliveira, 2005, p. 129.

[341] NEVES, Julio Gonzaga Andrade. *A suppressio (verwirkung) no direito civil*. São Paulo: Ed. Almedina, 2016, pp. 185-186.

[342] A respeito da abstenção ostensiva, Julio Gonzaga Andrade Neves explica que "*a inércia é o marco distintivo da suppressio diante das demais figuras reconduzidas à vedação ao comportamento contraditório e proteção à confiança. É a inação do titular que funciona como força motriz para o alimentar da confiança na contraparte de que a posição jurídica subjetiva em relevo, exercitável que fosse, em tese, não o será, em concreto. (....) A inércia ostensiva agride manifestamente o senso de preservação do direito. Ela paira sobre as partes com um sentimento de relevância próprio, definitivo, assumindo no panorama fático papel de absoluto destaque. É essa inércia que esse estudo propõe designar inércia ostensiva, única apta a ensejar a suppressio*" (NEVES, Julio Gonzaga Andrade. *Op. cit.*, pp. 102-106).

[343] Com posição similar, Cristiano de Sousa Zanetti, citando Griebbeling, elucida que além do decurso do tempo, a caracterização da *suppressio* requer: (i) comportamento exterior, exigindo-se que o titular atue como se não tivesse direito ou não pretendesse exercê-lo; (ii) a confiança no não exercício do direito; (iii) caracterização de uma desvantagem injusta em razão do exercício do direito (ZANETTI, Cristiano de Sousa. *Responsabilidade pela Ruptura das Negociações*. São Paulo: Ed. Juarez de Oliveira, 2005, p. 130).

contraditórios. A diferença entre elas está no lapso temporal, que é mais significativo para a *suppressio*.

É possível que ocorra a identidade entre as duas figuras, pois o *venire contra factum proprium* é muito extenso. Assim, a *suppressio* seria uma concretização de uma das hipóteses do *venire contra factum proprium*.

A *surrectio* e a *suppressio* são faces da mesma moeda. Assim, a *surrectio* consiste no surgimento de determinado direito para o jurisdicionado que confia em sua existência, a partir da conjugação da boa-fé objetiva com o lapso temporal.[344]

4.3.3. *Tu quoque*

De acordo com Cristiano de Sousa Zanetti, o *tu quoque* consiste na vedação do exercício de situação jurídica obtida em decorrência de prévia violação da norma que confere vantagem ao agente.[345] Ou seja, o *tu quoque* veda que aquele que violou determinado comando jurídico, exija, posteriormente, o seu cumprimento.

Ao contrário do *venire contra factum proprium*, a contradição do *tu quoque* não está no comportamento em si, mas sim na diferença existente entre os critérios adotados pelo titular do direito para julgar e para julgar-se.[346]

Além disso, outra diferença entre o *venire contra factum proprium* e a o *tu quoque* está no fato de somente naquele caso ser necessária a prova da confiança gerada. Isso ocorre, pois a noção de *tu quoque* se explica pelo sinalagma e não pela boa-fé objetiva.[347]'

4.3.4. O desequilíbrio no exercício jurídico

O desequilíbrio no exercício jurídico regula condutas inadmissíveis, em que há um desequilíbrio entre o exercício do direito e os efeitos dele derivados.[348] Por ser um tipo extenso, o desequilíbrio no exercício jurídico pode

[344] ZANETTI, Cristiano de Sousa. *Responsabilidade pela Ruptura das Negociações*. São Paulo: Ed. Juarez de Oliveira, 2005, p. 130.

[345] ZANETTI, Cristiano de Sousa. *Responsabilidade pela Ruptura das Negociações*. São Paulo: Ed. Juarez de Oliveira, 2005, p. 130.

[346] ZANETTI, Cristiano de Sousa. *Responsabilidade pela Ruptura das Negociações*. São Paulo: Ed. Juarez de Oliveira, 2005, p. 133.

[347] ZANETTI, Cristiano de Sousa. *Responsabilidade pela Ruptura das Negociações*. São Paulo: Ed. Juarez de Oliveira, 2005, p. 134.

[348] MENEZES CORDEIRO, António Manuel da Rocha. *Op. cit.*, p. 853.

ser dividido em três categorias, a saber: (i) o exercício inútil danoso; (ii) situações compatíveis com o brocardo *dolo agit qui petit quod statim redditurus est*; e (iii) a desproporcionalidade entre a vantagem auferida pelo titular e o sacrifício imposto a outrem.[349]

No caso do exercício inútil danoso, o titular de um direito atua no âmbito formal da permissão normativa para causar um dano a outrem, não para retirar algum benefício pessoal.[350]

Nas situações compatíveis com o brocardo *dolo agit qui petit quod statim redditurus est*, por sua vez, a valoração é relativa ao comportamento da pessoa que exige o que terá de restituir em seguida. Esforços são envidados em vão, pois a exigência do que deva ser posteriormente restituído é inútil, o que pode resultar em danos.[351]

Por fim, a desproporcionalidade entre a vantagem auferida pelo titular e o sacrifício imposto pelo exercício a outrem é a categoria mais promissora. Ela corresponde (i) a situações desencadeadoras de poderes-sanção por faltas insignificantes, (ii) ao exercício de direitos com lesão intolerável de outras pessoas e (iii) ao exercício jussubjetivo sem consideração por situações especiais.[352]

O exercício do direito em desequilíbrio tem caráter residual para regular as atuações inadmissíveis, pois as circunstâncias do caso podem apontar, com maior precisão, por exemplo, para a *surrectio* ou para a *tu quoque*.[353]

349 ZANETTI, Cristiano de Sousa. *Responsabilidade pela Ruptura das Negociações*. Ed. Juarez de Oliveira, São Paulo: 2005, p. 136.

350 MENEZES CORDEIRO, António Manuel da Rocha. *Op. cit.*, p. 853.

351 A esse respeito, Cordeiro de Menezes explica que "*distinguem-se, porém, do comum exercício inútil danoso, porquanto postula, ao contrário deste, uma relacionação específica entre as partes envolvidas, traduzida em dois vínculos inversos: um primeiro habilita o titular a formular uma determinada exigência e um segundo impõe-lhe a restituição. Uma conjuntura semelhante conduz aos postulados clássicos da compensação; esta formou-se, aliás, a partir da boa-fé e da regra da admissibilidade de exigir o devido, retirando ao dolo agit...quod statim redditurus est boa parte do seu conteúdo tradicional*" (MENEZES CORDEIRO, António Manuel da Rocha. *Op. cit.*, pp. 856-857).

352 CORDEIRO, António Manuel da Rocha e Menezes. *Op. cit.*, p. 857.

353 ZANETTI, Cristiano de Sousa. *Responsabilidade pela Ruptura das Negociações*. São Paulo: Ed. Juarez de Oliveira, 2005, p. 138; CORDEIRO, António Manuel da Rocha e Menezes. *Op. cit.*, p. 859.

4.4. As incertezas decorrentes da aplicação do princípio da boa-fé nas negociações

Nos itens anteriores verificou-se que a boa-fé objetiva desempenha um papel de grande importância na tutela da fase de negociações. Isso porque a violação à boa-fé objetiva é um dos principais requisitos para a configuração da responsabilidade pré-contratual.

A boa-fé objetiva atua na fase de negociações principalmente em suas funções de criação de deveres e de limitação do exercício de posições jurídico-subjetivas. Em sua função de criação de deveres, extrai-se da boa-fé objetiva deveres que devem ser respeitados pelos candidatos a contratante durante as negociações.

Já em sua função de limitação de direitos, a boa-fé objetiva atua como critério para a apuração de eventual abuso no exercício de posições jurídico-subjetivas na fase de negociações, por exemplo, no caso do exercício do direito de encerrar as negociações. A doutrina utiliza-se de algumas figuras para auxiliar na verificação de eventual violação à boa-fé objetiva, a saber: (i) *venire contra factum proprium*; (ii) *surrectio/suppressio*; (iii) *tu quoque* e (iv) o desequilíbrio no exercício jurídico.

Apesar de a doutrina apontar os deveres decorrentes da boa-fé objetiva ou algumas figuras para auxiliar na apuração de sua violação, o fato é que a boa-fé objetiva é princípio e cláusula geral no ordenamento jurídico pátrio.

Em razão disso, a boa-fé objetiva possui caráter genérico e abstrato, sendo um conceito aberto e indeterminado, cujo conhecimento de seu conteúdo dependerá da interpretação jurisprudencial, que levará anos para se consolidar.[354]

A apuração da violação à boa-fé objetiva – tanto em sua função criadora de deveres como em sua função limitadora do exercício de posições jurídico-subjetivas – dependerá, em grande medida, da análise do caso concreto, em especial dos elementos fático-contextuais. A esse respeito, Judith Martins-Costa explica, especificamente no caso de ilicitude no exercício de posições jurídico-subjetivas, o seguinte:

> O art. 187 prevê, portanto, uma ilicitude no modo do exercício de posições jurídico-subjetivas – não apenas direitos subjetivos, em sentido técnico, porém, por extensão, também poderes, liberdades, pretensões e faculdades. Por esta razão, delineia uma ilicitude que só se pode apreender em concreto,

[354] Nanni, Giovanni Ettore. *Op. cit.*, p. 124.

> isto é, como resultado de uma ponderação entre os elementos circunstâncias fáticos e normativos envolventes, precisamente, deste modo de exercício. Sendo o direito subjetivo substancialmente funcional, os poderes que carrega são instrumentais; São os elementos fático-contextuais que permitem descobrir, vale dizer: um modo de se exercerem direitos, poderes ou faculdades contrário aos vetores axiológicos fundamentais do sistema jurídico.[355]

Por exemplo, dependerão da análise do caso concreto e da interpretação do julgador, os contornos dos deveres incidentes na fase de negociações a partir da boa-fé objetiva, bem como o enquadramento do exercício de um direito na figura do abuso do direito, ainda que se utilize figuras típicas como o *venire contra factum proprium*, entre outras.

As incertezas decorrentes da aplicação da boa-fé objetiva e da inexistência de jurisprudência consolidada a seu respeito, geram insegurança jurídica para os candidatos a contratante em negociações complexas como as de operações de fusões e aquisições, especialmente nas situações de seu encerramento litigioso.[356]

Partindo-se desse cenário de indeterminação proporcionado pela boa-fé objetiva, a seguir, analisaremos os efeitos jurídicos produzidos pelos documentos firmados em negociações de operações de fusões e aquisições, desvendando a sua relevância jurídica nessas situações.

[355] Martins-Costa, Judith. *A boa-fé no direito privado: critérios para a sua aplicação*. São Paulo: Ed. Marcial Pons, 2015, p. 612.

[356] Nanni, Giovanni Ettore. *Op. cit.*, p. 124.

PARTE III
OS EFEITOS JURÍDICOS DECORRENTES DOS DOCUMENTOS FIRMADOS EM NEGOCIAÇÕES DE OPERAÇÕES DE FUSÕES E AQUISIÇÕES

CAPÍTULO 5
A NATUREZA JURÍDICA E EFICÁCIA DOS DOCUMENTOS FIRMADOS EM NEGOCIAÇÕES DE OPERAÇÕES DE FUSÕES E AQUISIÇÕES

5.1. A necessária análise do conteúdo dos documentos firmados em negociações de operações de fusões e aquisições para apuração da natureza jurídica e eficácia

Questiona-se neste estudo qual seria a extensão dos efeitos jurídicos produzidos pelos documentos firmados em negociações de operações de fusões e aquisições, especialmente diante da incidência do princípio da boa-fé objetiva em suas funções de criação de deveres e limitação de direitos na fase de negociações.

Para responder a esse questionamento, é essencial apurar previamente a natureza jurídica e a eficácia desses documentos. Isso porque, a partir da definição da natureza jurídica dos documentos (qualificação do fato pela lei)[357], será possível averiguar a sua eficácia e, por consequência, a sua efetiva utilidade na prática comercial.

A apuração da natureza jurídica e da eficácia dos documentos depende do teor de seu conteúdo. Conforme mencionado no capítulo II, apesar de

[357] Segundo Orlando Gomes, "*toda relação jurídica tem como pressuposto um fato qualificado pela lei como hábil à produção de todos os efeitos. Entre os homens, travam-se relações sociais, diretas e indiretas, que se compõem de um fato e um vínculo. Se esse vínculo social se converte em vínculo jurídico, por ter sido atribuída força jurígena ao fato que lhe deu origem, a relação adquire qualidade jurídica, e, assim, qualificada pelo Direito, por ele é disciplinada. Constituem-se, pois, as relações jurídicas quando ocorrem os atos previstos no ordenamento jurídico para a sua formação*" (Gomes, Orlando. *Obrigações*, 11ª ed., Rio de Janeiro: Ed. Forense, 1997, p. 19).

a doutrina brasileira trazer importantes lições sobre esses documentos, verifica-se que há uma limitação com relação à análise deles devido às possíveis variações de seu conteúdo no caso concreto.

Esses documentos podem apresentar conteúdos muito diversificados, o que inviabiliza a definição de sua natureza jurídica e de sua eficácia como um todo e de forma genérica. Em um mesmo documento é possível que os candidatos a contratante estabeleçam pontos consensuais do negócio, o dever de confidencialidade quanto aos termos da negociação e os documentos trocados em decorrência dela, condições para a continuidade da negociação, o teor das cláusulas do contrato definitivo, entre outros.[358] A quantidade de possíveis combinações de cláusulas nesses documentos é infinita.

Tal fato não surpreende. Afinal, os documentos firmados em negociações decorrem unicamente da vontade dos candidatos a contratante.

Note-se que justamente por isso existe um consenso na doutrina brasileira a respeito da necessidade de se analisar o conteúdo de cada um dos documentos firmados em negociações para se aferir os seus efeitos jurídicos por eles efetivamente produzidos.

Diante desse cenário de necessidade (i) de se analisar o conteúdo desses documentos para a apuração de sua natureza jurídica e de sua eficácia e (ii) da inexistência de um conteúdo padrão com relação a eles, foram examinadas algumas minutas[359] de documentos produzidos especificamente em negociações de operações de fusões e aquisições.

A partir do exame dessas minutas, foram extraídas as cláusulas mais recorrentes neles, que servirão de ponto de partida para a análise da natureza jurídica e da eficácia dos documentos firmados em negociações de operações de fusões e aquisições.

Até porque a análise da natureza jurídica e da eficácia das cláusulas mais recorrentes em documentos produzidos em negociações de opera-

[358] Nesse sentido, elucida Cristiano de Sousa Zanetti que "*em termos práticos, mostra-se mais razoável que as partes, por meio de um único contrato, obriguem-se a negociar, disciplinem as responsabilidades do período das negociações e, ainda, estabeleçam algumas cláusulas do futuro contrato* (...)" (ZANETTI, Cristiano de Sousa. *Responsabilidade pela Ruptura das Negociações*. São Paulo: Ed. Juarez de Oliveira, 2005, p. 22).

[359] A análise englobou minutas utilizadas em casos concretos, bem como minutas disponibilizadas em: (i) *Model Stock Purchase Agreement*, Second Edition, ABA Book Publishing, 2010; e (ii) <http://www.anjosdobrasil.net>. Acesso em: 13 de agosto de 2016.

ções de fusões e aquisições permitirá a compreensão da eficácia deles a depender de seu conteúdo.

5.2. A divisão funcional das cláusulas mais recorrentes em documentos firmados em negociações de operações de fusões e aquisições

A partir da análise das cláusulas mais recorrentes em documentos firmados em negociações de operações de fusões e aquisições, conclui-se que elas exercem três principais funções na negociação, quais sejam, (i) disciplinar o curso das negociações; (ii) auxiliar no gerenciamento de expectativas com relação à celebração do contrato definitivo; e (iii) definir o conteúdo do contrato definitivo.

A seguir, serão analisadas a natureza jurídica e a eficácia das cláusulas mais recorrentes em documentos firmados em negociações de operações de fusões e aquisições, partindo-se de sua divisão nas três principais funções acima elencadas. Antes disso, no entanto, serão apresentados alguns conceitos que auxiliarão nessa análise.

5.3. Conceitos prévios essenciais ao estudo da natureza jurídica e eficácia das cláusulas mais recorrentes em documentos firmados em negociações de operações de fusões e aquisições

Antes de analisar a natureza jurídica e os efeitos jurídicos das cláusulas mais recorrentes em documentos firmados em negociações de operações de fusões e aquisições, é essencial estabelecer as possíveis qualificações jurídicas em que elas poderiam se enquadrar.

A partir da análise da doutrina brasileira a respeito do tema, verifica-se que, no geral, as cláusulas constantes nesses documentos podem ser classificadas como contrato, contrato preliminar, proposta e aceitação, e ato jurídico em sentido estrito.

Nesse sentido, a seguir, analisaremos somente os conceitos jurídicos de "contrato" e "ato jurídico em sentido estrito", pois os conceitos de "contrato preliminar" e "proposta" e "aceitação" foram analisados no capítulo III.

5.3.1. Contrato

O contrato é uma espécie de negócio jurídico bilateral ou plurilateral.[360] Ele é resultado do acordo de vontades entre duas ou mais partes, em con-

[360] Segundo Antonio Junqueira de Azevedo, negócio jurídico seria "*todo fato jurídico consistente em declaração de vontade, a que o ordenamento jurídico atribui os efeitos designados como queridos,*

formidade com a ordem legal, que tem por fim criar, modificar ou extinguir direitos.[361]

Ainda que não originem obrigações modificativas da situação preexistente das partes, serão considerados contratos aqueles acordos que estabelecem regras a serem observadas por elas, como os acordos normativos, que tornam certa uma situação jurídica incerta.[362]

Para a configuração do contrato, é necessário que a declaração de vontade das partes seja vista socialmente como destinada à produção de efeitos jurídicos.[363]

Em sentido estrito, o contrato se restringe a criar, modificar ou extinguir relações patrimoniais, como acontece no direito italiano (artigo 1.132 do Código Civil italiano).[364]

A partir da análise da posição do contrato no atual Código Civil, Judith Martins-Costa explica que o âmbito precípuo do contrato restringe-se ao "*campo das relações patrimoniais, sendo sua função própria formalizar operações econômicas de circulação de riqueza, isto é, operações de circulação de bens entre um patrimônio e outro – tanto assim é que o contrato é considerado, de per si, justa causa para a circulação de riquezas entre patrimônios, configurando a estrutura jurídica par excellence para justificar atribuições patrimoniais*"[365].

respeitados os pressupostos de existência, validade e eficácia impostos pela norma jurídica que sobre ele incide" (JUNQUEIRA DE AZEVEDO, Antonio. *Negócio jurídico: existência, validade e eficácia.* 4ª ed., São Paulo: Ed. Saraiva, 2010, p. 16).

361 Nesse sentido, sustenta Caio Mário da Silva Pereira, que contrato "*é um negócio jurídico bilateral, e de conseguinte exige o consentimento; pressupõe, de outro lado, a conformidade com a ordem legal, sem o que não teria o condão de criar direitos para o agente; e, sendo ato negocial, tem por escopo aqueles objetivos específicos. Com a pacificidade da doutrina, dizemos então que o contrato é um acordo de vontades, na conformidade da lei, e com a finalidade de adquirir, resguardar, transferir, conservar, modificar ou extinguir direitos. Dizendo-o mais sucintamente, e reportando-nos à noção que demos de negócio jurídico (n. 82, supra, vol. I), podemos definir contrato como o "acordo de vontades com a finalidade de produzir efeitos jurídicos*" (PEREIRA, Caio Mário da Silva. *Instituições de direito civil.* 19ª edição, Rio de Janeiro: Ed. Forense, 2015, p. 7).

362 GOMES, Orlando. *Contratos.* 26ª edição. Rio de Janeiro: Ed. Forense, 2007, p. 12.

363 DE AZEVEDO, Antonio Junqueira. Negócio jurídico e declaração negocial: noções gerais e formação da declaração negocial. Doutorado em Direito Civil pela Faculdade de Direito da Universidade de São Paulo, 1986, p. 23.

364 GOMES, Orlando. *Contratos.* 26ª edição. Rio de Janeiro: Ed. Forense, 2007, p. 11; GONÇALVES, Carlos Roberto. *Direito civil brasileiro: contratos e atos unilaterais.* 7ª edição, São Paulo: Ed. Saraiva, 2010, pp. 22-23.

365 MARTINS-COSTA, Judith. "Contratos: conceito e evolução". In: LOTUFO, Renan; NANNI, Giovanni Ettore (coord.). *Teoria geral dos contratos.* São Paulo: Ed. Atlas, 2011, pp. 50-51.

Assim, em outras palavras, podemos definir o contrato como uma espécie de negócio jurídico bilateral ou plurilateral por meio do qual as partes buscam como efeito jurídico a criação de vínculo obrigacional de conteúdo patrimonial.

Quanto à interpretação dos efeitos decorrentes do contrato, Custodio da Piedade Ubaldino Miranda explica que:

> os efeitos decisivos decorrentes dos contratos são determinados pelo sentido em que ambas as partes entenderem o seu conteúdo. No entanto, quando isso não for possível, o que é comum na prática comercial, o sentido será aquele decisivo para o ordenamento jurídico segundo os critérios de interpretação negocial.[366]

5.3.2. Ato jurídico em sentido estrito

Antonio Junqueira de Azevedo aponta a existência de três modalidades de atos jurídicos em sentido estrito:

- **Atos intransitivos:** "*os quais, ainda que exclusivamente internos, como a ciência de um fato, ou um sentimento, poderão, se provados, ter consequências jurídicas (por exemplo, o conhecimento pelos terceiros, da revogação da procuração ou, na redação original do Código Civil, o perdão do adultério)*".[367]
- **Situações subjetivas:** "*que somadas a outras, objetivas, compõem o suporte fático necessário para certos efeitos (verbi gratia: residência + ânimo definitivo = domicílio, art. 31 do Código Civil*".[368]
- **As declarações:** "*excetuadas as que constituem suporte fático dos atos jurídicos: a) declarações de ciência, como escrever "ciente" na cópia da notificação; b) declarações de conhecimento, como depoimento (...); c) declarações de sentimento, como a expressão do perdão; d) declarações de maneira de ver, como um parecer; e) declarações de intenção, ditas comunicações de vontade (Willensmitteilungen), como a notificação simples, ou aviso, do credor, de que pretende receber a prestação em tal dia, ou a carta pela qual A declara, a B, que deixará, no dia 10, o imóvel que lhe vendeu, etc.; e, até mesmo, f)*

366 MIRANDA, Custodio da Piedade Ubaldino. *Op. cit.*, pp. 130-131.

367 JUNQUEIRA DE AZEVEDO, Antonio. *Negócio jurídico e declaração negocial: noções gerais e formação da declaração negocial.* Doutorado em Direito Civil pela Faculdade de Direito da Universidade de São Paulo, 1986, pp. 34-35.

368 JUNQUEIRA DE AZEVEDO, Antonio. *Negócio jurídico e declaração negocial: noções gerais e formação da declaração negocial.* Doutorado em Direito Civil pela Faculdade de Direito da Universidade de São Paulo, 1986, p. 35.

declarações de vontade (desde que não negociais ou não destinadas a obter efeitos jurídicos)".[369]

Os atos jurídicos em sentido estrito são aqueles que produzem efeitos jurídicos indiretos. Ou seja, eles não são constitutivos de efeitos jurídicos (isto é, não são a causa dos efeitos jurídicos), mas funcionam como condição para sua produção.[370] Os efeitos jurídicos decorrentes dos atos jurídicos em sentido estrito decorrem da lei.

Para Antonio Junqueira de Azevedo, seriam exemplos de atos jurídicos em sentido estrito os acordos de cavalheiros, os protocolos de intenção e a minuta. Isso porque nesses documentos há declaração de vontade da qual decorre efeitos jurídicos indiretos, por exemplo, a interpretação de eventual negócio jurídico ou a configuração de um ato ilícito.[371]

5.4. A natureza jurídica e eficácia das cláusulas cuja função é disciplinar as negociações

Em negociações de operações de fusões e aquisições é comum que os candidatos a contratante estabeleçam cláusulas visando disciplinar as negociações.

Conforme será demonstrado a seguir, muitas dessas cláusulas têm natureza contratual[372], sendo verdadeiros contratos temporários.

Isso porque, no geral, elas geram vínculos obrigacionais entre os candidatos a contratante que perduram somente durante o período anterior à conclusão do contrato definitivo.[373]

[369] JUNQUEIRA DE AZEVEDO, Antonio. *Negócio jurídico e declaração negocial: noções gerais e formação da declaração negocial.* Doutorado em Direito Civil pela Faculdade de Direito da Universidade de São Paulo, 1986, pp. 35-36.

[370] JUNQUEIRA DE AZEVEDO, Antonio. *Negócio jurídico e declaração negocial: noções gerais e formação da declaração negocial.* Doutorado em Direito Civil pela Faculdade de Direito da Universidade de São Paulo, 1986, pp. 32-33.

[371] JUNQUEIRA DE AZEVEDO, Antonio. *Negócio jurídico e declaração negocial: noções gerais e formação da declaração negocial.* Doutorado em Direito Civil pela Faculdade de Direito da Universidade de São Paulo, 1986, p. 42.

[372] Segundo Orlando Gomes, "*existem acordos patrimoniais que não são considerados contratos porque não originam, para as partes, obrigações que modifiquem a situação preexistente, mas se limitam a estabelecer regras a serem observadas se os interessados praticam os atos prefigurados, como os acordos normativos, ou a tornar certa uma situação jurídica incerta, como a transação. Esses negócios são, porém, autênticos contratos*" (GOMES, Orlando. *Contratos.* 26ª. Rio de Janeiro: Ed. Forense, 2007, p. 12).

[373] Cristiano de Sousa Zanetti explica que "*os contratos temporários têm por função criar obrigações que vinculam as partes somente no período anterior à conclusão do contrato definitivo. São encontrados,*

Além disso, tais vínculos obrigacionais apresentam conteúdo patrimonial, pois estabelecem entre os candidatos a contratante determinados comportamentos, que resultam em custos de transação, custos de oportunidade ou que criam valor para a rede de relações estabelecidas no mercado.[374]

Ao sustentar a natureza contratual dessas cláusulas, Wanderley Fernandes explica o seguinte:

> É possível, portanto, que em matéria de negociações preliminares sejam realizados verdadeiros contratos intermediários, tendo uma função econômica e social totalmente distinta do contrato definitivo. Aliás, essa função econômica e social dos acordos intermediários está, em muito, associada à função econômica das relações travadas no mercado. Tais acordos cumprem uma função extremamente relevante de dar segurança e certa previsibilidade às relações prévias à criação de um vínculo obrigacional". Há, portanto, uma função de segurança e proteção que não pode deixar de ser considerada sob o ponto de vista econômico e jurídico[375].

As cláusulas visando disciplinar as negociações não terão natureza contratual apenas quando o documento firmado durante as negociações apresentar uma cláusula indicando que ele como um todo não é vinculante.

Isso porque, ao determinar que o documento como um todo não é vinculante, os candidatos a contratante expressam a sua intenção de não criar vínculos obrigacionais.

sobretudo, nos acordos industriais, como, por exemplo, no desenvolvimento da operação de transferência de tecnologia, na qual é muito comum estipular a obrigação de confidencialidade. Além disso, também é bastante comum se estabelecer que as negociações terão caráter exclusivo, ou seja, que não haverá outros candidatos a contratante, ao menos durante determinado período, bem como disciplinar a responsabilidade com os gastos havidos com estudos e pesquisas destinados à celebração de um contrato futuro" (ZANETTI, Cristiano de Sousa. *Responsabilidade pela Ruptura das Negociações.* São Paulo: Ed. Juarez de Oliveira, 2005, p. 22).

374 Wanderley Fernandes explica que "*acordos que impõem determinado comportamento para as partes e que esse comportamento importa em custos de transação, custos de oportunidade ou que até criam valor para a rede de relações estabelecidas no mercado, jamais poderiam, ainda que considerado o conceito clássico, deixar de serem considerados verdadeiros contratos*" (FERNANDES, Wanderley. "O Processo de Formação do Contrato". In: FERNANDES, Wanderley (coord.). *Fundamentos e Princípios dos Contratos Empresariais.* 2ª ed., São Paulo: Saraiva, 2012, p. 245).

375 FERNANDES, Wanderley. *O processo de formação do contrato.* In, Fundamentos e princípios dos contratos empresariais. Coord. FERNANDES, Wanderley. 2ª edição, São Paulo: Ed. Saraiva, 2012, p. 246.

Não obstante, como se pode depreender dos exemplos de cláusulas indicados no item 5.6.1. deste trabalho, os candidatos a contratante geralmente conferem plena eficácia às cláusulas relacionadas à regulamentação da negociação da operação de fusão e aquisição, indicando que apenas as cláusulas que detalham aspectos do contrato definitivo não serão vinculantes.

A seguir, serão analisadas individualmente as principais cláusulas cuja função é disciplinar as negociações de operações de fusões e aquisições.

5.4.1. Exclusividade

As cláusulas de exclusividade estabelecem a obrigação dos candidatos a contratante (ou de apenas um deles) de não negociar o mesmo objeto das negociações com terceiros. Veja, a seguir, alguns exemplos delas:

> (**exemplo 1**) Durante o prazo desta Carta de Entendimentos, as Partes comprometem-se a não se envolver (ou permitir que quaisquer de suas Afiliadas se envolvam) em quaisquer negociações com quaisquer terceiros relativamente à Operação ou qualquer transação, direta ou indiretamente, similar à Operação, ou que possam ser consideradas inconsistentes com a consumação da Operação, sem o consentimento prévio e por escrito das outras Partes. Se qualquer uma das Partes violar as obrigações de exclusividade previstas neste instrumento, as Partes inadimplentes pagarão às outras Partes adimplentes uma penalidade no valor total de R$10.000.000,00 (dez milhões de Reais).[376]
>
> (**exemplo 2**) Com a aposição de seu "de acordo" nesta proposta, X garantirá, à Y e à Z, a exclusividade na negociação da aquisição, pelo prazo de 90 (noventa) dias a contar da presente data.[377]
>
> (**exemplo 3**) As Partes e seus sócios irão proceder com diligência e em boa-fé na preparação e assinatura dos contratos definitivos e concluir o negócio na Data de Fechamento, no prazo até // ("Período de Exclusividade") da assinatura do presente instrumento. Durante o Período de Exclusividade, as partes se absterão de negociar parte ou totalidade das tratativas aqui previstas com terceiros.[378]
>
> (**exemplo 4**) (a) Sellers will not, and will cause the Acquired Companies not to, directly or indirectly, through any representative or otherwise, solicit or entertain offers from, negotiate with or in any manner encourage, discuss,

[376] Cláusula extraída de um documento confidencial.

[377] Cláusula extraída de um documento confidencial.

[378] Cláusula extraída de <http://www.anjosdobrasil.net>. Acesso em: 13 de agosto de 2016.

accept, or consider any proposal of any other person relating to the acquisition of the Shares or the Acquired Companies, their assets or business, in whole or in part, whether directly or indirectly, through purchase, merger, consolidation, or otherwise (other than sales of inventory in the ordinary course); and

(b) Sellers will immediately notify Buyer regarding any contact between Sellers, any Acquired Company, or their respective representatives and any other person regarding any such offer or proposal or any related inquiry and if made in writing furnish a copy thereof.[379]

(**exemplo 5**) In consideration for X`s agreement to pay the Pre-Signing Environmental Assessment Fees, the Companies would execute the Exclusivity Agreement attached as Exhibit A.[380]

Como é possível notar, as cláusulas prevendo a obrigação de negociar com exclusividade podem apresentar diversos tipos de redação e formatos. Por exemplo, a última cláusula indicada acima (exemplo 5) remete a um documento anexo, o qual regulamentou separadamente a obrigação de negociar com exclusividade.

a) Natureza jurídica

As cláusulas de exclusividade têm natureza de contrato temporário, pois há entre os candidatos a contratante um acordo visando a produção do seguinte efeito jurídico: a criação de um vínculo obrigacional temporário consistente no dever de não negociar o mesmo objeto com terceiros.

O vínculo obrigacional pretendido pelos candidatos a contratante vigorará somente durante o curso das negociações, pois com a celebração do contrato definitivo ele perderá a sua razão de ser. A celebração do contrato definitivo pressupõe que a fase de negociações já foi encerrada, tornando-se desnecessária a existência de um dever de negociar com exclusividade.

Além disso, o vínculo obrigacional decorrente da cláusula de exclusividade terá conteúdo patrimonial, conforme ensina Wanderley Fernandes[381]. Isso porque a exclusividade é uma forma de criar valor para a rede de relações estabelecidas no mercado.

[379] Cláusula extraída de: *Model Stock Purchase Agreement*, Second Edition, ABA Book Publishing, 2010.

[380] Cláusula extraída de um documento confidencial.

[381] De acordo com Wanderley Fernandes, *"certos acordos firmados entre as partes, ainda que não definitivos para a conclusão de determinadas operações econômicas, já criam certos valores e podem ter*

Maristela Basso, no entanto, entende que as cláusulas de exclusividade não teriam natureza contratual, pois "*por certo, a consagração de tal compromisso no acordo de negociação nada mais é do que a concretização do dever de negociar de boa-fé, de informar e de minimizar prejuízos. Assim, sua violação ensejará a obrigação, por parte do inadimplente, de ressarcir o outro contratante com base no interesse contratual-negativo, mas nenhuma responsabilidade ex contractu se levantará*".[382]

De fato, o dever de negociar com exclusividade pode ser enquadrado como um dever existente na fase pré-contratual decorrente da boa-fé objetiva. No entanto, referido dever de exclusividade somente estará presente se as circunstâncias fáticas e negociais de cada caso concreto assim o exigirem, considerando-se as provas produzidas.

No caso das operações de fusões e aquisições, por exemplo, é difícil se extrair do caso concreto um dever de exclusividade decorrente da boa-fé objetiva. Isso porque a atuação dos candidatos a contratante nesse tipo de negócio é usualmente voltada a evitar a criação de qualquer vínculo, seja ele relativo à celebração do contrato definitivo ou à limitação de sua liberdade de negociar e contratar com terceiros, de modo que a existência de um dever implícito de exclusividade entre eles seria, em regra, um contrassenso.

Não obstante, dependendo do estágio da negociação e do teor das mensagens trocadas entre os candidatos a contratante, é possível que se conclua pela existência de um dever de exclusividade durante a negociação de determinada operação de fusões e aquisições.

um efeito patrimonial relevante. Imaginemos um acordo de exclusividade para determinado negócio ainda incerto. Uma empresa, recebendo uma carta-convite para a apresentação de uma proposta para o fornecimento de certos bens e/ou serviços, firma com um importante detentor de tecnologia um acordo de exclusividade. Esta condição dá a essa empresa uma "alavancagem" (leverage) dentro do mercado que certamente tem um valor econômico. Esse valor econômico poderá ser medido em um "ágio" cobrado de outros empreendedores que decidam se associar a ela em dado empreendimento ou em participação maior do que aquela que teria pelo simples aporte de recursos. Logo, este acordo que estabeleceu determinados direitos e obrigações para as partes, determinando normas de comportamento que podem ser exigidas de uma parte à outra, não se constitui em contrato típico, sob os moldes do Código Civil, porém certamente estamos diante de um acordo que tem efeito obrigacional e patrimonial relevante. Ou seja, estamos diante de um autêntico contrato" (Fernandes, Wanderley. "O Processo de Formação do Contrato". In: Fernandes, Wanderley (coord.). *Fundamentos e Princípios dos Contratos Empresariais*. 2ª ed., São Paulo: Saraiva, 2012, pp. 243-244).

382 Basso, Maristela. *Contratos Internacionais do Comércio: negociação, conclusão, prática*. 3ª edição, Porto Alegre: Ed. Livraria do Advogado, 2002, pp. 189-190.

Como se pode perceber, a existência do dever de exclusividade na fase de negociações não é certa, podendo muitas depender da interpretação do julgador acerca das provas relativas às circunstâncias fáticas do caso concreto.

Nesse contexto, visando dar maior segurança jurídica para o curso das negociações, os candidatos a contratante transformam o incerto dever decorrente da boa-fé objetiva em um verdadeiro contrato ao firmarem uma cláusula de exclusividade.

O dever de exclusividade, que, inicialmente, seria um dever de proteção decorrente do princípio da boa-fé objetiva, transforma-se em um efetivo dever de prestação.[383]

Além de tornar certa a existência do dever de exclusividade, os candidatos a contratante criam, com a cláusula de exclusividade, efeitos jurídicos que não são estabelecidos automaticamente pela boa-fé objetiva. Por exemplo, os candidatos a contratante podem estabelecer o limite temporal do dever de exclusividade[384], as condutas que serão consideradas violação à exclusividade[385], entre outras.

Portanto, a cláusula de exclusividade não se restringe a mera concretização de um dever decorrente da boa-fé objetiva. Ela é mais do que isso. Ela cria um vínculo obrigacional (dever de prestação) entre os candidatos a contratante, com contornos que, conforme explicado acima, não são estabelecidos automaticamente pela boa-fé objetiva.

b) Eficácia

Conforme mencionado acima, sendo um contrato, a cláusula de exclusividade cria entre os candidatos a contratante um dever de prestação consistente em não negociar o mesmo objeto com terceiros.

Em caso de descumprimento desse dever de prestação, o candidato a contratante lesado poderá ser indenizado pelo interesse contratual positivo.

Para criar desincentivos adicionais ao descumprimento de tal cláusula, os candidatos a contratante podem, por exemplo, estipular uma cláusula penal juntamente com a cláusula de exclusividade, prefixando o valor

[383] Quanto à diferença entre os deveres de prestação e de proteção, vide capítulo IV.

[384] Vide o segundo exemplo de cláusula de exclusividade indicado acima. As partes limitaram a obrigação de exclusividade ao período de 90 dias.

[385] Vide o quarto exemplo de cláusula de exclusividade indicado acima. As partes estabeleceram detalhadamente quais condutas seriam consideradas violação à exclusividade.

devido a título de indenização no caso de inadimplemento. Nesse sentido, veja o exemplo 5 de cláusula de exclusividade transcrito acima.

5.4.2. Confidencialidade

Cláusulas de confidencialidade estabelecem o dever de manter em sigilo as negociações, o conteúdo do documento firmado nas negociações, as informações e documentos trocados durante as negociações, entre outros.

Em muitos casos, os acordos de confidencialidade são firmados entre os candidatos a contratante em um documento próprio, apartado das demais cláusulas relativas à negociação. Veja, a seguir, alguns exemplos de cláusulas de confidencialidade:

> (**exemplo 1**) Os termos e condições contidos nesta Carta de Entendimentos, bem como todas e quaisquer informações fornecidas por X e pelos Acionistas de X ou por Y e por Z para os fins das negociações previstas neste instrumento são estritamente confidenciais e não poderão ser divulgadas, no todo ou em parte, por qualquer Parte a qualquer outra pessoa física ou jurídica sem o consentimento prévio e por escrito da outra Parte. Todos e quaisquer anúncios relativos à Operação (i) serão aprovados previamente por escrito por todas as Partes; e (ii) afirmarão que a natureza da Operação é uma fusão.[386]
>
> (**exemplo 2**) Esta proposta está sendo apresentada em caráter estritamente confidencial, não podendo seu conteúdo ser revelado a quaisquer terceiros sem o prévio consentimento, por escrito, de X e Y. Comprometemo-nos, da mesma forma, a preservar o sigilo a respeito dos termos desta proposta perante terceiros.[387]
>
> (**exemplo 3**) As partes e os seus sócios, cada um por si, se comprometem a não divulgar o conteúdo deste documento ou qualquer assunto a respeito da negociação em andamento, sem a aprovação prévia e por escrito das outras partes.[388]
>
> (**exemplo 4**) Except as expressly modified by the Binding Provisions, the Confidentiality Agreement entered into by the Company and Buyer on [__] (the "Confidentiality Agreement") shall remain in full force and effect.[389]

[386] Cláusula extraída de um documento confidencial.

[387] Cláusula extraída de um documento confidencial.

[388] Cláusula extraída de <http://www.anjosdobrasil.net>. Acesso em: 13 de agosto de 2016.

[389] Cláusula extraída de: *Model Stock Purchase Agreement, Second Edition*, ABA Book Publishing, 2010.

> (**exemplo 5**) Neither the Companies nor their respective affiliates (including the Sellers), advisors or representatives shall, without the prior written consent of X, disclose to any third party the existence of this Indicative Term Sheet (including the terms herein) or the fact that X is in discussions with the Companies and Sellers regarding the Proposed Transaction, except as required by law or to comply with such party`s obligations contained in this Indicative Term Sheet.[390]

No geral, em operações de fusões e aquisições, a divulgação de qualquer informação considerada confidencial depende do consentimento prévio do outro candidato a contratante, conforme atesta os exemplos de cláusulas de confidencialidade transcritas acima.

a) Natureza jurídica

As cláusulas de confidencialidade têm natureza de contrato temporário, pois há entre os candidatos a contratante um acordo visando a produção do seguinte efeito jurídico: a criação de um vínculo obrigacional temporário consistente no dever de manter a confidencialidade a respeito das negociações, do conteúdo do próprio documento firmado nas negociações e/ou das informações e documentos trocados durante as negociações.

O caráter temporário desse vínculo obrigacional decorre do fato de ele geralmente perdurar somente até a celebração do contrato definitivo[391] ou por um determinado período de tempo após o encerramento das negociações.

Além disso, o vínculo obrigacional almejado pelos candidatos a contratante pode vir a ter conteúdo patrimonial. Por exemplo, os candidatos a contratante podem reduzir eventuais custos com a proteção de informações/documentos e, ainda, proteger informações que tenham grande impacto financeiro para a empresa.

Da incidência do princípio da boa-fé objetiva à fase de negociações decorre o dever de sigilo, conforme apontado no capítulo IV deste trabalho. No entanto, as cláusulas de confidencialidade não se confundem

[390] Cláusula extraída de um documento confidencial.

[391] O contrato definitivo de operações de fusões e aquisições pode vir a disciplinar o dever de confidencialidade com relação à fatos e documentos firmados ou trocados durante a sua negociação, substituindo as cláusulas de confidencialidade previstas nos documentos celebrados durante as negociações.

com o dever de sigilo decorrente da boa-fé objetiva, aplicando-se a mesma lógica indicada acima para a cláusula de exclusividade.

Ao contratar uma cláusula de confidencialidade, os candidatos a contratante buscam efeitos jurídicos que não são automaticamente estabelecidos pela boa-fé objetiva, por depender da análise das circunstâncias fáticas e negociais de cada caso.

Por exemplo, por meio das cláusulas de confidencialidade, os candidatos a contratante podem estipular especificamente os documentos/informações que estão protegidos pela confidencialidade[392], o tempo de vigência da confidencialidade e as condições para divulgação de documentos/informações consideradas confidenciais[393].

Em operações de fusões e aquisições, é possível que o julgador não conclua pela necessidade de proteger com a confidencialidade de determinada informação, cuja divulgação poderia ter efeitos indiretos para um dos candidatos a contratante.

Ao contratar uma cláusula de confidencialidade, os candidatos a contratante acabam por evitar eventual conflito acerca da existência ou não do dever de confidencialidade em determinadas situações.

Portanto, ao firmarem uma cláusula de confidencialidade, os candidatos a contratante criam um efetivo dever de prestação, o que certamente resulta em maior segurança jurídica nas negociações de operações de fusões e aquisições.

b) Eficácia

Diante da natureza contratual da cláusula de confidencialidade, esta cria entre os candidatos a contratante um dever de prestação consistente em manter a confidencialidade a respeito das negociações, do conteúdo do próprio documento e/ou das informações/documentos trocados durante as negociações.

Em caso de descumprimento desse dever de prestação, o candidato a contratante lesado poderá ser indenizado pelo interesse contratual positivo.

[392] Vide o exemplo 1 de cláusula de confidencialidade transcrita acima. Tal cláusula indicam que todos os documentos/informações trocadas durante as negociações são confidenciais, sem exceção.

[393] Vide os exemplos 1, 2 e 3 das cláusulas de confidencialidade transcritas acima. Tais cláusulas permitem que informações e documentos confidenciais sejam divulgados a terceiros com o prévio consentimento da parte contrária.

No entanto, nessas situações é possível que exista uma certa dificuldade na produção de provas quanto ao dano decorrente da violação do dever de confidencialidade, requisito para a configuração da responsabilidade contratual.

Assim, para criar desincentivos adicionais ao descumprimento de tal cláusula (e, também, endereçar mais facilmente a dificuldade em relação à produção de provas quanto ao dano), os candidatos a contratante podem, por exemplo, estipular uma cláusula penal juntamente com a cláusula de confidencialidade, indicando o valor devido a título de indenização no caso de inadimplemento.

5.4.3. Rateio de despesas decorrentes da negociação

As negociações de operações de fusões e aquisições podem ser muito custosas para os candidatos a contratante. No geral, eles despendem valores consideráveis com o deslocamento para a participação em reuniões, com a contratação de assessores jurídicos, financeiros e contábeis, entre outros.

Nesse contexto, é comum que os candidatos a contratante estabeleçam a forma de rateio das despesas por eles incorridas com a negociação.[394] Veja, a seguir, alguns exemplos de cláusulas nesse sentido:

> (**exemplo 1**) Cada Parte será responsável por seus próprios custos e despesas incorridos em decorrência da negociação e conclusão da Operação, incluindo honorários de advogados e de outros consultores.[395]
>
> (**exemplo 2**) As despesas legais e de *due diligence* serão arcadas pela Companhia, mediante sua aprovação prévia e após a efetivação da transação e do investimento até um limite total de R$ 50.000,00 (cinqüenta mil reais).[396]
>
> (**exemplo 3**) Buyer and each Seller will be responsible for and bear all of its respective costs and expenses (including any broker's or finder's fees and the expenses of their representatives) incurred at any time in connection with pursuing or consummating the Possible Acquisition.[397]

[394] Nesse sentido, Mary Grün explica que "*as negociações que antecedem um contrato de grande envergadura costumam demandar várias providências custosas. Para que os interessados possam obter a certeza da conveniência da operação, muitas vezes precisam realizar estudos, montar protótipos, empreender pesquisas de mercado, contratar advogados e auditores etc. (...) A iminência dos trabalhos preparatórios e seus custos levam as partes a ajustarem a quem caberá o respectivo encargo financeiro e quais as despesas e as situações passíveis de reembolso*" (GRÜN, Mary. *Op. cit.*, p. 71).

[395] Cláusula extraída de um documento confidencial.

[396] Cláusula extraída de <http://www.anjosdobrasil.net>. Acesso em: 13 de agosto de 2016.

[397] Cláusula extraída de: *Model Stock Purchase Agreement*, Second Edition, ABA Book Publishing, 2010.

(**exemplo 4**) Each party shall bear its own costs and expenses (including all legal, accounting, financial advisor, broker and other costs and expenses) with respect to the proposed Transaction, whether the transaction is consummated or not; provided that the Pre-signing Environmental Assessment Fees would be payable by X.[398]

a) Natureza jurídica

As cláusulas de rateio de despesas decorrentes da negociação têm natureza de contrato temporário. Elas são acordos de vontade visando a produção do seguinte efeito jurídico: a criação de vínculo obrigacional quanto à forma de alocação dos custos incorridos pelos candidatos a contratante com a negociação, que perdurará durante o curso das negociações.

O conteúdo patrimonial do vínculo obrigacional almejado pelos candidatos a contratante com essas cláusulas é inequívoco. Por meio das cláusulas de rateio de despesas, os candidatos a contratante alocam entre si e delimitam os custos decorrentes da decisão de realizar negociações. Assim, tais cláusulas têm natureza contratual.

Os candidatos a contratante podem acordar as mais variadas formas de alocação de despesas com essas cláusulas. Podem, por exemplo, estabelecer que cada um dos candidatos a contratante irá arcar com as suas respectivas despesas decorrentes da negociação, como indicam os exemplos 1 e 3 de cláusulas de rateio de despesas transcritas acima.

Ou, ainda, podem estabelecer que determinadas despesas serão de responsabilidade exclusiva de um dos candidatos a contratante, conforme prevê o exemplo 2 de cláusula de rateio de despesas acima transcrita.

Outra opção é a de os candidatos a contratante estabelecerem que cada um deles arcará com as suas respectivas despesas decorrentes da negociação, com exceção de determinadas despesas que serão alocadas para apenas um deles. Nesse sentido, veja o exemplo 4 de cláusula de rateio de despesas acima transcrita.

Como se pode perceber, a contratação de uma cláusula de rateio de despesas é muito importante em operações de fusões e aquisições, pois ela permite que os candidatos a contratante aloquem os custos e os riscos decorrentes de sua decisão de negociar.

[398] Cláusula extraída de um documento confidencial.

b) Eficácia

Em razão da natureza contratual das cláusulas de rateio de despesas, ocorre a criação de um vínculo obrigacional entre os candidatos a contratante quanto à forma por eles acordada de alocação das despesas decorrentes da negociação.

Ou seja, em regra, a forma de alocação de despesas entre eles acordada deve ser integralmente observada, independentemente de o contrato definitivo ser ou não celebrado ao fim das negociações. Caso contrário, haverá inadimplemento contratual, sendo possível que o candidato a contratante lesado seja indenizado pelo interesse positivo.

Ocorre, no entanto, que as cláusulas de rateio de despesas podem ter a sua eficácia típica relativizada em situações de encerramento litigioso das negociações, conforme será mais bem demonstrado no capítulo VI deste trabalho.

5.4.4. Direito de encerrar as negociações a qualquer momento e por qualquer motivo

Outra cláusula muito comum em documentos firmados em negociações de operações de fusões e aquisições é aquela determinando que quaisquer dos candidatos a contratante (ou apenas um deles) poderá encerrar as negociações a qualquer momento e por qualquer motivo. Veja, a seguir, alguns exemplos dessas cláusulas:

> (**exemplo 1**) Até que se verifiquem as condições necessárias para a realização do negócio, as signatárias poderão interromper a qualquer momento os entendimentos em curso, sem que seja devida nenhuma penalidade ou indenização.[399]
>
> (**exemplo 2**) Qualquer das partes poderá terminar estas negociações a qualquer tempo, mediante notificação por escrito às outras partes; no entanto, a parte que o causar deverá arcar com os custos legais e de *due diligence* no limite descrito neste *Term Sheet*.[400]
>
> (**exemplo 3**) In the event the parties fail to enter into definitive agreements within 120 days of the date of this Indicative Term Sheet, the understandings contained in this Indicative Term Sheet, unless extended by mutual written agreement of the parties, shall terminate and be of no further force or effect,

[399] Cláusula extraída de um documento confidencial.

[400] Cláusula extraída de <http://www.anjosdobrasil.net>. Acesso em: 13 de agosto de 2016.

except for Sections 16, 18, 19, 20 and 21, which shall survive any termination of this Indicative Term Sheet. X may, in its sole discretion, abandon the Proposed Transaction and terminate this Indicative Term Sheet for any reason at any time prior to the execution and delivery of definitive agreements.[401]

Em muitas situações, essas cláusulas vêm acompanhadas de previsões de limitação ou exoneração de responsabilidade por eventuais danos pré-contratuais, conforme ilustram os exemplos 1 e 2 indicados acima. As previsões de limitação ou exoneração de responsabilidade serão analisadas separadamente no próximo item.

a) Natureza jurídica

Conforme mencionado anteriormente, os candidatos a contratante de operações de fusões e aquisições, no geral, evitam se vincular à celebração do contrato definitivo durante as negociações tendo em vista os diversos aspectos do negócio que demandam profunda análise prévia.

Durante as negociações é possível que os candidatos a contratante acabem se deparando com informações que resultem na perda de seu interesse em realizar a operação de fusões e aquisições. Assim, eles buscam garantir a possibilidade de saída das negociações a qualquer momento e por qualquer motivo.

As cláusulas prevendo o direito de encerrar a negociações têm natureza de contrato temporário, pois criam para os candidatos a contratante (ou para apenas um deles) o direito potestativo de encerrar as negociações em determinadas situações (geralmente a qualquer tempo e sem motivo), que vigorará enquanto perdurarem as negociações. Além disso, elas têm efeitos patrimoniais, pois permitem que os candidatos a contratante limitem os seus custos com a negociação, não se obrigando a aumentar os investimentos em negociações que não fazem mais sentido.

Essas cláusulas são muito similares à cláusula de arrependimento, prevista no artigo 463 do Código Civil, que impede a execução específica de contratos preliminares pelos candidatos a contratante.[402] Assim como as

[401] Cláusula extraída de um documento confidencial.

[402] Nelson Rosenvald afirma que "*a existência da cláusula de arrependimento é fator impeditivo à persecução da tutela específica judicial. Cuida-se de um direito potestativo de retratação deferidos aos contratantes, concedendo-lhes o poder de, a qualquer tempo, resilir unilateralmente o contrato preliminar pela forma de denúncia notificada à outra parte (art. 473 do CC). Certamente, o prazo decadencial*

cláusulas de arrependimento, o direito de encerrar as negociações resulta do exercício da autonomia privada pelos candidatos a contratante.[403]

b) Eficácia

Um importante princípio incidente na fase de negociações é o princípio da liberdade de contratar. Em razão desse princípio, os candidatos a contratante não são obrigados a firmar o contrato definitivo e, por consequência, podem encerrar as negociações.

No entanto, outro importante princípio incidente na fase de negociações é o princípio da boa-fé objetiva. Ele tutela a confiança gerada entre os candidatos a contratante durante a fase de negociações e, assim, é a base para a apuração da responsabilidade pré-contratual.

Nesse contexto, o princípio da boa-fé objetiva impede que os candidatos a contratante atuem de forma desleal durante as negociações, especialmente por meio do seu encerramento abusivo.

Ou seja, o princípio da boa-fé objetiva impede que os candidatos a contratante encerrem as negociações, por exemplo, de forma intempestiva ou imotivada, violando, assim, a confiança anteriormente gerada na contraparte.

Para evitar que situações de encerramento das negociações sejam interpretadas como contrárias ao princípio da boa-fé objetiva, os candidatos a contratante contratam cláusulas estabelecendo o direito de encerrar as negociações, cuja eficácia típica é a criação do direito potestativo dos candidatos a contratante (ou de apenas um deles) de encerrar as negociações a qualquer tempo e por qualquer motivo.

Note-se que com essas cláusulas, os candidatos a contratante buscam, no geral, evitar que se entenda que o encerramento de negociações representa-

para o exercício do poder de desconstituição da relação será o momento anterior ao cumprimento de todas as obrigações constantes do pacto (v.g., pagamento da última prestação pelo promissário comprador na promessa de compra e venda)" (ROSENVALD, Nelson. *Código civil comentado: doutrina e jurisprudência.* Coordenador PELUSO, Cesar. 6ª edição, São Paulo: Ed. Manole, 2012, p. 528).

403 Custodio da Piedade Ubaldino Miranda explica que "*a própria lei faculta às partes que, no exercício de sua autonomia privada, no do autorregramento de seus interesses, embora desejem predispor, em um contrato preliminar, os termos de um contrato futuro, por razões que só a elas dizem respeito, porque só elas, mais e melhor do que ninguém, estão aptas a avaliar soberanamente as próprias conveniências, não queiram vincular-se, desde logo, sendo que, neste último caso, terão de apor uma cláusula de arrependimento, que permita a qualquer delas, uma melhor avaliação das coisas, tomar a iniciativa de desistir do contrato*" (MIRANDA, Custodio da Piedade Ubaldino. *Op. cit.*, p. 360).

ria uma violação ao princípio da boa-fé objetiva, tendo em vista que o outro candidato a contratante, sustentando o avançado estágio das negociações, tinha um justo motivo para confiar na conclusão do contrato definitivo.

Isso porque, em situações como essa, é possível que o encerramento das negociações tenha ocorrido em razão de o outro candidato a contratante, somente ao fim das negociações, ter fornecido alguma informação relevante ou imposto alguma condição incompatível com o cenário econômico-financeiro da empresa a ser adquirida.

Além de vincularem os candidatos a contratante com relação as hipóteses permissivas de encerramento das negociações, essas cláusulas podem ser utilizadas na apuração das expectativas geradas entre os candidatos a contratante com relação à celebração do contrato definitivo.

No próximo capítulo deste trabalho, a cláusula prevendo o direito de encerramento das negociações será analisada com maior profundidade no caso de encerramento litigioso de negociações.

5.4.5. Cláusulas de não indenizar

As cláusulas de não indenizar têm como fundamento o princípio da autonomia privada[404], o qual permite que a vontade humana seja fonte criadora de normas, desde que dentro dos contornos do ordenamento jurídico.[405]

Por meio dessas cláusulas, os candidatos a contratante podem convencionar as consequências jurídicas da violação de deveres jurídicos, restringindo a incidência do princípio da reparação integral do dano[406], previsto no artigo 944 do Código Civil.

[404] De acordo com Giovanni Ettore Nanni, "*a autonomia privada atribui aos privados uma competência para determinar o âmbito do que é juridicamente relevante e a sua normatividade; seja também no âmbito das regras e requisitos dispostos ao legislador. Atribui a essas regras de direito privado uma característica de "regras do jogo*" (NANNI, Giovanni Ettore. "A evolução do direito obrigacional: a concepção do direito civil constitucional e a transição da autonomia da vontade para a autonomia privada". In: LOTUFO, Renan (coord.). *Cadernos de Direito Civil Constitucional.* Caderno 2, Curitiba: Ed. Juará, 2001, p. 170).

[405] BANDEIRA, Luiz Octávio Villela de Viana. *As cláusulas de não indenizar no direito brasileiro.* São Paulo: Ed. Almedina, 2016, p. 117.

[406] Note-se que a restrição ao princípio da reparação integral do dano pode decorrer de lei. Por exemplo, o parágrafo único do artigo 944 do Código Civil autoriza o juiz a reduzir por equidade a indenização devida, se o dano se mostrar excessivamente desproporcional à culpa do agente causador do dano. Outras restrições ao princípio da reparação integral do dano estão previstas nos artigos 750 e 928, parágrafo único, do Código Civil.

As cláusulas de não indenizar são instrumentos de grande utilidade, pois proporcionam maior segurança jurídica aos candidatos a contratante por permitir a prévia alocação de riscos. Em muitas situações, a alocação de riscos é determinante para a concretização de atividades econômicas.[407]

Em negociações, a lógica é a mesma. As negociações geram custos e riscos para todos os envolvidos. Assim, as cláusulas de não indenizar atuam como uma forma de alocar esses riscos, viabilizando a sua realização.

Em razão disso, elas são muito comuns em documentos firmados em negociações de operações de fusões e aquisições. Nesse sentido, Wanderley Fernandes explica que:

> é bastante comum a inclusão, em memorandos de entendimentos, ainda em fase de tratativas, de cláusulas com o propósito de definir os contornos da responsabilidade pelos danos que as partes possam causar entre si, em particular no tocante à ruptura imotivada e abrupta das negociações. Em negociações complexas, como a aquisição de empresas ou a formação de *joint ventures*, é frequente as partes incluírem cláusulas limitando a indenização ou afastando totalmente o dever de indenizar os danos – despesas e custos de transação – pela desistência do negócio[408].

Veja, a seguir, alguns exemplos dessas cláusulas:

> (**exemplo 1**) Até que se verifiquem as condições necessárias para a realização do negócio, as signatárias poderão interromper a qualquer momento os entendimentos em curso, sem que seja devida nenhuma penalidade ou indenização.[409]

[407] A esse respeito, Luiz Octávio Villela de Viana Bandeira explica que "*a segurança jurídica advinda da possibilidade de se convencionar as consequências que serão submetidas às partes negociantes repercute no ponto de vista da organização da atividade economia dos agentes. Como as consequências já são preconcebidas pelas partes, dentro dos limites autorizados pelo sistema normativo, é possível fazer projeção de custos da atividade, notadamente aqueles encargos que decorrerão da tomada de riscos inerentes ao desenvolvimento da atividade econômica. (...) é possível ainda ressaltar que alguns empreendimentos só são realizados na medida em que os agentes econômicos possam afastar os prejuízos inerentes a determinada atividade, tendo-se em conta que a assunção de um risco muito grande poderia tornar o empreendimento inviável*" (Bandeira, Luiz Octávio Villela de Viana. *Op. cit.*, p. 120).

[408] Fernandes, Wanderley. *Cláusulas de exoneração e de limitação de responsabilidade*. São Paulo: Ed. Saraiva, 2013, pp. 167-168.

[409] Cláusula extraída de um documento confidencial.

(**exemplo 2**) Qualquer das partes poderá terminar estas negociações a qualquer tempo, mediante notificação por escrito às outras partes; no entanto, a parte que o causar deverá arcar com os custos legais e de *due diligence* no limite descrito neste *Term Sheet*.[410]

No geral, essas cláusulas vêm acompanhadas de cláusulas prevendo o direito de os candidatos a contratante de encerrar as negociações a qualquer momento e por qualquer motivo.

No exemplo 1 de cláusula, os candidatos a contratante visam se exonerar de qualquer responsabilidade pelo encerramento das negociações. Já no exemplo 2 de cláusula, os candidatos a contratante buscam limitar a sua obrigação de indenizar no caso de encerramento das negociações, restringindo-a ao pagamento de indenização consistente nos custos legais e custos com auditoria.

a) Natureza jurídica

Essas cláusulas têm natureza de contrato temporário, pois são acordos de vontades entre os candidatos a contratante visando à produção do seguinte efeito jurídico até o encerramento das negociações: exonerar ou limitar a obrigação de indenizar dos candidatos a contratante no curso das negociações, caso seja configurada a responsabilidade pré-contratual. O efeito patrimonial das cláusulas de não indenizar é inquestionável.[411]

Alguns autores vão além e classificam as cláusulas de não indenizar relacionadas à responsabilidade extracontratual como contratos aleatórios[412]

410 Cláusula extraída de <http://www.anjosdobrasil.net>. Acesso em: 13 de agosto de 2016.

411 A respeito da natureza das cláusulas de exoneração e de limitação de responsabilidade, Wanderley Fernandes esclarece que "*tomamos, de início, como via de argumentação o fato de que não teríamos, ainda, um contrato, porque inexiste uma operação econômica, como um deslocamento patrimonial, na forma definida por Enzo Roppo. Porém, esse caminho nos reconduziria a um debate anacrônico no que tange à distinção entre contratos e meras convenções, ou teríamos de ressuscitar a figura do quase contrato. Ademais, ao definir os limites da indenização, esse pacto teria um efeito patrimonial inconteste, de maneira que não poderíamos negar a natureza contratual de referida convenção*" (Fernandes, Wanderley. *Cláusulas de exoneração e de limitação de responsabilidade.* São Paulo: Ed. Saraiva, 2013, p. 169).

412 Letícia Marquez de Avelar explica que "*a convenção por meio da qual se afasta ou se mitiga eventual dever de indenizar de origem não contratual constitui apenas uma cláusula acessória de um contrato, mas, sim, o próprio contrato. Por meio dele, excepciona-se ou a regra geral continua no caput do artigo 927 do Código Civil brasileiro ou a do parágrafo único do mesmo dispositivo – ou ambas ainda -, avençando-se que, em caso de uma parte vir a causar dano à outra, ficará aquela parcial ou totalmente*

por estarem relacionadas a um fato futuro, qual seja, a possível ocorrência do dano.[413]

Esclareça-se que o fato de as cláusulas de não indenizar terem natureza contratual não influencia na natureza da responsabilidade pré-contratual, que continua sendo extracontratual. Nesse sentido, afirma António Pinto Monteiro que:

> uma coisa é a convenção de irresponsabilidade, em si mesma, outra, a situação a que ela se reporta, pois a simples circunstância de se estipularem cláusulas sobre responsabilidade civil (nas palavras de Pessoa Jorge) não significa que esta seja necessariamente obrigacional: não é o facto de estar contemplada em um contrato que torna contratual a responsabilidade (...)[414].

Apesar de o contrato definitivo ainda não existir nas negociações, estas representam uma relação especial prévia entre os candidatos a contratante, consistente em uma modalidade de contato social intermediária localizada entre a relação contratual e a simples relação social.

Sendo as negociações uma relação prévia entre os candidatos a contratante, é possível que eles regulem entre si os efeitos dessa relação, limitando ou excluindo eventual dever de indenizar decorrente da responsabilidade pré-contratual.[415]

exonerada do dever de reparar. Trata-se, pois, de um negócio jurídico bilateral, sendo imprescindível que haja consentimento expresso das duas partes contratantes. E não apenas é um contrato (negócio jurídico bilateral) como é também um contrato bilateral – segundo lição de Caio Mário já referida no item 8.1.1, do Capítulo 8, da Segunda Parte -, visto que, à renúncia do credor à eventual indenização deverá corresponder uma obrigação a ser cumprida pelo devedor, que se traduz em vantagem a compensar a renúncia. (...) E, na subdivisão entre comutativos e aleatórios que se admite para os contratos bilaterais, a espécie de contrato que ora se cogita é aleatório. (...) Ora, o acontecimento incerto, no caso da convenção de não indenizar pactuada na responsabilidade extracontratual, é justamente a possível ocorrência do dano, que, sem a convenção, obrigaria o lesante a pagar indenização ao lesado. A incerteza do dano faz, portanto, com que o contrato seja aleatório (...)" (AVELAR, Letícia Marquez de. *A cláusula de não indenizar: uma releitura do instituto à luz do atual código civil brasileiro.* Dissertação de mestrado defendida na Faculdade de Direito da Universidade de São Paulo. São Paulo: 2011, pp. 222-223).

[413] Nesse sentido: MARQUEZ DE AVELAR, Letícia. *A cláusula de não indenizar: uma releitura do instituto à luz do atual código civil brasileiro.* Dissertação de mestrado defendida na Faculdade de Direito da Universidade de São Paulo. São Paulo: 2011, p. 223; BANDEIRA, Luiz Octávio Villela de Viana. *Op. cit.*, p. 193.

[414] MONTEIRO, António Pinto. *Cláusulas limitativas e de exclusão de responsabilidade civil.* Coimbra: Ed. Almedina, pp. 398-399.

[415] FERNANDES, Wanderley. *Cláusulas de exoneração e de limitação de responsabilidade.* São Paulo: Ed. Saraiva, 2013, p. 168.

A responsabilidade extracontratual[416] somente não poderia ser regulada pelos candidatos a contratante, se não existisse entre eles uma relação prévia. A esse respeito, Wanderley Fernandes ensina que "*a validade das cláusulas para a responsabilidade extracontratual dependerá sempre das circunstâncias fáticas, sendo plenamente eficazes quando o dano for causado no curso da execução do contrato ou já existir uma relação estabelecida entre as partes – condomínio, compáscuo ou responsabilidade pré-contratual. Porém, não poderão ser admitidas quando o dano decorrer do mero contato social em que prevalecer o dever geral de neminem laedere entre partes indeterminadas*"[417].

b) Eficácia

A eficácia típica das cláusulas de não indenizar é justamente afastar ou limitar eventual obrigação dos candidatos a contratante de indenizar devido à configuração de responsabilidade pré-contratual.

No entanto, a eficácia das cláusulas de não indenizar estará comprometida se afetar as consequências da responsabilidade resultante de dolo ou culpa grave ou se contrariar princípios de ordem pública para alcançar direitos de ressarcimento de danos à integridade física da pessoa humana.[418]

No próximo capítulo deste trabalho, as cláusulas de não indenizar serão analisadas de forma mais aprofundada em conjunto com a responsabilidade pré-contratual, para assim se apurar os efeitos delas efetivamente decorrentes no caso de encerramento litigioso das negociações.

5.4.6. Resolução de disputas

Nas cláusulas de resolução de disputas, os candidatos a contratante podem estabelecer que eventuais conflitos decorrentes do documento serão resolvidos por arbitragem ou, se resolvidos pelo Poder Judiciário, o foro de eleição. Veja, a seguir, alguns exemplos dessas cláusulas:

> **(exemplo 1)** Any disputes hereunder shall be resolved by senior executives of X and the Sellers and if the dispute remains unresolved, the

[416] A doutrina majoritária defende que a responsabilidade pré-contratual tem natureza extracontratual, conforme explicado no capítulo 2 deste trabalho.

[417] FERNANDES, Wanderley. *Cláusulas de exoneração e de limitação de responsabilidade*. São Paulo: Ed. Saraiva, 2013, pp. 168-169.

[418] FERNANDES, Wanderley. *Cláusulas de exoneração e de limitação de responsabilidade*. São Paulo: Ed. Saraiva, 2013, p. 169.

matter shall be submitted to the courts of São Paulo, State of São Paulo, Brazil.[419]

(**exemplo 2**) Arbitragem. Qualquer controvérsia resultante ou relativa a esta Carta de Entendimentos será resolvida de boa-fé pelas Partes, tão logo seja possível. No caso de as Partes não conseguirem resolver tal controvérsia, cada Parte poderá submeter a controvérsia a arbitragem, e a controvérsia será exclusiva, definitiva e finalmente resolvida por meio de, arbitragem, de acordo com o regulamento da Câmara de Comércio Internacional ("CCI"). A arbitragem será conduzida na Cidade de São Paulo, Estado de São Paulo, perante a CCI, e será realizada no idioma português.[420]

(**exemplo 3**) As Partes envidarão esforços visando solucionar de forma amigável e por consenso os desentendimentos ou conflitos oriundos da interpretação e/ou implementação do disposto neste Memorando. Neste sentido, as Partes, desde já, obrigam-se a agir da seguinte forma:

(i) caso as Partes, depois de discussão por período de três dias úteis, não alcancem solução amigável com relação a algum conflito, deverá este assunto ser submetido à alta administração de cada uma das Partes;

(II) a alta administração das Partes terá prazo de três dias úteis, contados da data em que o referido assunto lhes foi submetido, para tentar chegar a um consenso;

(iii) na impossibilidade de consenso, o conflito em questão deverá ser submetido a um Tribunal Arbitral, no prazo de dez dias úteis contados da notificação de uma Parte à outra neste sentido, nos termos da Lei n. 9.307, de 23 de setembro de 1996 e do Regulamento da Câmara FGV de Conciliação e Arbitragem da Fundação Getúlio Vargas ("Regulamento").[421]

a) Natureza jurídica

As cláusulas de resolução de disputas são negócios jurídicos processuais, os quais foram devidamente reconhecidos no ordenamento jurídico por meio do artigo 190[422] do Código de Processo Civil de 2015.

419 Cláusula extraída de um documento confidencial.

420 Cláusula extraída de um documento confidencial.

421 Cláusula prevista no memorando de entendimentos discutindo no recurso de apelação n. 0291669-94.2013.8.19.0001, 3a Câmara Cível do Tribunal de Justiça do Estado de São Paulo, Rel. Renata Machado Cotta, julgado em 21.8.2014.

422 O artigo 190 do Código de Processo Civil de 2015 autoriza as partes a firmarem convenções a respeito do procedimento judicial e das posições jurídicas processuais.

Os negócios jurídicos processuais são negócios jurídicos que objetivam a produção de efeitos jurídicos processuais. No caso de cláusulas de resolução de conflitos constantes em documentos firmados em negociações de operações de fusões e aquisições, o negócio jurídico será bilateral ou plurilateral.

Ao conceituar negócio jurídico processual, Eduardo Talamine explica que:

> trata-se de manifestações de vontade que têm por escopo a produção de específicos efeitos processuais, delineados por tais manifestações. O negócio jurídico, em si, pode ser feito dentro ou fora do processo. Importa é que ele produza efeitos processuais. Ele é fruto da vontade do(s) sujeito(s) que o celebra(m), e é por tal vontade modulado, quanto a conteúdo e efeitos. A rigor, os negócios jurídicos processuais podem ser atos bilaterais ou unilaterais. O negócio processual bilateral é fruto do ajuste de vontade de dois ou mais sujeitos (ou polos de sujeitos), que coordenadamente dispõem sobre suas respectivas posições processuais. Os negócios jurídicos bilaterais são também chamados de convenções processuais. Essa é a hipótese mais relevante em termos práticos (...)[423].

No caso da arbitragem, o efeito jurídico processual pretendido pelos candidatos a contratante é retirar do Poder Judiciário a resolução de um determinado conflito, atribuindo-o a um juiz privado, em um processo por eles delineado.[424]

Já no caso da eleição de foro, o efeito jurídico processual pretendido pelos candidatos a contratante é determinar a competência relativa territorial de determinado conflito.

[423] TALAMINI, Eduardo. "Um processo para chamar de seu: nota sobre os negócios jurídicos processuais". Disponível em: http://www.justen.com.br/pdfs/IE104/Eduardo-um%20processo-pra-chamar.pdf. Acesso em: 3 de janeiro de 2017.

[424] Nesse sentido, explica Eduardo Talamine que "*a arbitragem foi a fonte de inspiração – ou fator de incentivo – para o legislador instituir essa possibilidade de ampla formatação voluntária do processo judicial. O raciocínio subjacente a cláusula geral de negócios jurídicos processuais estabelecida no art. 190 é o seguinte: se as partes podem até mesmo retirar do Judiciário a solução de um conflito, atribuindo-a a um juiz privado em um processo delineado pela vontade delas, não há porque impedi-las de optar por manter a solução do conflito perante o juiz estatal, mas em um procedimento e (ou) processo também por elas redesenhado*" (TALAMINI, Eduardo. "Um processo para chamar de seu: nota sobre os negócios jurídicos processuais". Disponível em: http://www.justen.com.br/pdfs/IE104/Eduardo-um%20processo-pra-chamar.pdf. Acesso em: 3 de janeiro de 2017).

Conforme mencionado anteriormente, as negociações consistem em um contato social entre os candidatos a contratante, situado entre a relação contratual e a simples relação social, que gera uma relação jurídica especial prévia.

Diante da existência dessa relação jurídica especial prévia, é possível que os candidatos a contratante firmem cláusulas de resolução de conflito, elegendo a arbitragem ou o foro competente para resolver eventual conflito decorrente do documento firmado durante as negociações.

b) Eficácia

A eficácia típica das cláusulas de resolução de disputas é, no caso da arbitragem, vincular os candidatos a contratante a submeterem eventual conflito à arbitragem, retirando-o do Poder Judiciário.

No caso da cláusula de eleição de foro, a sua eficácia típica é vincular os candidatos a contratante a resolver eventual conflito no foro por eles eleito como competente (vinculação quanto à competência relativa territorial).

Percebe-se que as cláusulas de resolução de disputas transcritas acima a título exemplificativo restringem o seu campo de aplicabilidade aos conflitos decorrentes dos documentos firmados durante a fase de negociação da operação.

Entretanto, eventual conflito relativo à fase pré-contratual certamente exigirá a análise de outros elementos que circundam os documentos firmados durante as negociações, especialmente se eles abrangerem as condições do negócio (o que, provavelmente, ocorrerá) – por exemplo, o comportamento posterior dos candidatos a contratante.

Conforme será demonstrado no capítulo VI deste trabalho, vários elementos são analisados para se apurar eventual existência de responsabilidade pré-contratual, sendo os documentos firmados durante as negociações apenas mais um deles.

Tais elementos estarão abrangidos pela cláusula de resolução de disputas, pois eles devem ser interpretados a luz do disposto nos documentos firmados durante as negociações, especialmente pelo fato de esses documentos serem geralmente a base das negociações.[425]

[425] No seguinte julgado, o Tribunal do Estado do Rio de Janeiro tratou do tema ao analisar um memorando de entendimentos firmado no âmbito de negociação de operação de fusões e aquisições: recurso de apelação n. 0291669-94.2013.8.19.0001, 3a Câmara Cível do Tribunal de Justiça do Estado de São Paulo, Rel. Renata Machado Cotta, julgado em 21.8.2014.

5.5. A natureza jurídica e eficácia das cláusulas cuja função é definir aspectos do contrato definitivo

Os documentos firmados em negociações de operações de fusões e aquisições geralmente apresentam cláusulas definindo alguns aspectos do contrato definitivo.

O propósito dessas cláusulas é o de deixar registrado por escrito (ou "punctuar") o entendimento dos candidatos a contratante em relação aos principais aspectos do pretendido negócio, em determinado estágio da negociação.[426]

Em operações complexas, colocar os termos do negócio por escrito auxilia os candidatos a contratante a verificar se as suas expectativas em relação ao negócio estão condizentes ou não. Ademais, mesmo nas situações em que os candidatos a contratante expressamente optam (como veremos a seguir) por não atribuir caráter jurídico vinculante a tais cláusulas, ainda assim, há um certo pressuposto "moral" de que os termos lá escritos foram negociados e acordados e, portanto, não serão revistos, exceto se fatos novos vierem a justificar alterações[427].

No geral, as cláusulas cuja função é estabelecer aspectos do contrato definitivo costumam indicar o objeto do contrato definitivo, a estrutura da operação, o preço, a forma de pagamento do preço e/ou outros aspectos do contrato definitivo que são de grande importância para os candidatos a contratante em operações de fusões e aquisições.

Com relação à estrutura, antes de firmar documentos no curso das negociações, os candidatos a contratante costumam ter conhecimento de parte substancial da estrutura da operação a ser negociada.

Ou seja, muitas vezes os candidatos a contratante já sabem, por exemplo, se irão realizar uma incorporação de ações ou uma alienação de ativos, bem como a quantidade de quotas a ser adquirida, etc.

[426] Segundo Mary Grün, "*muitas etapas e incertezas deverão ser superadas até que se forme o consenso que dará origem ao contrato definitivo. Para que as partes possam prosseguir nas tratativas, evitando a possibilidade de tornar a discutir os pontos já acordados, elas lançam mão das cartas de intenções contendo acordos parciais*" (GRÜN, Mary. *Op. cit.*, p. 71).

[427] "*There are several reasons why letters of intent are used. (...)The parties may also feel morally, if not legally, obligated to key terms once they are set down in writing. Sometimes the deal terms are sufficiently complicated that it is helpful to put them down in writing to ensure that the buyer and seller have consistent expectations.*" (*Ancillary Document B – Letter of Intent*, In: *Model Stock Purchase Agreement*, Second Edition, ABA Book Publishing, 2010).

Um ou outro ponto com relação à estrutura da operação de fusões e aquisições pode permanecer em aberto. Entretanto, no geral, parte substancial da estrutura já está definida, aguardando apenas confirmação. Assim, é comum os candidatos a contratante incluírem nos documentos firmados em negociações cláusulas retratando a estrutura da operação. Veja, a seguir, alguns exemplos dessas cláusulas:

> (**exemplo 1**) Dando prosseguimento às nossas reuniões, entendemos que os acionistas abaixo assinados de X concordaram com a realização de uma combinação de negócios com Y, sociedade atualmente detentora do controle acionário Z, dentre outras. A operação consiste na incorporação de 100% (cem por cento) das ações emitidas pela X em Y (a "Incorporação de Ações" ou "Operação"). Nesse sentido, o intuito dessa carta de entendimentos e de seus anexos (a "Carta de Entendimentos") é resumir os principais termos e condições segundo os quais os acionistas de X se tornarão, imediatamente após a Incorporação de Ações, acionistas de Y com uma participação societária total de 30% no capital social total de Y (incluindo 27% de ações ordinárias), de acordo com as disposições contidas no Anexo I ("Sumário de Termos e Condições").[428]
>
> (**exemplo 2**) This letter will confirm that __________ ("Buyer") is interested in acquiring all the outstanding capital stock (the "Shares") of __________ (the "Company") from you ("Sellers"), all the Company's shareholders. In this letter, (a) the Company and its subsidiaries are called the "Acquired Companies," and (b) Buyer's possible acquisition of Shares (or other acquisition of the Company) is sometimes called the "Possible Acquisition.[429]

Além da estrutura da operação, antes de firmar os documentos no curso das negociações, os candidatos a contratante também já têm uma estimativa (ou, por vezes, a definição) do preço envolvido na operação, bem como da forma de pagamento. Assim, é comum a inclusão de cláusulas relacionadas ao preço e de sua forma de pagamento em documentos firmados na fase de negociação.

Naturalmente, os candidatos a contratante partem de diversos pressupostos para estimar o preço envolvido na operação. Por exemplo, a inexistência de passivos, de dívidas ou de contingências.

[428] Trecho extraído do "Modelo A" de memorando de entendimentos.

[429] *Ancillary Document B – Letter of Intent*, In: *Model Stock Purchase Agreement*, Second Edition, ABA Book Publishing, 2010.

Esses pressupostos, por impactarem diretamente no preço da operação, são geralmente investigados e confirmados no curso das negociações. Em seguida, ajustes são negociados no contrato definitivo visando manter o preço inicialmente estimado (por exemplo, por meio da inserção de cláusula de ajuste de preço a depender de dívida e capital de giro).

Veja, a seguir, alguns exemplos de cláusulas indicando o preço envolvido na operação e a forma de seu pagamento:

> (**exemplo 1**) Considerando as informações a que tivemos acesso até o momento e as premissas acima mencionadas, X e Y oferecem, pelas Participações Societárias, o valor total de R$ __, dividido da seguinte forma: (i) R$ __ a serem investidos no Projeto por meio de subscrição e integralização de novas ações ("Aquisição Primária") e (ii) R$ __ a serem pagos diretamente a Z pela aquisição de ações existentes de propriedade de Z ("Aquisição Secundária") (em sua totalidade, "Preço"). Os valores mencionados no Item acima consideram a inexistência de passivos, dívidas ou contingências de qualquer natureza (*enterprise value*). Z indenizará X e Y por todo e qualquer passivo, dívida ou contingência relacionados ao Projeto que tenham como fato gerador atos ou fatos anteriores à data de consumação da operação aqui contemplada. Para a Aquisição Primária, X e Y comprometem-se a realizar o pagamento da seguinte forma: (a) R$ __, a serem aportados em __ na Data de Fechamento; e, (b) R$ __, os quais serão aportados, a partir da Data de Fechamento, em __, conforme cronograma de investimentos e estrutura financeira aprovados de comum acordo entre as partes.[430]
>
> (**exemplo 2**) X is willing to pay up to R$ [__] (on a cash-free, debt-free basis) for all of the quotas of the Companies (the "Purchase Price"). The Purchase Price would be payable in the following manner: a) at the closing, X would pay Sellers R$ __ in cash, subject to adjustments for indebtedness and working capital and less Transaction Expenses (defined below); and b) at the closing, X would deposit R$ __ ("Escrow Amount") with a third party escrow agent in accordance with the principal terms set out in the "Escrow" section below.[431]
>
> (**exemplo 3**) The Purchase Price would be $__ (subject to adjustment as described below) and would be paid in the following manner: (a) at the Closing, Buyer would pay Sellers $___ in cash; (b) at the Closing, Buyer would

[430] Cláusula extraída de um documento confidencial.

[431] Cláusula extraída de um documento confidencial.

> deposit with a mutually acceptable escrow holder $__, which would be held in escrow for a period of at least __ years in order to secure the performance of Sellers' obligations under the Definitive Agreement; and (c) at the Closing, Buyer would execute and deliver to each Seller an unsecured nonnegotiable promissory note. The promissory notes to be delivered to Sellers by Buyer would have an aggregate principal amount of $__, bear interest at the rate of __ % per annum, mature on the __ anniversary of the Closing, and provide for __ equal [annual] [quarterly] payments of principal along with [annual] [quarterly] payments of accrued interest. The Purchase Price assumes that the Acquired Companies have consolidated shareholders' equity of at least $__ as of the Closing. The Purchase Price would be adjusted based on changes in the Acquired Companies' consolidated shareholders' equity as of the Closing on a dollar- for-dollar basis.[432]

Além da estrutura da operação, do preço e de sua forma de pagamento, os candidatos a contratante podem também incluir nos documentos firmados em negociações cláusulas estabelecendo outros pontos consensuais acerca do contrato definitivo e que são de grande relevância para eles. Veja, a seguir, alguns exemplos dessas cláusulas:

> (**exemplo 1**) Non-solicitation: each Seller would agree not to solicit or hire any of the Companies`s directors, officers or employees for a period of five (5) years after the closing.[433]
>
> (**exemplo 2**) Non-competition: each Seller would agree not to compete in Brazil with the businesses of the Companies for a period of five (5) years after the closing.[434]
>
> (**exemplo 3**) The Quota Purchase Agreement would include customary covenants regarding the conduct of Sellers and the Companies between the execution of the Quota Purchase Agreement and closing including among other things, covenants to operate the businesses in the ordinary course and make reasonable efforts to preserve intact the business organizations of the Companies.[435]

[432] Cláusula extraída de: *Model Stock Purchase Agreement*, Second Edition, ABA Book Publishing, 2010.

[433] Cláusula extraída de um documento confidencial.

[434] Cláusula extraída de um documento confidencial.

[435] Cláusula extraída de um documento confidencial.

> (**exemplo 4**) The Quota Purchase Agreement would include customary closing conditions to be satisfied before the parties are obligated to close the Proposed Transaction, including among other things, (i) receipt of all consents and approvals of any governmental bodies, lenders, lessors and other third parties necessary for the consummation of the Proposed Transaction, (ii) continued accuracy of representations and warranties and compliance with pré-closing covenants, (iii) absence of any material adverse effect on or with respect to the Companies or their businesses, (iv) execution of employment agreements by the Sellers and certain other key employees, (v) no losses of key suppliers or customers; and (vi) full payment of indebtedness from/against the Companies.[436]

Como se pode perceber, os candidatos a contratante podem já acordar nos documentos firmados em negociações os mais variados aspectos do contrato definitivo, tendo em vista a sua importância para o prosseguimento da negociação. Por exemplo, as condições precedentes (exemplos 3 e 4 acima), cláusulas de não concorrência (exemplo 2 acima), cláusulas de não aliciamento de funcionários (exemplo 1 acima), dentre outros.

Vale frisar que, especialmente em negociações mais avançadas, é bastante usual a inclusão de um sumário (no corpo do documento ou em um anexo) dos termos e condições do contrato definitivo e do negócio que já tenham sido negociados e acordados entre os candidatos a contratante (tais como, declarações e garantias, indenizações, obrigações, condições precedentes ao fechamento, entre outros).

Em *joint ventures*, por exemplo, os principais aspectos da potencial parceria costumam ser objeto de um *term-sheet*, que conterá as principais regras de governança, direitos e deveres de cada parceiro e cláusulas de saída da parceria.

a) Natureza jurídica

As cláusulas definindo aspectos do contrato definitivo terão natureza jurídica de contrato nas situações em que elas estiverem inseridas em documentos do qual também fazem parte cláusulas indicando a vinculação dos candidatos a contratante à celebração do contrato definitivo e, ainda, estiverem presentes os elementos essenciais do contrato definitivo.[437] Isso

[436] Cláusula extraída de um documento confidencial.

[437] Ressalte-se que é possível que os candidatos a contratante não esclareçam, de forma expressa, no documento firmando nas negociações quais cláusulas do documento serão vincu-

porque, nessa situação, essas cláusulas estariam incluídas em verdadeiro contrato preliminar, o que determinaria a sua natureza contratual.[438]

Já nos casos em que as cláusulas definindo aspectos do contrato definitivo constarem em documentos em que (i) não há a obrigação dos candidatos a contratante de celebrar o contrato definitivo ou (ii) tal obrigação existe, mas não estão presentes os elementos essenciais do contrato definitivo (não configurando contrato preliminar), a natureza jurídica delas será de mera declaração.

Serão declarações na primeira situação, pois, diante da manifesta intenção de não se vincular, tais cláusulas representam atos de vontade dos candidatos a contratante, destinados apenas a informar, antecipar ou a esclarecer determinados aspectos de eventual contrato definitivo objeto da negociação.[439]

lantes (*binding*) e quais delas não serão (*non binding*). Na ausência de tal previsão, parte-se do pressuposto que os candidatos a contratante desejam se vincular aos termos dos documentos, já que, via de regra, ao assinar um documento, consentindo com as suas disposições, é razoável assumir que foi a intenção das partes se vincular pelo que foi acordado (e que, caso não fosse essa a intenção, teriam estipulado expressamente a sua não vinculação). Não há que se confundir, contudo, a vinculação aos termos do documento firmado em negociações (isto é, a celebração de um documento vinculante), com a assunção de uma obrigação de contratar. É possível que haja a celebração de um documento vinculante (contendo, por exemplo, obrigações de confidencialidade e exclusividade), sem que haja qualquer assunção pelos candidatos a contratante de uma obrigação de celebrar o contrato definitivo.

438 Para Cristiano de Sousa Zanetti, "*os contratos parciais propiciam a formação de determinado contrato definitivo em estágios sucessivos, cujas cláusulas, assim, vão sendo paulatinamente estabelecidas (...). Para que um contrato possa ser considerado parcial, portanto, deve conter pelo menos uma cláusula do contrato definitivo a ser futuramente formado. (...) Tais contratos parciais atendem a um duplo objetivo prático. De um lado, permitem que as partes não estejam vinculadas até chegarem a um consenso com relação a todos os pontos, ficando mantida assim a liberdade de tratar. De outro, tornam irretratáveis as declarações atinentes a alguns pontos, ficando contratado desde logo que, caso seja atingido o consenso com relação aos pontos faltantes, estará formado o contrato, sem necessidade de qualquer outra declaração e sem possibilidade de serem unilateralmente modificadas as precedentes*" (ZANETTI, Cristiano de Sousa. *Responsabilidade pela Ruptura das Negociações.* São Paulo: Ed. Juarez de Oliveira, 2005, p. 23).

439 A respeito das declarações, Francisco de Crescenzo Marino explica que "*estas declarações possuem função meramente complementar ou instrumental em relação ao conteúdo ("função meramente semântica, comunicativa e representativa daquele conteúdo, ao qual, por sua natureza, remete), o que permite afirmar que a declaração, aqui, ao contrário do que se dá nos demais casos, serve de simples instrumento transmissor do pensamento*" (MARINO, Francisco de Crescenzo. *Interpretação do negócio jurídico.* São Paulo: Ed. Saraiva, 2011, pp. 77-78).

539 ZANETTI, Cristiano de Sousa. *Responsabilidade pela Ruptura das Negociações.* São Paulo: Ed. Juarez de Oliveira, 2005, p. 23.

Já na segunda situação, essas cláusulas serão declarações, pois a vinculação contratual dos candidatos a contratante com relação a elas fica condicionada à eventual concordância a respeito dos demais elementos faltantes do contrato definitivo.

Por serem meras declarações, elas podem ser enquadradas na categoria de ato jurídico em sentido estrito, que foi estudada no item 5.3.2 deste trabalho. Isso porque os efeitos jurídicos decorrentes delas serão indiretos, resultando da lei[440], em especial do princípio da boa-fé objetiva.[441]

Esclareça-se que, em um primeiro momento, seria possível entender essas cláusulas como negócios jurídicos, pois há nelas um acordo de vontades visando um efeito jurídico. Ocorre, no entanto, que o efeito jurídico almejado pelos candidatos a contratante é exatamente que essas cláusulas não tenham efeito jurídico, não havendo, portanto, declaração negocial. Em razão disso, há ato jurídico em sentido estrito e não negócio jurídico, pois elas produzirão somente efeitos indiretos, por exemplo, auxiliarão na interpretação.[442] Independentemente da classificação da natureza jurídica

[440] Lei é entendida aqui em sentido amplo, como ordenamento jurídico.

[441] Adota-se aqui a posição de Antonio Junqueira de Azevedo em sua obra "Negócio Jurídico e Declaração Negocial" quanto à natureza jurídica de ato jurídico em sentido estrito das declarações de vontade não negociais. Nesse sentido, cf.: (i) JUNQUEIRA DE AZEVEDO, Antonio. *Negócio jurídico e declaração negocial: noções gerais e formação da declaração negocial.* Doutorado em Direito Civil pela Faculdade de Direito da Universidade de São Paulo, 1986, pp. 36 e 42; (ii) MARINO, Francisco de Crescenzo. *Op. cit.*, p. 77.

[442] Nesse sentido, explica Antonio Junqueira de Azevedo que "*há, porém, declaração de vontade; há vontade de obter efeitos; mas esse tipo de acordo não é destinado a produzir diretamente efeitos jurídicos. O 'molde', em que o acordo é versado, é, por escolha das partes, justamente, um molde não-jurídico. Não há declaração negocial. (...) Se a vontade exigida é, como dizem alguns, a de obter efeitos práticos, as partes querem esses efeitos e assim declaram querer; logo, haveria negócio jurídico. Se a vontade é de obter efeitos jurídicos, tem-se que sustentar que o caso é de negócio jurídico em que as partes escolhem, como efeito jurídico, que o negócio não tenha efeito jurídico (e, então, fica sem explicação por que o fizeram). Um acordo de cavalheiros pode ter efeitos jurídicos indiretos; por exemplo para interpretação de um negócio jurídico ou, mesmo, como ato ilícito de prática de concorrência desleal. É, pois, um ato jurídico em sentido estrito, do tipo declaração de intenção. Semelhante aos acordos de cavalheiros, têm sido feitos, em negociações muito difíceis de divisão ou partilha, e em tratativas de contratos complexos, 'protocolos de intenção' ou 'minutas', que também não têm caráter jurídico. (...) Desses protocolos ou catas de intenção, devem, naturalmente, ser cuidadosamente distinguidos os contratos preliminares ou pré-contratos, que têm caráter jurídico e vinculam as partes: o efeito jurídico dos últimos é criar a obrigação de realizar o contrato definitivo*" (JUNQUEIRA DE AZEVEDO, Antonio. *Negócio jurídico e declaração negocial: noções gerais e formação da declaração negocial.* Doutorado em Direito Civil pela Faculdade de Direito da Universidade de São Paulo, 1986, pp. 41-42).

dessas cláusulas, na prática, a eficácia delas será a mesma, o que será analisado a seguir.

b) Eficácia

A eficácia típica das cláusulas estabelecendo aspectos do contrato definitivo, cuja natureza jurídica é de contrato, será a de obrigar os candidatos a contratante a celebrar o contrato definitivo respeitando os aspectos a ele relacionados que foram previamente acordados. Ou seja, os candidatos a contratante estarão vinculados ao conteúdo do contrato definitivo acordado nos documentos firmados em negociações.

Nos casos em que as cláusulas estabelecendo aspectos do contrato definitivo tiverem natureza de declaração, do ponto de vista jurídico, elas não vincularão diretamente os candidatos a contratante (haverá apenas um pressuposto "moral" de que os seus termos acordados não serão revistos, exceto se fatos novos vierem a justificar alterações).

De todo modo, tais declarações serão elementos de interpretação da expectativa gerada entre os candidatos a contratante, da existência de eventual obrigação de celebrar o contrato definitivo ou de negociar, ou mesmo da existência de eventual responsabilidade civil.[443]

Independentemente de sua classificação como contrato ou como mera declaração, as cláusulas que têm por função definir os aspectos do contrato definitivo serão igualmente elementos que permitirão a avaliação da expectativa gerada entre os candidatos a contratante durante as negociações e, por consequência, de eventual existência de responsabilidade pré-contratual ou de obrigação de celebrar o contrato definitivo.

Isso porque, no caso das cláusulas inseridas em contratos preliminares, diante do princípio da liberdade contratual, não será possível forçar o candidato a contratante a firmar o contrato definitivo seguindo os seus termos, se inexistiu consenso na negociação com relação a outros aspectos essenciais do negócio, que não podem ser supridos pelo juiz em execução específica. Nessa situação, essas cláusulas somente auxiliarão na

443 Segundo Francisco de Crescenzo Marino, "*declarações, portanto, podem ser definidas como atos jurídicos cujo evento é psíquico e relativo ao destinatário. Caracterizam-se, assim, pelo fato de se concretizarem no espírito alheio, mediante modificação na mente do destinatário. A partir desta definição, exsurge a clara vocação das declarações para a função representativa ou semântica e, como tal, para servirem de termos objetivos de processos interpretativos*" (MARINO, Francisco de Crescenzo. *Op. cit.*, p. 76).

apuração da expectativa gerada entre os candidatos a contratante durante as negociações.

Esclareça-se que a exceção estará nos casos em que essas cláusulas integrarem um contrato preliminar de força forte ou média[444]. Nessas situações, elas não possibilitarão somente a avaliação da expectativa gerada entre os candidatos a contratante. Elas também poderão ser objeto de execução específica.

A classificação das cláusulas como contratos ou meras declarações terá impacto na apuração de eventual responsabilidade pela ruptura das negociações, quando o motivo da ruptura for futura discordância a respeito de aspectos do contrato definitivo que já haviam sido previamente acordados.

Segundo Regis Fichtner[445], existem dois "*requisitos cumulativos para o reconhecimento da responsabilidade pela ruptura das negociações contratuais: a) a inexistência de um justo motivo para a ruptura; b) a criação de uma razoável confiança na conclusão do contrato para a parte prejudicada pela interrupção*"[446].

Nesse contexto, no caso de encerramento das negociações por futura discordância a respeito de aspecto do contrato definitivo previamente acordado, as cláusulas de natureza contratual permitiriam a configuração da responsabilidade pela ruptura das negociações de forma mais simples do que aquelas com natureza de declaração.

No geral, as cláusulas de natureza contratual, por si só, seriam fortes indícios da razoável confiança gerada no outro candidato a contratante em relação à iminência da celebração do contrato definitivo, bem como da inexistência (ao menos a princípio) de motivo legítimo para a ruptura, preenchendo-se todos os requisitos propostos por Regis Fichtner para a configuração da responsabilidade pela ruptura das negociações.

Já as cláusulas classificadas como meras declarações, diante da manifesta intenção dos candidatos a contratante de não se vincularem a elas, teriam de ser interpretadas em conjunto com outras provas para permitir a configuração da responsabilidade pré-contratual. Tais cláusulas não seriam, por si só, fortes indícios da confiança gerada no outro candidato a contratante, diante do seu caráter não vinculante.

[444] Vide item 3.3.1 acima.

[445] Os requisitos propostos por Regis Fichtner para a configuração da responsabilidade pela ruptura das negociações foram utilizados para facilitar a exposição do tema.

[446] PEREIRA, Regis Fichtner. *Op. cit.*, p. 321.

5.6. A natureza jurídica e a eficácia das cláusulas cuja função é auxiliar no gerenciamento das expectativas relacionadas à celebração do contrato definitivo

Os candidatos a contratante também costumam incluir em documentos firmados em negociações de operações de fusões e aquisições cláusulas cuja função é auxiliar no gerenciamento de expectativas relacionadas à celebração do contrato definitivo.

Essas cláusulas geralmente indicam a expectativa de cada um dos candidatos a contratante com relação ao processo de formação do contrato definitivo. Por exemplo, essas cláusulas indicam se os candidatos a contratante têm a intenção de se obrigar a celebrar o contrato definitivo ou de apenas negociar sem qualquer compromisso em relação a eventual celebração do contrato definitivo.

Assim, essas cláusulas auxiliam os candidatos a contratante a gerenciarem as suas expectativas durante o processo de formação de contrato definitivo, adotando medidas em conformidade com tais expectativas.

A seguir, serão analisadas as cláusulas mais recorrentes em documentos firmados em negociações de operações de fusões e aquisições, cuja função é auxiliar no gerenciamento de expectativas relacionadas à celebração contrato definitivo.

5.6.1. Cláusulas estabelecendo a existência ou não de vinculação dos candidatos a contratante aos termos do documento firmado em negociações e à celebração do contrato definitivo

As negociações de operações de fusões e aquisições são complexas, pois demandam a análise prévia de diversas questões, por exemplo, o nível de endividamento da empresa a ser adquirida, as possíveis contingências decorrentes do negócio, a estrutura da operação, entre diversos outros.

Diante de tantas informações a serem obtidas ou a serem confirmadas antes da celebração do contrato definitivo, os candidatos a contratante não costumam se vincular à celebração do contrato definitivo e aos aspectos do negócio até que se chegue a um estágio mais avançado nas negociações (ou mesmo até que se celebre o contrato definitivo).

Além disso, os candidatos a contratante geralmente desejam ter a flexibilidade de, caso seja necessário, poder revisitar e renegociar determinadas condições do negócio previstas na cláusula relativas aos termos e condições do contrato definitivo (explicada no item 5.5 acima).

Afinal, durante as negociações, novas questões comerciais, técnicas e jurídicas podem surgir e implicar na alteração de aspectos do negócio que haviam sido discutidos previamente ou até mesmo do interesse dos candidatos a contratante de realizar o negócio. Sobre a instabilidade na fase de negociações de operações de fusões e aquisições, Arnoldo Wald, Luiz Rangel de Moraes e Ivo Waisberg explicam que somente com a conclusão da fase de auditoria é que se pode:

> obter a melhor compreensão possível do negócio a ser adquirido ou 'combinado'; aumentar a possibilidade de uma escolha acertada; possibilitar ajustes no preço; realizar uma avaliação dos riscos da operação e do negócio; e reduzir a exposição do vendedor a eventuais reclamações do comprador, em caso de venda de ativos empresariais ou participações societárias.[447]

Assim, é muito comum em negociações de operações de fusões e aquisições que os candidatos a contratante firmem cláusulas determinando que não há qualquer obrigação vinculante entre eles quanto ao contrato definitivo.

Veja, a seguir, alguns exemplos dessas cláusulas:

> (**exemplo 1**) Obrigação Não-Vinculante. Nada contido no presente instrumento será interpretado de modo a obrigar as Partes a finalizar as negociações com relação à Operação ou a celebrar os Acordos Definitivos. Esta Carta de Entendimentos não vincula as Partes, exceto exclusivamente pelas disposições das Cláusulas [__], que vincularão as Partes de acordo com seus termos.[448]
>
> (**exemplo 2**) Esta proposta estabelece somente a intenção na implementação do Projeto e não constitui ou dará origem a qualquer obrigação vinculante entre X, Y e Z, exceto com relação ao disposto nos Itens [__] desta proposta. X e Y reconhecem que, ao expressar sua concordância com os termos desta proposta, Z não estará assumindo qualquer obrigação vinculante de celebrar os Contratos Definitivos e/ou de realizar o Projeto em conjunto com X e/ou Y.[449]

[447] WALD, Arnoldo; RANGEL DE MORAES, Luiz; e WAISBERG, Ivo. "Fusões, incorporações e aquisições – Aspectos societários, contratuais e regulatórios". In: *Fusão, cisão, incorporação e temas correlatos*. WARDE JÚNIOR, Walfrido Jorge (coord). São Paulo: Ed. Quartier latin, 2009, p 53.

[448] Cláusula extraída de um documento confidencial.

[449] Cláusula extraída de um documento confidencial.

(**exemplo 3**) The provisions of Paragraphs 1 through 4 of this letter are intended only as an expression of interest on behalf of Buyer, are not intended to be legally binding on any party or Acquired Company, and are expressly subject to the negotiation and execution of an appropriate Definitive Agreement. In addition, nothing in this letter should be construed as an offer or commitment on the part of Buyer to submit a definitive proposal. Except as expressly provided in Paragraphs 5 through 13 (or as expressly provided in any binding written agreement that the parties may enter into in the future), no past or future action, course of conduct, or failure to act relating to the Possible Acquisition, or relating to the negotiation of the terms of the Possible Acquisition or any Definitive Agreement, will give rise to or serve as a basis for any obligation or other liability on the part of the parties or any of the Acquired Companies.[450]

(**exemplo 4**) The parties agree that this letter is merely an expression of intent and neither party is under any legal obligation to the other unless and until a definitive Purchase Agreement is executed, except for (a) the provisions of paragraph 4, this paragraph 5, and paragraph 6 and (b) the confidentiality agreement executed by Buyer with respect to the confidential information of Company.[451]

(**exemplo 5**) Except for the provisions of sections [__], inclusive, each of which shall be deemed to be an agreement and binding upon the parties, it is understood that this Indicative Term Sheet does not constitute nor give rise to any legally binding commitment on the part of X, the Companies, the Sellers or any other third party.[452]

Note-se que na maioria dos exemplos acima mencionados há a previsão de que, exceto pelo disposto nas cláusulas X até Y (vide exemplo 2 acima), as demais disposições do documento não são vinculantes. Nessas situações, as cláusulas com efeito vinculante acima excetuadas são normalmente aquelas relacionadas à regulamentação das negociações (por exemplo, confidencialidade, exclusividade, etc.), que foram analisadas no item 5.4 desta obra.

450 Cláusula extraída de: Model Stock Purchase Agreement, Second Edition, ABA Book Publishing, 2010.

451 Cláusula extraída de: *Model Stock Purchase Agreement*, Second Edition, ABA Book Publishing, 2010.

452 Cláusula extraída de um documento confidencial.

No entanto, existem situações em que os candidatos a contratante almejam se vincular desde logo à celebração do contrato definitivo. Assim, incluem nos documentos firmados durante as negociações cláusulas determinando ser vinculante a celebração do contrato definitivo. Vejamos, a seguir, um exemplo dessa cláusula:

> (**exemplo 6**) This letter is a binding contract between X and Y`s shareholders and/or Y and/or their advisers. If this is not accepted, no party would have any obligation to any amount to the other, whether as reimbursement of costs or indemnification for damages.[453]

a) Natureza jurídica

As cláusulas determinando a existência ou não de vinculação dos candidatos a contratante aos termos dos documentos firmados em negociações relativos ao contrato definitivo têm natureza contratual.

Os candidatos a contratante buscam com essas cláusulas a produção do seguinte efeito jurídico: se obrigar ou não a celebrar o contrato definitivo, tendo como base o disposto nos documentos firmados durante as negociações.

b) Eficácia

A eficácia típica das cláusulas determinando a existência ou não de vinculação dos candidatos a contratante aos termos dos documentos firmados em negociações relativos ao contrato definitivo é (i) a criação de um vínculo obrigacional entre os candidatos a contratante de celebrar o contrato definitivo, tendo como base os termos a ele relativos já estipulados nos documentos firmados em negociações; ou (ii) a criação do direito de encerrar as negociações sem celebrar o contrato definitivo (mesmo que os termos do contrato definitivo estejam estipulados nos documentos firmados em negociações).

Nas cláusulas prevendo que os candidatos a contratante não estão vinculados aos termos do contrato definitivo, há um reforço do direito de encerrar as negociações decorrente do princípio da liberdade contratual.

O direito de encerrar as negociações pressupõe a inexistência de qualquer obrigação dos candidatos a contratante de celebrar o contrato objeto das negociações. Assim, em regra, os candidatos a contratante já teriam assegurado o direito de não celebrar o contrato definitivo.

[453] Cláusula extraída de um documento confidencial.

No entanto, com essas cláusulas, os candidatos a contratante buscam criar esse direito a partir de sua vontade, celebrando um contrato nesse sentido, para afastar qualquer dúvida sobre sua intenção nas negociações.

Essas cláusulas deverão ser interpretadas em conjunto com as demais cláusulas no documento firmado durante as negociações, em especial aquelas relacionadas aos aspectos do contrato definitivo.

As cláusulas determinando a existência ou não de vinculação dos candidatos a contratante aos termos dos documentos firmados em negociações ou à celebração do contrato definitivo têm um papel muito relevante na interpretação das demais cláusulas dos documentos, bem como dos demais atos praticados na negociação.

Elas darão o tom de como essas cláusulas e atos praticados na negociação devem ser entendidos e analisados, à luz da existência ou não de vinculação dos candidatos a contratante aos termos dos documentos firmados em negociações ou à celebração do contrato definitivo.

5.6.2. Obrigação de negociar, envidando esforços para o sucesso da negociação

Os candidatos a contratante podem estabelecer em documentos firmados em negociações de operações de fusões e aquisições cláusulas prevendo a obrigação de negociar o contrato definitivo, envidando os melhores esforços para a sua celebração. Veja, a seguir, um exemplo de cláusula nesse sentido:

> A partir da presente data até a Data de Assinatura (conforme definido no Sumário de Termos e Condições), **as Partes se obrigam a negociar de boa-fé todos os acordos definitivos da Operação** (os "Acordos Definitivos") **e a envidar os melhores esforços à sua implementação e consumação.**[454]

Tal cláusula muitas vezes vem acompanhada de uma estipulação de um prazo de vigência das negociações. Veja, a seguir, um exemplo de cláusula nesse sentido:

> Prazo de Vigência. A presente Carta de Entendimentos entrará em vigor na presente data e permanecerá assim até [__], podendo o seu prazo de vigência ser prorrogado por meio de acordo escrito entre as Partes.[455]

[454] Cláusula extraída de um documento confidencial.

[455] Cláusula extraída de um documento confidencial.

a) Natureza Jurídica

As cláusulas estabelecendo a vigência da negociação ou a obrigação de os candidatos a contratante de negociar, envidando os seus melhores esforços, se enquadram no conceito de contrato.

Elas são contratos, pois consistem em acordos bilaterais (ou plurilaterais) visando a produção do seguinte efeito jurídico: criação de um vínculo obrigacional consistente no dever de negociar o contrato definitivo.

Tais contratos, em algumas situações, podem ser enquadrados no conceito de contrato princípio. Nesse sentido, Cristiano de Sousa Zanetti explica que:

> o contrato princípio obriga as partes a negociar um futuro contrato, sem estabelecer as cláusulas principais ou acessórias da avença projetada. (...) A função do contrato princípio esgota-se na criação da obrigação de negociar. Trata-se, portanto, de contrato tipicamente preparatório, auxiliando na formação do futuro negócio jurídico, sem, no entanto, dispor a respeito de suas cláusulas ou mesmo regular o período das negociações[456].

Por fim, esclareça-se que o fato de os candidatos a contratante, no exemplo 1 acima transcrito, terem previsto o dever de se negociar "de boa-fé" é apenas um reforço. Conforme mencionado nos capítulos III e IV, a boa-fé é aplicável às negociações independentemente da existência de acordo nesse sentido entre os candidatos a contratante.

b) Eficácia

Em razão de sua natureza contratual, tais cláusulas criam entre os candidatos a contratante um dever de prestação consistente em negociar o contrato definitivo, envidando os melhores esforços para a sua conclusão.

Ou seja, os candidatos a contratante estão obrigados a envidar os melhores esforços, isto é, a adotar todas as medidas cabíveis para concluir o contrato definitivo. Por exemplo, participar de reuniões, preparar minutas, discutir formas de superar impasses durante as negociações, entre outros.

A obrigação de negociar não se confunde com a obrigação de celebrar o contrato definitivo. Ao se obrigarem a negociar, os candidatos a contratante buscam um comprometimento com relação ao desenvolvimento da

[456] ZANETTI, Cristiano de Sousa. *Responsabilidade pela Ruptura das Negociações*. São Paulo: Ed. Juarez de Oliveira, 2005, pp. 18-19.

negociação em si. Ou seja, os candidatos a contratante se comprometem a envidar esforços durante as negociações. Nada mais.

Justamente por haver um compromisso dos candidatos a contratante de se envidar os melhores esforços para a conclusão satisfatória das negociações, haverá um estreitamento das possibilidades de se justificar de forma legítima o encerramento das negociações. Exigir-se-á um *standard* de comportamento mais alto em comparação àquele exigido nas situações em que não há tal compromisso.

Caso a cláusula contendo a obrigação de negociar seja acompanhada de uma cláusula estabelecendo um prazo de vigência das negociações, o compromisso dos candidatos a contratante de negociar a pretendida operação será aplicável somente durante o prazo de vigência por eles estipulado.

Haverá descumprimento do compromisso de se envidar melhores esforços durante as negociações caso um dos candidatos a contratante encerre as negociações antes do término do prazo estipulado sem uma justificativa legítima ou, ainda, caso fique comprovado que, em razão da prática de atos protelatórios ou impertinentes, não houve o emprego de melhores esforços durante a vigência das negociações.

5.6.3. Cláusulas estabelecendo as condições para a celebração do contrato definitivo

São comuns nos documentos firmados durante as negociações de operações de fusões e aquisições as cláusulas estabelecendo condições para a celebração do contrato definitivo. Veja, a seguir, alguns exemplos dessas cláusulas:

> (**exemplo 1**) A vigência de quaisquer Acordos Definitivos estará sujeita às seguintes condições suspensivas ("Condições Suspensivas"):
>
> (i)a aprovação da Operação pelos atuais acionistas de X, de acordo com o Acordo de Acionistas e o estatuto social de X;
>
> (ii)a aprovação da Operação pelos Acionistas de Y, nos termos do estatuto social de Y.[457]
>
> (**exemplo 2**) As partes reconhecem que o interesse do Investidor é sujeito a (i.) a preparação, negociação e celebração da Documentação Definitiva (que incluirão os termos e condições necessárias à consecução do investimento); (ii.) o término da *Due Diligence* em condições satisfatórias para o Investidor;

[457] Cláusula extraída de um documento confidencial.

(iii.) a ausência de qualquer mudança adversa relevante nas operações da Companhia ou de suas subsidiárias, ou em seu estado financeiro ou legal, superveniente à celebração deste *Term Sheet*; (iv.) a obtenção, pela Companhia, de todos os registros, aprovações ou autorizações governamentais necessários à consecução do investimento; (v.) aprovação do conselho de administração (ou comitê de investimento) do Investidor; (vi.) a entrega de relatórios financeiros da Companhia auditados e conferidos independentemente; (vii.) a aprovação, pelo Investidor, de um plano de usos e fontes e orçamento operacional da Companhia (o "Business Plan").[458]

(**exemplo 3**) The parties wish to commence negotiating a definitive written acquisition agreement providing for the Possible Acquisition (a "Definitive Agreement"). To facilitate the negotiation of a Definitive Agreement, the parties request that Buyer's counsel prepare an initial draft. The execution of any Definitive Agreement would be subject to the satisfactory completion of Buyer's ongoing investigation of the Acquired Companies' business and would also be subject to approval by Buyer's board of directors.[459]

(**exemplo 4**) It is understood that before the parties would consider entering into a definitive Purchase Agreement, (a) Buyer shall have been satisfied with the results of its due diligence investigation of Company, and (b) Buyer shall have become satisfied that it is able to borrow $__ million of the cash portion of the purchase price on terms acceptable to Buyer.[460]

(**exemplo 5**) As Partes desde já concordam expressamente com a *Due Diligence*, e reconhecem ser a mesma etapa necessária à consecução das demais transações descritas neste *Term Sheet*. A *Due Diligence* e a preparação da Documentação Definitiva realizar-se-ão em até 120 (cento e vinte) dias a contar da celebração deste *Term Sheet*.[461]

a) Natureza jurídica

A partir das cláusulas transcritas acima, percebe-se que as condições mais recorrentes para a celebração do contrato definitivo são os resultados satisfatórios da auditoria, a aprovação da operação pelo Conselho de Adminis-

[458] Cláusula extraída de <http://www.anjosdobrasil.net>. Acesso em: 13 de agosto de 2016.

[459] Cláusula extraída de: *Model Stock Purchase Agreement*, Second Edition, ABA Book Publishing, 2010.

[460] Cláusula extraída de: Model Stock Purchase Agreement, Second Edition, ABA Book Publishing, 2010.

[461] Cláusula extraída de <http://www.anjosdobrasil.net>. Acesso em: 13 de agosto de 2016.

tração, a possibilidade de obtenção de financiamento ou investimento, a entrega de relatórios financeiros, entre outras.

Dependendo da linguagem adotada pelos candidatos a contratante, as condições para a celebração do contrato definitivo podem ter natureza jurídica de ônus ou de condição como elemento acidental do negócio jurídico.

No geral, elas terão natureza jurídica de ônus quando caracterizarem uma faculdade dos candidatos a contratante, que se for realizada lhes trará alguma vantagem de seu interesse, inexistindo sanção.

O ônus consiste em uma faculdade cujo exercício é necessário para a realização de um interesse.[462] Ou seja, o ônus corresponde a uma faculdade imposta a um sujeito, a qual é necessária para a obtenção de uma vantagem que é de seu interesse.

Sendo uma faculdade, o descumprimento do ônus não acarreta qualquer sanção jurídica, somente a perda da vantagem que o sujeito teria se tivesse realizado o seu cumprimento.[463]

São exemplos de situações em que inexiste qualquer sanção civil (apenas perda de uma vantagem) os casos em que (i) há recusa com relação à realização de auditoria, (ii) há recusa com relação ao fornecimento das informações e documentos necessários para a realização de auditoria ou (ii) um dos candidatos a contratante não consiga obter o investimento/financiamento necessário para sua participação na operação de fusões e aquisições.

Nos casos em que existe a obrigação dos candidatos a contratante de firmar o contrato definitivo, as cláusulas prevendo condições para a celebração do contrato definitivo podem ser classificadas como condições, figura prevista no artigo 121 do Código Civil.

Elas serão condições do contrato preliminar. A obrigação de celebrar o contrato definitivo estará sujeita à ocorrência das condições, que poderão ser suspensivas ou resolutivas.

b) Eficácia

A eficácia típica das cláusulas estabelecendo condições para a celebração do contrato definitivo, cuja natureza jurídica é de ônus, é conceder uma vantagem aos candidatos a contratante, se as condições previstas forem implementadas.

[462] GRAU, Eros. "Nota sobre a distinção entre obrigação, dever e ônus". *Revista USP*, 1982, pp. 180-181.

[463] GRAU, Eros. *Op. cit.*, p. 181.

Se forem implementadas as condições previstas no documento, os candidatos a contratante terão a vantagem de manter as negociações da operação de fusões e aquisições em curso e se aproximar da efetiva celebração do contrato definitivo.

Porém, se não forem implementadas as condições, os candidatos a contratante não sofrerão qualquer sanção. Eles apenas terão que aceitar o encerramento das negociações.

Nos casos em que a cláusula estabelecendo condições para a celebração do contrato definitivo tiver natureza jurídica de condição, a implementação da condição (i) criará a obrigação dos candidatos a contratante de celebrar o contrato definitivo, se for suspensiva e (ii) encerrará a vigência do contrato preliminar, se for resolutiva.

Além disso, essas cláusulas poderão ser elementos que auxiliarão na apuração das expectativas geradas entre os candidatos a contratante com relação à celebração do contrato definitivo. Até porque elas indicam quais são os fatores relevantes para cada candidato a contratante com relação à conclusão das negociações e celebração do contrato definitivo.

5.7. Os níveis de proximidade dos candidatos a contratante da obrigação de celebrar o contrato definitivo

A partir da análise das cláusulas acima transcritas, verifica-se que em negociações de operações de fusões e aquisições há uma preocupação por parte dos candidatos a contratante em definir entre eles a existência ou não da obrigação de celebrar o contrato definitivo.

De fato, a existência ou não da obrigação de celebrar o contrato definitivo é muito relevante em negociações, por se tratar de um dos principais fatores analisados para se apurar a possibilidade de execução específica do contrato objeto da negociação.

Para apurar se os documentos firmados em negociações de operações de fusões e aquisições estabelecem entre os candidatos a contratante a obrigação de celebrar o contrato definitivo, é muito importante a análise das cláusulas que (i) auxiliam no gerenciamento de expectativas relacionadas à celebração do contrato definitivo e (ii) definem o conteúdo do contrato definitivo.

Essas cláusulas estão diretamente relacionadas à eventual obrigação dos candidatos a contratante de celebrar o contrato definitivo. Isso porque tratam do conteúdo do contrato definitivo e do vínculo dos candidatos a contratante quanto a esse conteúdo, permitindo, assim, a apuração da existência ou não da obrigação de celebrar o contrato definitivo.

Conforme mencionado nos itens anteriores, essas cláusulas podem ter natureza jurídica de contrato ou de declaração. Independentemente de sua natureza jurídica, elas devem ser interpretadas em conjunto para se apurar a efetiva existência da obrigação de celebrar o contrato definitivo. Até porque as declarações integram o negócio, esclarecendo ou precisando o seu regramento.[464]

A partir da análise dessas cláusulas, é possível apurar não só a existência ou não da obrigação de celebrar o contrato definitivo, como também o grau de proximidade dos candidatos a contratante do contrato definitivo e suas consequências.

A seguir, serão analisadas as possíveis combinações de cláusulas relacionadas à obrigação de celebrar o contrato definitivo, demonstrando-se três distintos níveis de proximidade dos candidatos a contratante com relação à celebração do contrato definitivo que delas resultam:

- **Nível 1:** há obrigação expressa de celebrar o contrato definitivo e estão presentes os elementos essenciais do contrato definitivo
- **Nível 2:** há obrigação expressa de celebrar o contrato definitivo ou obrigação de negociar envidando melhores esforços para o sucesso da negociação, mas não estão presentes os elementos essenciais do contrato definitivo
- **Nível 3:** não há obrigação expressa de celebrar o contrato definitivo

Antes disso, no entanto, serão apresentadas as três categorias em que os documentos firmados em negociações foram divididos no direito norte-americano e que serviram de inspiração para a criação dos níveis acima indicados de proximidade dos candidatos a contratante com relação à celebração do contrato definitivo.

[464] Nesse sentido, Francisco Paulo de Crescenzo Marino explica que "*outras declarações enunciativas, ao contrário, integram-se ao negócio, com a função de esclarecer ou precisar o regramento negocial. Isso explica, ademais, que uma declaração cujo teor literal, cuja estrutura lógica seja enunciativa possa revelar, quando considerada funcionalmente, isto é, à luz das idéias sociais, uma valoração de dever ser para o futuro, que leve, mediante adequada interpretação, a reconhecer nela o conteúdo perceptivo característico de um negócio jurídico, ainda que implícito*" (MARINO, Francisco de Crescenzo. *Op. cit.*, p. 80).

É importante deixar claro, desde já, que a classificação da obrigação de celebrar o contrato definitivo em 3 distintos níveis de proximidade tem o objetivo de facilitar a exposição de uma questão bastante complexa e com zonas de penumbra. Além disso, apesar de tal classificação representar uma certa simplificação da realidade, seu caráter didático poderá eventualmente auxiliar em uma futura análise prática da matéria.

5.7.1. Direito norte-americano

No direito norte-americano os documentos firmados em negociações, conhecidos como "agreements to agree", foram amplamente estudados pela doutrina e enfrentados pela jurisprudência.

Até a metade do século XX, os documentos firmados em negociações não eram reconhecidos pelos Tribunais norte-americanos como geradores de efeitos jurídicos.

Naquela época prevalecia a lógica de que aquele que participava de negociações assumia o risco de elas serem encerradas pelo outro candidato a contratante, independentemente da existência de documentos firmados entre eles durante as negociações.[465]

A partir da metade do século XX, os documentos firmados em negociações passaram a ser vistos como verdadeiros contratos ou até mesmo documentos passíveis de gerar um dever de negociar de boa-fé entre os candidatos a contratante.

Dois principais casos deram essa nova conotação para os documentos firmados em negociações: (i) *Texaco, Inc. v. Pennzoil*; e (ii) *Itek Corp v. Chicago Aerial Indus.*

No caso *Texaco, Inc. v. Pennzoil*, a Corte Distrital do Texas concedeu a Pennzoil (Autor) uma indenização milionária, por entender que um anúncio divulgado na imprensa sobre a negociação de um contrato de compra e venda de ações entre as empresas consistia em um verdadeiro contrato.[466]

[465] FOREMAN, Violeta Solonova. *Non-binding preliminary agreements: the duty to negotiate in good faith and the award of expectation damages*. Volume 72, University of Toronto Faculty of Law Review, 12/2014, pp. 17-18.

[466] Sobre a importância do caso Texaco v. Pennzoil, Esther M. Hackl explica que "*needless to say, the jury finding in Texaco v. Pennzoil rocked the legal community and forever affected the drafting of American Letters of Intent. Expressions such as "will", "shall" or "agree" had no more place in Letters of Intent and were replaced by terms like "would" or "intend"* (HACKL, Esther M. *The letter of intent – enforcement and liability risks: talk by Charles Polzin in Frankfurt am Main*. DAJV Newsletter 2/2012, p. 78).

No caso *Itek Corp v Chicago Aerial Indus*, a Corte de Delaware decidiu que as cartas de intenção podem ser verdadeiros contratos entre os candidatos a contratante, por meio dos quais eles se obrigam a negociar de boa-fé o contrato definitivo.[467]

No entanto, o caso que efetivamente consolidou o novo entendimento sobre os documentos firmados em negociações no direito norte-americano foi o *Teachers Insurance and Annuity of America v. Tribune Company*.

No caso *Teachers Insurance and Annuity of America v. Tribune Company*, o juiz Pierre N. Leval criou duas categorias de documentos firmados em negociações, que seriam vinculantes e exeqüíveis.[468]

A primeira categoria foi denominada "*preliminary agreement – Type I*". Nessa categoria, há um acordo entre os candidatos a contratante a respeito de todos os aspectos do contrato definitivo e de sua vinculação com relação à celebração do contrato definitivo, que ocorrerá em um momento posterior.[469]

O "*preliminary agreement – Type I*" é entendido no direito norte-americano como um verdadeiro contrato entre os candidatos a contratante, que, em caso de inadimplemento, permite a sua execução específica e/ou o recebimento de indenização.[470]

Para apurar se um documento firmado em negociações se enquadra na categoria de "*preliminary agreement – Type I*", os seguintes fatores devem ser considerados:

[467] FOREMAN, Violeta Solonova. *Op. cit.*, p. 18.

[468] FOREMAN, Violeta Solonova. *Op. cit.*, p. 18.

[469] Stephen L. Brodsky explica que "*parties enter into a Type I "fully binding preliminary agreement" when they agree on all aspects of their negociation – including that they are bound – even though they contemplate later executing a complete writing that embodies their agreement. This kind of preliminary agreement fully binds the parties to perform their contractual obrigations. Although the parties intend to express their agreement more completely in a subsequent writing, they have already formed a contract*" (BRODSKY, Stephen. *Federal Courts in New York provide framework for enforcing preliminary agreements.* New York State Bar Assocition Journal march/april 2001, p. 16).

[470] A respeito das medidas relacionadas aos "*preliminary agreements – Type I*", Stephen Brodsky aponta que "*even if the parties never executed the later writing, they may still enforce their preliminary agreement as any other contract. They may bring an action for specific performance of the agreement or for damages for its breach. The subsequent writing that the parties desires is merely a formality and is effectively irrelevant*" (BRODSKY, Stephen. "Federal Courts in New York provide framework for enforcing preliminary agreements". *New York State Bar Association Journal*, March/April 2001, p. 16).

> 1. whether there has been an express reservation of the right not to be bound in the absence of a writing; 2. whether there has been partial performance of the contract; 3. whether all of the terms of the alleged contract have been agreed upon; and 4. whether the agreement is the type of contract that is usually committed to writing.[471]

A segunda categoria criada pelo juiz Pierre N. Leval foi a do "*preliminary agreement – Type II*". Nessa categoria, já existe um acordo entre os candidatos a contratante com relação a certos pontos importantes do contrato definitivo, no entanto, os candidatos a contratante se comprometem a continuar negociando os demais termos em aberto.[472]

O "*preliminary agreement – Type II*" resulta em um dever de os candidatos a contratante negociarem de boa-fé os pontos em aberto do contrato definitivo, o qual poderá resultar em indenização e/ou execução específica da obrigação de negociar, se o contrato definitivo não for firmado.[473]

No entanto, não são todas as cortes norte-americanas que permitem a execução específica da obrigação de negociar. As cortes do Texas, Massachussets, Geórgia, Hawaii, Kentucky, Minnesota, Nebraska, Tennessee e Virginia não permitem a execução da obrigação de negociar de boa-fé.[474]

As cortes de Nova Iorque, Delaware, Califórnia, Illinois e Washington, por sua vez, permitem a execução específica da obrigação de negociar de boa-fé decorrente do "*preliminary agreement – Type II*".[475]

Para apurar a existência de um "preliminary agreement – Type II", os seguintes critérios estabelecidos pelo juiz Pierre N. Leval devem ser analisados:

> 1. the language of the agreement; 2. the context of the negotiations; 3. the existence of open terms; 4. partial performance; and 5. the necessity of

[471] Adjustrite SYS v GAB Bus Servs, 145 F.3d 543 at 549 (2nd Cir 1998).

[472] De acordo com Stephen Brodsky, "*parties enter into Type II "binding preliminary commitment" when they agree on certain major terms of their agreement while agreeing to negotiate other terms of their agreement that remain open and unresolved*" (Brodsky, Stephen. *Op. cit.*, p. 17).

[473] Stephen Brodsky ainda explica que "*parties to this kind of preliminary agreement may not compel performance of the expected contractual obligation, as they are not yet obligated to perform them, but may compel each other to continue negotiations in good faith and to refrain from taking actions that contravene the negotiations. If the parties fail to reach a final agreement after a good faith effort, there is no further obligation upon either*" (Brodsky, Stephen. *Op. cit.*, p. 17).

[474] Foreman, Violeta Solonova. *Op. cit.*, p. 20.

[475] Foreman, Violeta Solonova. *Op. cit.*, p. 21.

putting the agreement in final form, as indicated by the customary formo f such transaction[476].

Os demais documentos firmados em negociações são entendidos como meras cartas de intenções, que não resultam em quaisquer obrigações vinculantes para os candidatos a contratante.[477] Isso porque não há neles qualquer indício de que os candidatos a contratante buscam se vincular à celebração do contrato definitivo (como acontece no *"preliminary agreement – Type I"*) ou à negociação em si (como acontece no *"preliminary agreement – Type II"*).

As categorias criadas pelo juiz Pierre N. Leval são atualmente consideradas por todas as cortes norte-americanas. Ao comentar o impacto dessas categorias no momento em que o juiz Pierre N. Leval foi promovido para a Second Circuit Court, Norris D. Wolff explica que "*because the Second Circuit has often provided the precedential foundation for corporate and securities litigation, it is highly likely that these guidelines will be cited throughout the country*".[478]

Ou seja, no direito norte-americano os documentos firmados em negociações são divididos em três níveis, que, basicamente, se diferenciam pela proximidade dos candidatos a contratantes da obrigação de celebrar o contrato definitivo, bem como pela gradação de suas consequências jurídicas devido a tal proximidade.

5.7.2. Análise dos níveis de proximidade dos candidatos a contratante com relação à celebração do contrato definitivo

Com base nessa didática lição do direito norte-americano, analisaremos, a seguir, à luz do direito brasileiro, as possíveis combinações de cláusulas, buscando enquadrá-las em três níveis de acordo com a proximidade dos candidatos a contratante em relação à celebração do contrato definitivo.

[476] Arcadian Phosphates, Inc. V. Arcadian Corp, 884 F.2d 69 at 72 (2d Cir 1989).

[477] Stephen Brodsky esclarece que *"even if the parties reach agreement on all disputed terms, if they do not intend to be bound by a statement of their understanding, they have simply agreed to a non-binding proposal or letter of intent. Neither party is obligated to execute the transaction or even continue negotiating. Courts will not lightly impose binding obligations based on preliminary manifestations of assent. They safeguard a party's right into "surprise contractual obligations" that were never intended .(...) If the parties fail to expressly convey their intent to be bound, a court will presume that they merely expressed a general intent to negotiate while remaining uncommitted and free from binding obligations"* (Brodsky, Stephen. *Op. cit.*, pp. 18 and 22).

[478] Wolff, Norris D. *Letters of intent, preliminary agreements, and binding acquisition agreements.* Banking Law Journal 292, 1994, p. 295.

- **Nível 1:** há obrigação expressa de celebrar o contrato definitivo e estão presentes os elementos essenciais do contrato definitivo
- **Nível 2:** há obrigação expressa de celebrar o contrato definitivo ou obrigação de negociar envidando melhores esforços para o sucesso da negociação, mas não estão presentes os elementos essenciais do contrato definitivo
- **Nível 3:** não há obrigação expressa de celebrar o contrato definitivo.

5.7.2.1. ***Nível 1: há obrigação expressa de celebrar o contrato definitivo e estão presentes os elementos essenciais do contrato definitivo***

Considera-se na primeira combinação de cláusulas que (i) a cláusula referente aos aspectos do contrato definitivo dispõe sobre os seus elementos essenciais e (ii) há no documento cláusula expressa indicando que os candidatos a contratante se vinculam aos termos do contrato definitivo, se obrigando a celebrá-lo (veja o exemplo 6 de cláusula indicada no item 5.6.1 acima).

Conforme mencionado no item 3.3.1.1, a existência do contrato preliminar pressupõe (i) a adstrição dos candidatos a contratante à conclusão do contrato definitivo; e (ii) a presença dos elementos essenciais do contrato definitivo (os elementos caracterizadores do contrato definitivo).[479]

Assim, a primeira combinação de cláusulas configura um contrato preliminar.[480] Isso porque nela estão presentes os elementos essenciais do contrato definitivo, que, no caso de operações de fusões e aquisições, são, notadamente, o preço e a estrutura da operação. E, ainda, o compromisso dos candidatos a contratante quanto à celebração do contrato definitivo em momento posterior também está presente (que poderá estar sujeito ao atendimento de certas condições, tais como, por exemplo, a aprovação da operação por órgãos reguladores ou antitruste).

Como a primeira combinação de cláusulas configura contrato preliminar, o principal efeito jurídico dela decorrente é a obrigação dos candidatos

[479] A respeito do tema, Wanderley Fernandes e Jonathan Mendes Oliveira esclarecem que "*ao pensarmos em elementos essenciais do próprio contrato preliminar, pela sua função de segurança do contrato definitivo, poderíamos pensar que são elementos essenciais do contrato preliminar: a) consenso quanto à realização de um contrato futuro; b) consenso quanto aos elementos essenciais que compõem o conteúdo do contrato futuro*" (FERNANDES, Wanderley; OLIVEIRA, Jonathan Mendes. *Contrato Preliminar: Segurança de Contratar.* In: FERNANDES, Wanderley (coord.). *Fundamentos e Princípios dos Contratos Empresariais.* 2ª ed., São Paulo: Saraiva, 2012, p. 310).

[480] Vide item 3.3.1 para mais detalhes sobre contrato preliminar.

a contratante de celebrar o contrato definitivo, nos termos do artigo 463 do Código Civil.[481] Eventual recusa de um dos candidatos a contratante em celebrar o contrato definitivo resultará em inadimplemento contratual.

Diante da obrigação de celebrar o contrato definitivo, a parte interessada em sua celebração poderá, em regra, exigi-la por meio de execução específica. Se preferir, a parte prejudicada poderá, ainda, pleitear somente indenização, desistindo de forçar a celebração do contrato definitivo.

Em consonância com o artigo 464 do Código Civil, o juiz poderá suprir a vontade da parte inadimplente, conferindo caráter definitivo ao contrato preliminar.

Ocorre, no entanto, que nem sempre o contrato preliminar será passível de execução específica. A execução específica somente será viável nas situações em que o contrato preliminar apresentar grau máximo de preliminaridade ou, a depender do caso concreto, grau médio de preliminaridade.

Isso porque (i) no grau máximo de preliminaridade, o objeto do contrato definitivo encontra-se totalmente disciplinado no contrato preliminar (praticamente todos os pontos consensuais acerca do contrato definitivo estão dispostos no contrato preliminar) e (ii) no grau médio de preliminaridade, os termos e condições do contrato definitivo estão parcialmente disciplinados no contrato preliminar, porém a sua complementação não depende de declarações inovativas.

Ou seja, nas situações de grau máximo e médio de preliminaridade do contrato preliminar, o juiz poderá substituir a vontade do candidato a contratante inadimplente em execução específica, pois não obrigará o sujeito inadimplente a a se comprometer a algo contrário ao seu pacto anterior.

Os contratos preliminares de grau máximo e médio de preliminaridade se assemelham ao *preliminary agreement – type I* do direito norte-americano, pois vinculam contratualmente os candidatos a contratante, permitindo a execução específica e o recebimento de indenização caso um deles resista à celebração do contrato definitivo.

Já nas situações em que o grau de preliminaridade do contrato preliminar for mínimo, nem sempre será possível forçar a celebração do contrato definitivo, pois diversos acordos residuais do contrato definitivo dependem de declarações inovativas da parte inadimplente.

[481] Nos termos do artigo 463 do Código Civil, os candidatos a contratante não terão a obrigação de celebrar o contrato definitivo, se também houver no documento cláusula de arrependimento.

Nos contratos preliminares de grau mínimo de preliminaridade, pontos de grande relevância ainda estarão em aberto, mesmo que os seus elementos essenciais estejam presentes. Por exemplo, cláusulas de indenização ou de declarações e garantias, que são importantes em operações de fusões e aquisições devido à sua possível correlação com o valor do negócio (e, consequentemente, com o preço).

Conforme elucidado por Fábio Konder Comparato[482], um elemento fundamental para a apuração precisa do preço envolvido nessas operações é a condição dos ativos das empresas, cuja análise é praticamente impossível de ser realizada no curto prazo e de forma simples (por exemplo, pela possível existência de passivos ocultos, depreciação do ativo no balanço, existência de grandes contratos em curso de negociação, dentre outros, cuja análise depende de *due diligence*).

Diante dessa dificuldade em se apurar as exatas condições do ativo da empresa e dos contornos do negócio pretendido, dificilmente um juiz conseguirá substituir a vontade dos candidatos a contratante, determinando o preço ou as cláusulas que giram em torno dele nesse tipo de operação (por exemplo, cláusula de indenização, declarações e garantias relevantes e suas formas, etc.) em execução específica de contrato preliminar, pois não terá elementos suficientes para tanto. Aliás, por conta disso, até que se chegue a um estágio bastante avançado nas negociações, será difícil caracterizar um documento firmado durante negociações de operações de fusões e aquisições como contrato preliminar.

Nessas situações, o juiz não poderá simplesmente substituir a vontade das partes, vinculando-as a obrigações sequer imaginadas por elas. Nesses casos, tal como nos casos de contrato preliminar com grau de preliminaridade mínimo, restará à parte lesada somente pleitear indenização pelos danos sofridos.[483] Nesse caso, a indenização decorrerá da responsabilidade contratual do candidato a contratante inadimplente e não da responsabilidade pré-contratual.

Apesar de o contrato preliminar de grau de preliminaridade mínimo ter as características para enquadramento no nível I de proximidade dos candidatos a contratante com relação à obrigação de celebrar o contrato

[482] COMPARATO, Fábio Konder. *Novos Ensaios e Pareceres de Direito Empresarial*. Rio de Janeiro: Ed. Forense, 1981, pp. 234-235.

[483] ZANETTI, Cristiano de Sousa. *A Conservação dos Contratos Nulos por Defeito de Forma*. São Paulo: Ed. Quartier Latin, 2013, p. 148.

definitivo, o fato é que suas consequências serão as mesmas do nível II (isto é, a criação de um dever de negociar envidando melhores esforços para o sucesso da negociação), que será analisado a seguir. Isso porque o fato as partes se vincularem à celebração do contrato definitivo gera uma expectativa maior com relação ao sucesso da negociação, apesar de não permitir a sua celebração forçada (por meio da execução específica).

Em suma, do ponto de vista prático, esclareça-se que dificilmente encontraremos contrato preliminar em negociações de operações de fusões e aquisições, especialmente um contrato preliminar passível de execução específica. A conclusão do contrato definitivo nessas operações depende da troca de muitas informações, da realização de muitas análises técnicas e da valoração das condições do ativo, fatos que podem afetar o interesse das partes na conclusão ou não do negócio. Assim, elas dificilmente desejarão se vincular efetivamente à celebração do contrato definitivo na fase de negociações.

Além disso, diante da dificuldade de o juiz ter elementos suficientes para substituir a vontade dos candidatos a contratante com relação a determinados aspectos do negócio que possam ser deixados em aberto (por exemplo, mecanismos de ajuste de preço, cláusulas de indenização, etc.), dificilmente ocorrerá a execução específica de contrato preliminar de força fraca firmado em negociações de operações de fusões e aquisições.

No entanto, ainda que exista contrato preliminar passível de execução específica em negociações de operações de fusões e aquisições, optar pela execução específica pode nem sempre ser a melhor estratégia para a parte lesada. Não obstante a possibilidade de obter um provimento judicial liminar, fato é que eventual sentença substituindo a vontade da parte resistente dependerá de seu trânsito em julgado para produzir efeitos de forma irretratável, o que pode demorar para ocorrer diante da possível morosidade do processo judicial. Tal morosidade pode se revelar incompatível com a dinâmica dos negócios.

5.7.2.2. *Nível 2: há obrigação expressa de celebrar o contrato definitivo, mas não estão presentes os elementos essenciais do contrato definitivo*

Na segunda combinação de cláusulas, considera-se que (i) a cláusula referente aos aspectos do contrato definitivo não apresenta todos os elementos essenciais do contrato definitivo (por exemplo, não apresenta o preço) e (ii) há no documento cláusulas indicando a vinculação dos candidatos a contratante à celebração do contrato definitivo (veja o exemplo 6 de cláusula indicada no item 5.6.1 acima) ou a obrigação de negociar, envidando melhores esforços para a conclusão do negócio (veja o exemplo de cláusula indicada no item 5.6.2 acima). Diante da ausência de todos ou algum elemento essencial do contrato definitivo, essa combinação de cláusulas não resulta em um contrato preliminar.[484]

No caso de negociações de operações de fusões e aquisições, a ausência dos elementos essenciais do contrato definitivo indica que a intenção das partes de se vincular à celebração do contrato definitivo não é forte, pois eles terão que prosseguir com as negociações e, assim, futuras divergências ou informações poderão resultar na alteração dos interesses quanto à celebração do contrato definitivo.

Não obstante, entendemos que decorre da cláusula que vincula os candidatos a contratante à celebração do contrato definitivo uma obrigação de negociar os termos ainda remanescentes do contrato definitivo, envidando melhores esforços para tanto.

Diante dessa cláusula, as partes criam uma expectativa maior com relação ao sucesso das negociações e ao esforço a ser nelas empregado pela contraparte.

A expectativa em relação ao sucesso das negociações e ao esforço a ser nelas empregado é maior do que em uma situação em que os candidatos a contratante simplesmente não se vinculam à celebração do contrato definitivo.

A obrigação das partes de negociar, envidando melhores esforços, pode decorrer também da inserção no documento firmado nas negociações de cláusula prevendo tal obrigação (vide cláusula transcrita no item 5.6.2).

A combinação de cláusulas analisada neste item se assemelha ao *preliminary agreement – type II* do direito norte-americano, pois resulta em um dever de negociar, envidando esforços para chegar a um acordo com relação aos pontos em aberto do contrato definitivo. A diferença entre o direito norte-americano e o direito brasileiro está no fato de não ser possível no direito brasileiro o Poder Judiciário forçar diretamente os candidatos a contratante a negociar.

A respeito do dever de negociar decorrente de documentos firmados em negociações, John P. Dawson, William Burnett Harvey, Stanley Henderson

[484] No entanto, como vimos no item 5.7.2.1 acima, também se aplicam as consequências do nível II aos contratos preliminares de força fraca.

e Douglas Baird explicam o seguinte ao comentar o precedente Adjustrite Systems, Inc. V. GAB Business Services, Inc., 145 F.3d 543 (2d Cir. 1998):

> the second type of preliminary agreement, dubbed a "binding preliminary commitment" by Judge Leval, is binding only to a certain degree. It is created when the parties agree on certain major terms, but leave other terms open for further negotiation. The parties "accept" a mutual commitment to negotiate together in good faith in an effort to reach a final agreement." Tribune, 670 F. Supp at 498. In contrast to a fully binding preliminary agreement, a "binding preliminary commitment" does not commit the parties to their ultimate contractual objective but rather to the obligation to negotiate the open issues in good faith in an attempt to reach the objective within the agreed framework." Id. A party to such a binding preliminary commitment has no right to demand performance of the transaction. Indeed, if a final contract is not agreed upon, the parties may abandon the transaction as long as they have made a good faith effort to close the deal and have not insisted on conditions that do not conform to the preliminary writing.[485]

Um ponto de grande relevância nesse cenário é a impossibilidade de as partes retomarem as discussões, de forma imotivada, de pontos consensuais já expressamente previstos no documento firmado em negociações, pois haveria violação da boa-fé objetiva pelo fato de as partes terem declarado sua aceitação e vinculação quanto a esses termos em momento anterior.

A configuração de eventual violação do princípio da boa-fé objetiva nessa combinação de cláusulas pode ocorrer mais facilmente em caso de encerramento das negociações, pois há uma declaração de intenção dos candidatos a contratante de se vincularem à celebração do contrato definitivo. Uma expectativa legítima com relação ao prosseguimento das negociações e à realização de esforços para o seu sucesso é criada, restringindo-se, consequentemente, as hipóteses de encerramento das negociações sem que ocorra violação ao princípio da boa-fé objetiva.

Nessa situação a responsabilidade civil decorrente de eventual dano relacionado ao documento contendo essa combinação de cláusulas terá natureza pré-contratual.

485 DAWSON, John P.; HARVEY, William Burnett; HENDERSON, Stanley D.; BAIRD, Douglas G. *Contracts: cases and comment*. 9th edition, New York: Foundation Press, 2008, p. 383.

5.7.2.3. *Nível 3: não há obrigação expressa de celebrar o contrato definitivo*

O terceiro nível consiste naqueles documentos em que há cláusulas indicando que os candidatos a contratante não estão vinculados à celebração do contrato definitivo (vide exemplos de cláusulas indicadas no item 5.6.1). Essas cláusulas poderão ou não estar acompanhadas de cláusulas contendo todos os elementos essenciais do contrato definitivo ou de apenas parte deles[486].

É irrelevante neste nível estarem presentes no instrumento celebrado todos os elementos do contrato definitivo ou apenas parte deles. A presença de uma minuta completa do contrato definitivo não trará qualquer impacto.

Isso porque a cláusula indicando a não vinculação dos candidatos a contratante à celebração do contrato definitivo prevalece em tal cenário. Ela determina como as cláusulas relacionadas aos aspectos do contrato definitivo deverão ser interpretadas.

Como os candidatos a contratante acordaram expressamente que não estão vinculados à celebração do contrato definitivo, inexiste qualquer obrigação entre eles de celebrar o contrato definitivo. A existência de documentos contendo cláusula de não vinculação à celebração do contrato definitivo indica somente que os candidatos a contratante têm apenas um interesse de negociar os termos do contrato definitivo.

Esclareça-se que não há que se falar aqui em um dever de negociar envidando melhores esforços para a conclusão do negócio (aplicável apenas no nível 2 acima analisado). A boa-fé objetiva determina apenas que os candidatos a contratante, ao negociar, deverão fazê-lo seriamente, em observância aos deveres de lealdade, sigilo, proteção, etc. Ela não impõe, contudo, um dever de negociar em si.

Apesar de os candidatos a contratante terem manifestado interesse de negociar os termos do contrato definitivo, ao contrário do que ocorre na segunda combinação de cláusulas (nível 2 analisado no item acima), não são geradas expectativas legítimas com relação ao emprego de melhores esforços para o sucesso das negociações. Em razão disso, a probabilidade de configuração de violação à boa-fé objetiva será menor, caso ocorra o encerramento das negociações.

[486] Considera-se que em documentos firmados em negociações de operações de fusões e aquisições sempre haverá ao menos um dos elementos essenciais do contrato definitivo. Isso porque os candidatos a contratante partem sempre de algum ponto desejado do contrato definitivo nas negociações.

A configuração de eventual responsabilidade pré-contratual pelo encerramento das negociações dependerá de provas inequívocas da posterior expectativa legítima gerada no candidato a contratante lesado, para que reste superado o disposto no documento firmado na negociação.

A cláusula estabelecendo a inexistência de qualquer vínculo entre os candidatos a contratante com relação à celebração do contrato definitivo é de grande importância na apuração da existência ou não de responsabilidade pré-contratual. Isso porque ela dará o tom de como o julgador deve analisar os demais atos praticados pelas partes durante as negociações ao apurar se houve ou não a configuração de responsabilidade pré-contratual.

No geral, o disposto nessa cláusula deve prevalecer na apuração de eventual responsabilidade pré-contratual devido à sua natureza contratual e à paridade entre os candidatos a contratante em contratos empresariais. Nesse sentido, Fábio Ulhoa Coelho explica que *"o direito não precisa proteger nenhum dos contratantes – não deve fazê-lo, na verdade -, a não ser para assegurar a validade e a eficácia do acordo de vontades. Entre os iguais, o contrato é lei entre as partes"*[487].

Os documentos contendo cláusulas de não vinculação à celebração do contrato definitivo se assemelham às cartas de intenção do direito norte-americano, pois não geram qualquer vínculo entre os candidatos a contratante com relação à celebração do contrato definitivo e o esforço a ser empregado nas negociações.

Esses documentos são muito comuns em negociações de operações de fusões e aquisições, pois a não vinculação dos candidatos a contratante à celebração do contrato definitivo é compatível com a lógica e dinâmica de processos de M&A, em que as partes que negociam a transação podem desistir do negócio antes da efetiva celebração de um contrato definitivo.

5.8. Conclusão parcial

A análise da natureza jurídica e da eficácia das cláusulas mais recorrentes em documentos firmados em negociações de operações de fusões e aquisições fornece uma resposta para o primeiro problema que este trabalho se propôs a resolver, a saber: *quais são os efeitos jurídicos típicos produzidos pelos documentos firmados em negociações de operações de fusões e aquisições?*

[487] COELHO, Fábio Ulhoa. *Curso de Direito Comercial – Volume III*. São Paulo: Ed. Saraiva, 2010, p. 20.

Conforme mencionado nos itens anteriores, não é possível chegar a uma conclusão precisa com relação aos efeitos jurídicos produzidos pelos documentos firmados em negociações de operações de fusões e aquisições partindo de sua análise abstrata e genérica.

Isso porque não existe um padrão na elaboração desses documentos. Eles podem apresentar títulos e conteúdo variados. São infinitas as possíveis combinações de cláusulas em tais documentos.

No entanto, a análise dos efeitos produzidos pelos documentos firmados em negociações de operações de fusões e aquisições pode ser feita a partir do estudo das suas cláusulas mais recorrentes.

Verificou-se que essas cláusulas apresentam três principais funções, a saber: (i) disciplinar as negociações; (ii) estabelecer os pontos consensuais do contrato definitivo; e (iii) auxiliar no gerenciamento de expectativas quanto à celebração do contrato definitivo.

A análise individual de tais cláusulas permite que se extraiam os efeitos jurídicos delas decorrentes e, por consequência, os efeitos jurídicos dos documentos caso eles apresentem essas cláusulas. A partir dessa análise, foi possível verificar que as cláusulas disciplinando as negociações têm, no geral, natureza contratual (item 5.4).

Apesar de ser possível extrair algumas das obrigações previstas nessas cláusulas a partir do princípio da boa-fé objetiva, o fato é que, ao contratar essas obrigações, as partes definem, a seu exclusivo critério, os seus contornos e, ainda, mitigam o risco de o julgador eventualmente não reconhecer a existência de deveres oriundos da boa-fé objetiva no caso concreto ou nos contornos desejados.

A confidencialidade de documentos ou informações é um bom exemplo para ilustrar as vantagens de contratá-la em um documento firmado durante as negociações em comparação com sua apuração por meio do princípio da boa-fé objetiva. A inclusão de uma cláusula de confidencialidade permite às partes estabelecer exatamente quais documentos ou informações são confidenciais e, ainda, fixar um valor a ser pago a título de indenização no caso de inadimplemento. Ou seja, os candidatos a contratante mitigarão o risco de se entender que determinada informação não estaria protegida pela confidencialidade a partir da boa-fé objetiva ou que não foram produzidas provas suficientes quanto ao dano decorrente da violação da confidencialidade.

Além disso, os candidatos a contratante poderão alocar contratualmente os riscos inerentes às negociações. Por exemplo, desde o início das negociações, as partes poderão estabelecer quem ficará responsável pelo pagamento dos altos custos usualmente envolvidos em negociações de operações de fusões e aquisições.

Com relação às cláusulas prevendo o conteúdo do contrato definitivo ou visando o gerenciamento das expectativas das partes com relação à celebração do contrato definitivo, a depender do seu conteúdo concreto tais cláusulas podem resultar em verdadeiros contratos preliminares, obrigações de negociar envidando melhores esforços para o sucesso da negociação ou contratos prevendo a inexistência de qualquer obrigação de celebrar o contrato definitivo.

Se as cláusulas permitirem a configuração de contrato preliminar, haverá obrigação das partes de celebrarem o contrato definitivo, o que possibilitará a qualquer delas iniciar execução específica ou pleitear indenização em caso de inadimplemento.

Ou seja, a configuração de contrato preliminar confere uma ferramenta adicional – a saber, a execução específica – para o candidato a contratante lesado contornar a situação de inadimplemento ocasionada pelo encerramento das negociações.

Se as cláusulas permitirem a configuração de uma obrigação de negociar, haverá uma presunção de que os candidatos a contratante buscam o sucesso das negociações e que irão envidar melhores esforços para tanto.

Essa presunção terá impacto direto na apuração de eventual responsabilidade pela ruptura das negociações. Isso porque restringirá as hipóteses em que o encerramento das negociações não será considerado uma violação ao princípio da boa-fé objetiva.

Por exemplo, não será qualquer divergência a respeito de determinado aspecto do contrato definitivo que permitirá a saída de um candidato a contratante das negociações sem que isso possa acarretar a violação do princípio da boa-fé objetiva. Nas situações em que há a obrigação de negociar, o candidato a contratante deverá demonstrar que a divergência era importante (e que dificilmente seria superada) para afastar a responsabilidade pela ruptura das negociações.

Se das cláusulas se extrair a inexistência de obrigação de celebrar o contrato definitivo, haverá um reforço do direito das partes de desistir das negociações sem celebrar o contrato definitivo, decorrente do princípio da liberdade contratual.

Outra vantagem que se depreende da análise dos efeitos típicos das cláusulas é que elas podem ser ótimos indícios das expectativas geradas durante as negociações.

Conforme elucidado no capítulo III, considera-se na análise da responsabilidade pré-contratual as expectativas legitimamente geradas entre os candidatos a contratante. Assim, esses documentos servem de prova dessas expectativas, auxiliando o julgador na apuração de eventual responsabilidade pré-contratual.

Portanto, partindo-se dos efeitos jurídicos típicos produzidos pelos documentos firmados em negociações de operações de fusões e aquisições, verifica-se que eles permitem que os candidatos a contratante aloquem riscos, criem obrigações contratuais para a fase de negociações e gerenciem suas expectativas na fase de negociações, servindo de elemento de interpretação para o julgador. Ou seja, os documentos, no geral, mitigam as incertezas decorrentes da aplicação do princípio da boa-fé objetiva na fase pré-contratual[488], principalmente pelo fato de muitas de suas cláusulas mais recorrentes terem natureza contratual.

No entanto, falta ainda analisar se os efeitos jurídicos típicos dessas cláusulas prevalecem no caso de encerramento litigioso das negociações e, por consequência, se os documentos firmados em negociações de operações de fusões e aquisições realmente apresentam todas essas vantagens. Buscaremos responder essa questão no próximo capítulo.

488 Vide item 4.4.

CAPÍTULO 6
OS DOCUMENTOS FIRMADOS EM NEGOCIAÇÕES DE OPERAÇÕES DE FUSÕES E AQUISIÇÕES, O ENCERRAMENTO LITIGIOSO DAS NEGOCIAÇÕES E A RESPONSABILIDADE PELA RUPTURA DAS NEGOCIAÇÕES

6.1. A apuração de eventual responsabilidade pela ruptura das negociações e a análise da negociação como um todo

Partindo-se dos efeitos jurídicos típicos produzidos pelos documentos firmados em negociações de operações de fusões e aquisições, verificou-se que eles possibilitam que os candidatos a contratante pactuem as suas verdadeiras expectativas com relação ao negócio objeto das negociações e, ainda, criem obrigações contratuais entre si durante a fase de negociações, alocando riscos.

Em razão disso, concluiu-se que esses documentos são instrumentos de grande utilidade em negociações, pois permitem que os candidatos a contratante restrinjam os riscos relacionados à configuração de eventual responsabilidade pré-contratual ou disputas a respeito da obrigação consistente na celebração do contrato definitivo, reduzindo as incertezas relacionadas à aplicação do princípio da boa-fé objetiva[489].

Até porque, conforme elucidado nos capítulos anteriores, a configuração da responsabilidade pré-contratual e o reconhecimento de eventual obrigação de firmar o contrato definitivo dependem, em grande medida, de provas acerca das expectativas legítimas geradas durante as negociações.

Para verificar se tal conclusão a respeito dos documentos firmados em negociações está em consonância com a jurisprudência atual em casos

[489] Vide item 4.4.

de encerramento litigioso de negociações, realizou-se pesquisa nos sites do Superior Tribunal de Justiça, Tribunal de Justiça do Estado de São Paulo e Tribunal de Justiça do Estado do Rio de Janeiro[490] com os termos "*ruptura das negociações*" e "*ruptura de negociações*", apenas a título de amostragem[491].

No total, foram detectados 89 acórdãos. No entanto, somente 16 acórdãos foram selecionados para a análise deste trabalho. Isso porque somente esses 16 acórdãos fazem efetivamente menção a documentos firmados em negociações.

A partir da análise dos 16 acórdãos selecionados, verificou-se que em 14 deles os documentos firmados em negociações foram utilizados pelo julgador como um dos elementos para se apurar a expectativa gerada entre as partes e/ou o estágio das negociações e, em seguida, se tal expectativa teria sido frustrada com o encerramento das negociações, configurando, assim, a responsabilidade pela ruptura das negociações.[492]

[490] Esclareça-se que a pesquisa de jurisprudência foi realizada somente nos Tribunais de Justiça do Estado de São Paulo e do Estado do Rio de Janeiro, pois são nesses Estados que se concentram a grande maioria das operações de fusões e aquisições, conforme demonstram pesquisas recentes realizadas pela KPMG (KPMG. Fusões e Aquisições. 4º trimestre de 2020. Disponível em: <https://home.kpmg/br/pt/home/insights/2021/05/fusoes-e-aquisicoes-brasil-2020.html>. Acesso em 20.3.2022). Além disso, decidiu-se incluir o Superior Tribunal de Justiça na pesquisa, em razão de seu papel de padronizar o entendimento referente à lei federal, a qual prevalece no presente estudo.

[491] Em razão (i) da ausência de uma terminologia padrão para fazer referência aos documentos firmados em negociações; (ii) da grande quantidade de julgados envolvendo o termo "responsabilidade pré-contratual" e (iii) da maior probabilidade de menção dos documentos firmados em negociações nas situações de ruptura das negociações, optou-se por delimitar a análise aos julgados envolvendo os termos "*ruptura das negociações*" e "*ruptura de negociações*". O intuito da pesquisa de jurisprudência realizada neste estudo não é indicar de forma exaustiva a posição de cada Tribunal a respeito do tema, mas sim apurar os possíveis entendimentos a título de amostragem.

[492] (i) TJ/RJ, processo n. 200400109953, 5ª Câmara Cível, Rel. Paulo Gustavo Horta, julgado em 1.6.2004; (ii) TJ/SP, processo n. 0000957-05.2011.8.26.0070, 10ª Câmara de Direito Privado, Rel. Carlos Alberto Garbi, julgado em 11.12.12; (iii) TJ/SP, processo n. 0200890-97.2010.8.26.0100, 33ª Câmara de Direito Privado, Rel. Hamid Bdine, julgado em 21.10.2013; (iv) TJ/SP, processo n. 0201274-89.2012.8.26.0100, 8ª Câmara de Direito Privado, Rel. Silvério da Silva, julgado em 12.11.2015; (v) processo n. 9191408-83.2007.8.26.0000, 8ª Câmara de Direito Privado, Rel. Pedro de Alcântara da Silva Leme Filho, julgado em 2.10.2013; (vi) processo n. 7.031.037-7, 7ª Câmara de Direito Privado – Rel. Elmano de Oliveira, julgado em 25.10.2006; (vii) TJ/SP, processo n. 9129816-67.2009.8.26.0000, 1 Câmara de Direito Privado – Rel. Alcides Leopoldo e Silva Júnior, julgado em 26.8.2014; (viii) TJ/SP, processo n.

Além disso, verificou-se que em 3 dos 16 acórdãos selecionados existia uma cláusula indicando o valor a ser pago a título de indenização em caso de desistência do negócio. Em dois desses acórdãos, a cláusula foi respeitada pelo julgador, de modo que a indenização foi fixada de acordo com o valor nela constante.[493] No outro acórdão, o julgador afastou a cláusula fixando o valor da indenização para o caso de desistência do negócio, pois entendeu que inexistia qualquer obrigação dos candidatos a contratante de celebrar o contrato definitivo, tampouco qualquer violação ao princípio da boa-fé objetiva.[494]

Apurou-se, ainda, nos 16 acórdãos selecionados que o julgador analisou atos subsequentes dos candidatos a contratante para verificar a configuração ou não da responsabilidade pela ruptura das negociações, não restringindo a sua análise aos documentos firmados em negociações.

Aliás, verificou-se que em alguns acórdãos os documentos firmados em negociações sequer foram fatores determinantes na fundamentação do julgador, prevalecendo os atos subsequentes.[495]

0174973-42.2011.8.26.0100, 2ª Câmara Reservada de Direito Empresarial – Rel. Carlos Alberto Garbi, julgado em 28.11.2016; (ix) TJ/SP, processo n. 553.932-4/6-00, Câmara Especializada em Falências e Recuperações Judiciais de Direito Privado, Rel. Boris Kauffmann (com voto divergente do Desembargador Pereira Calças), julgado em 24.9.2008; (x) TJ/SP, processo n. 0103234-82.2006.8.26.0100, 1ª Câmara Reservada de Direito Empresarial, Rel. Pereira Calças, julgado em 11.12.2012; (xi) TJSP, processo n. 1017523-39.2016.8.26.0554, 2ª Câmara Reservada de Direito Empresarial, Rel. Alexandre Marcondes, julgado em 29.06.2018; (xii) TJSP, processo n. 1133226-56.2015.8.26.0100, 2ª Câmara Reservada de Direito Empresarial, Rel. Claudio Godoy, julgado em 13/05/2019; (xiii) TJSP, processo n. 1035420-82.2019.8.26.0002, 1ª Câmara Reservada de Direito Empresarial, Rel. Cesar Ciampolini, julgado em 10.03.2021; (xiv) TJSP, processo n. 1042835-50.2-18.8.26.0100, 1ª Câmara Reservada de Direito Empresarial, Rel. Cesar Ciampolini, julgado em 26.05.2021.

[493] (i) TJ/SP, processo n. 0126643-28.2008.8.26.0000, 9ª Câmara de Direito Privado, Rel. José Aparício Coelho Padro Neto, julgado em 14.5.2013; (ii) TJ/SP, processo n. 0103234-82.2006.8.26.0100, 1ª Câmara Reservada de Direito Empresarial, Rel. Pereira Calças, julgado em 11.12.2012.

[494] TJ/SP, processo n. 0009618-81.2012.8.26.0637, 1ª Câmara de Direito Privado, Rel. Christine Santini, julgado em 4.7.2015.

[495] (i) TJ/SP, processo n. 0174973-42.2011.8.26.0100, 2ª Câmara Reservada de Direito Empresarial – Rel. Carlos Alberto Garbi, julgado em 28.11.2016; (ii) TJ/SP, processo n. 553.932-4/6-00, Câmara Especializada em Falências e Recuperações Judiciais de Direito Privado, Rel. Boris Kauffmann (com voto divergente do Desembargador Pereira Calças), julgado em 24.9.2008; (iii) TJ/SP, processo n. 0103234-82.2006.8.26.0100, 1ª Câmara Reservada de Direito Empresarial, Rel. Pereira Calças, julgado em 11.12.2012.

Ou seja, a pesquisa de jurisprudência confirmou que, nos casos de encerramento litigioso das negociações, os documentos firmados durante o seu curso podem servir como prova das expectativas geradas entre os candidatos a contratante com relação às negociações, bem como da existência de obrigações contratuais das partes nas negociações.

A pesquisa de jurisprudência também demonstrou que nem sempre os documentos firmados em negociações serão determinantes na solução de casos litigiosos de encerramento das negociações.

O fato de tais documentos serem geralmente analisados em conjunto com outros atos dos candidatos a contratante praticados durante as negociações, faz com que aqueles nem sempre sejam efetivos na redução dos riscos relacionados à configuração da responsabilidade pré-contratual.

Quando os candidatos a contratante aceitam o encerramento das negociações, sem litigar, aquilo que foi acordado nos documentos firmados em negociações tende a prevalecer, de modo que as consequências do encerramento das negociações serão aquelas definidas pelas partes. Por exemplo, a depender de seus termos, os documentos firmados em negociação irão determinar a forma de rateio das despesas e demais obrigações contratuais que irão prevalecer mesmo após o encerramento das negociações.

No entanto, nos casos em que o encerramento das negociações é litigioso, os documentos firmados em negociações são mais um elemento a ser analisado na apuração de eventual responsabilidade pela ruptura das negociações (ou até mesmo da existência de obrigação dos candidatos a contratante de celebrar o contrato definitivo). Isso porque as negociações são analisadas como um todo nessas situações.

A configuração de responsabilidade pela ruptura das negociações ou a existência de obrigação para a celebração do contrato objeto das negociações depende da expectativa que foi gerada entre os candidatos a contratante durante as negociações.

Conforme demonstrado nos capítulos anteriores, partindo-se do princípio da boa-fé objetiva, tutela-se nas negociações a relação de confiança existente entre os candidatos a contratante, que é construída a partir das legítimas expectativas geradas entre eles.

Para apurar com precisão a expectativa gerada entre os candidatos a contratantes, todos os atos por eles praticados até o encerramento das negociações são levados em consideração.

Dessa forma, o disposto pelos candidatos a contratante no documento firmado nas negociações pode ser impactado pelos atos subsequentes por eles praticados, conforme será analisado a seguir.

6.2. Atos subsequentes à celebração de documentos em negociações

Conforme mencionado no item anterior, as negociações são analisadas como um todo nos casos em que o seu encerramento é litigioso, sendo os documentos firmados durante o seu curso apenas um dos elementos considerados na apuração de eventual responsabilidade pela ruptura das negociações ou até mesmo da existência da obrigação de celebrar o contrato objeto das negociações.

Outros atos praticados pelas partes durante as negociações podem ser levados em consideração para se apurar as expectativas entre eles geradas. Por exemplo, a troca de e-mails, as comunicações e comportamentos adotados em reuniões, eventual cumprimento parcial do contrato definitivo, entre outros.

Em outras palavras, aquilo que foi acordado expressamente no documento firmado nas negociações pode ser impactado pelos atos subsequentes por eles praticados, conforme será analisado a seguir.

Entretanto, o impacto que os atos subsequentes terão no disposto nos documentos firmados em negociações dependerá em grande medida da interpretação e valoração a ser dada pelo julgador. Existem dois acórdãos do Tribunal de Justiça do Estado de São Paulo que retratam muito bem essa situação.

O primeiro acórdão[496] indica que ADM do Brasil Ltda. ("ADM") e Rede Comercializadora de Energia S/A ("Rede Energia") iniciaram negociações para a comercialização de energia com a celebração de um documento chamado de "proposta", o qual continha cláusula determinando que ele não tinha valor contratual e não vinculava os candidatos a contratante para os efeitos legais e de direito, sendo somente um indicativo das condições negociais.

Apesar de reconhecer a inexistência de qualquer vinculação dos candidatos a contratante com relação à celebração do contrato definitivo, o Tribunal de Justiça do Estado de São Paulo entendeu que o rompimento das

[496] TJ/SP, processo n. 0200890-97.2010.8.26.0100, 33ª Câmara de Direito Privado, Rel. Hamid Bdine, julgado em 21.10.2013.

negociações pela Rede Energia resultou na violação da boa-fé objetiva e, por consequência, em sua responsabilidade pela ruptura das negociações.

Isso porque, diante do avançado estágio das negociações, a Rede Energia não teria comprovado a ocorrência de impasse junto à ADM que justificasse o encerramento das negociações naquele momento.

O Tribunal de Justiça do Estado de São Paulo entendeu que o encerramento das negociações não poderia ter sido justificado somente pelo fato de a ADM ter manifestado interesse em alterar a quantidade de energia a ser contratada e a Rede Energia ter recusado tal alteração.

Para o Tribunal de Justiça do Estado de São Paulo somente inexistiria responsabilidade pela ruptura das negociações se a Rede Energia tivesse comprovado que a ADM não aceitou reavaliar o seu pedido de alteração da quantidade de energia a ser contratada, sendo impossível a continuação das negociações.

É possível notar com esse acórdão que, apesar da natureza contratual da cláusula indicando a não vinculação dos candidatos a contratante à celebração do contrato definitivo, esta não foi suficiente para justificar o encerramento imotivado das negociações e afastar a configuração de responsabilidade pela ruptura das negociações.

O comportamento posterior da ADM e da Rede Energia foi determinante para que o Tribunal de Justiça do Estado de São Paulo concluísse pela existência de responsabilidade da Rede Energia pela ruptura das negociações, sendo o teor do documento firmado logo no início das negociações apenas um dos elementos analisados.

Já no segundo acórdão[497] a conclusão do Tribunal de Justiça do Estado de São Paulo foi diferente. No caso, Graham Packaging do Brasil Indústria e Comércio S/A ("Graham") e Euroflex Indústria e Comércio Ltda. e outros ("Euroflex") iniciaram negociações para a aquisição de quotas da Euroflex, o que posteriormente se transformou em aquisição de ativos.

Durante as negociações, Graham e Euroflex celebraram minutas e cartas de intenções dispondo sobre as condições do futuro negócio. Após a criação de uma empresa para receber os ativos da Euroflex (Newco), a constituição de hipoteca, a demissão de alguns funcionários, e a elaboração de minutas do contrato definitivo, a Graham rompeu as negociações

[497] TJ/SP, processo n. 9129816-67.2009.8.26.0000, 1 Câmara de Direito Privado – Rel. Alcides Leopoldo e Silva Júnior, julgado em 26.8.2014.

ao se recusar a comparecer à reunião agendada para a assinatura do contrato definitivo. A justificativa apresentada pela Graham para romper as negociações foi o alto valor do passivo detectado.

Apesar de mencionar o estágio avançado em que se encontravam as negociações no momento do rompimento e os diversos atos praticados pelos candidatos a contratante para viabilizar o negócio, o Tribunal de Justiça do Estado de São Paulo afastou a responsabilidade da Graham pela ruptura das negociações por entender que na fase de negociações preliminares é possível o encerramento das negociações, inclusive sem motivo.

Segundo o Tribunal de Justiça do Estado de São Paulo, na fase de negociações preliminares inexistiria qualquer obrigação entre os candidatos a contratante de celebrar o contrato definitivo. A carta de intenções firmada entre os candidatos a contratante foi entendida como um indicativo disso.

Como se pode perceber, cada julgador valorou os atos subsequentes praticados pelos candidatos a contratante durante as negociações de forma totalmente distinta em tais acórdãos.

No primeiro acórdão, os atos subsequentes praticados pelas partes influenciaram muito mais na decisão do que o expressamente previsto no documento firmado logo no início das negociações.

Já no segundo acórdão, os atos subsequentes praticados praticamente não influenciaram a decisão, prevalecendo a lógica por trás da carta de intenções de não vinculação à celebração do contrato definitivo.

Apesar de depender em grande medida da valoração do julgador, o fato é que os atos subsequentes praticados pelos candidatos a contratante podem efetivamente impactar no teor dos documentos firmados em negociações.

Em razão disso, conforme será demonstrado a seguir, as cláusulas constantes nos documentos firmados em negociações nem sempre irão produzir os seus efeitos típicos ou os efeitos esperados pelas partes.

6.3. A eficácia das cláusulas previstas nos documentos firmados em negociações de operações de fusões e aquisições diante dos atos subsequentes praticados pelos candidatos a contratante

No capítulo 1 verificou-se que é comum a celebração de documentos em negociações de operações de fusões e aquisições logo em seu início e ao longo (ou após a conclusão) da fase de auditoria.

Após a celebração dos documentos, as partes praticam diversos atos para dar continuidade às negociações. Tais atos são levados em consideração na apuração da expectativa das partes em relação à celebração do contrato definitivo, eis que as negociações são avaliadas como um todo no caso de seu encerramento litigioso, conforme mencionado no item anterior.

Esses atos posteriores podem fazer com que a aplicação do previsto nos documentos firmados entre as partes se torne contrária, por exemplo, ao princípio da boa-fé objetiva. Ou, ainda, o comportamento posterior pode fazer com que aquilo disposto nos documentos firmados em negociações seja superado na prática, impedindo a produção de seus efeitos típicos.

A seguir, será analisada a influência que tais atos posteriores poderão ter nos efeitos decorrentes das cláusulas mais relevantes de documentos firmados em negociações de operações de fusões e aquisições (especialmente com relação à delimitação de riscos e expectativas).

6.3.1. Cláusulas relacionadas à proximidade dos candidatos a contratante com relação à celebração do contrato definitivo

No capítulo V verificou-se que as cláusulas podem ter a função de estabelecer o nível de proximidade das partes com relação à celebração do contrato definitivo.

Essas cláusulas podem obrigar os candidatos a contratante (i) a celebrar o contrato definitivo, (ii) negociar, envidando os melhores esforços durante as negociações para o seu sucesso ou (iii) simplesmente negociar sem qualquer dever, expectativa ou comprometimento adicional.

Em razão da paridade entre os candidatos a contratante e da natureza contratual dessas cláusulas, o disposto nelas deve prevalecer na análise da configuração de eventual responsabilidade pré-contratual no caso de encerramento litigioso das negociações.

No direito comercial, o respeito ao princípio do *pacta sunt servanda* é de grande importância para o bom funcionamento do mercado. Como geralmente há paridade entre os agentes econômicos, aquilo por eles acordado deve ser respeitado. A esse respeito, Paula A. Forgioni explica que:

> o funcionamento do mercado exige que os pactos sejam respeitados. Se, em outras áreas do direito, esse pressuposto foi relativizado nas últimas décadas, a tendência do direito comercial vai no sentido de impor o respeito aos acordos aos quais houve livre vinculação (...) O princípio do *pacta sunt servanda*

mostra-se necessário ao giro mercantil na medida em que freia o natural oportunismo dos agentes econômicos[498].

No entanto, excepcionalmente, o comportamento posterior à celebração dos documentos em negociações de operações de fusões e aquisições e contrário ao seu conteúdo poderá superar o que foi neles acordado, em razão da criação de novas expectativas legítimas entre as partes.

A criação de novas expectativas legítimas pode ocorrer, por exemplo, na situação em que o documento firmado entre as partes tem uma cláusula determinando a não obrigatoriedade de se celebrar o contrato definitivo da operação, porém, em momento posterior: (i) os candidatos a contratante indicam de forma inequívoca a sua intenção de celebrar o contrato definitivo; ou (ii) uma das partes faz investimentos para viabilização do negócio (com o consentimento da outra partes) como se tivesse a segurança de que o contrato definitivo seria firmado.

Na prática, contudo, nem sempre será fácil aferir se novas expectativas legítimas foram criadas. É imprescindível que existam provas contundentes e inquestionáveis a respeito dessas expectativas para que o disposto nos documentos firmados em negociações seja desconsiderado (ou seja, para que se afaste o princípio do *pacta sunt servanda*).

Até porque a prova contratual tem grande força no ordenamento jurídico pátrio, em especial nas relações comerciais. Ela poderá ser afastada somente em situações excepcionais, em que existam provas inequívocas em sentido contrário.

Há dois acórdãos do Tribunal de Justiça do Estado de São Paulo que retratam muito bem a dificuldade em se aferir a criação de novas expectativas legítimas no caso de encerramento litigioso de negociações e os riscos envolvidos na prática.

No primeiro acórdão[499], discute-se a negociação iniciada entre, de um lado, ADM do Brasil Ltda. e Archer Daniel Midland Ltda. (em conjunto "ADM") e, de outro lado, Incobrasa Industries Ltda. ("Incobrasa") para a aquisição de planta industrial de moagem de propriedade da Incobrasa nos Estados Unidos.

498 Forgioni, Paula A. *Contratos empresariais*. São Paulo: Ed. RT, 2015, pp. 111-112.

499 TJ/SP, processo n. 9191408-83.2007.8.26.0000, 8ª Câmara de Direito Privado, Rel. Pedro de Alcântara da Silva Leme Filho, julgado em 2.10.2013.

Logo no início das negociações, ADM e Incobrasa firmaram um documento estabelecendo que a conclusão do contrato definitivo dependeria dos resultados da auditoria a ser realizada e da obtenção das aprovações societárias necessárias. Em momento posterior, ADM e Incobrasa firmaram carta de intenções reiterando tais condições.

Após concluir que o resultado da auditoria teria sido insatisfatório, a ADM decidiu encerrar as negociações. Em suporte à sua decisão de encerrar as negociações, a ADM alegou que os documentos firmados ao longo das negociações condicionavam a celebração do contrato definitivo ao resultado da auditoria.

Para a Incobrasa, tal cláusula não seria aplicável, pois uma nova expectativa havia sido legitimamente criada. De acordo com a Incobrasa, independentemente do disposto nos documentos firmados durante as negociações, ela tinha a legítima expectativa de que o contrato definitivo seria celebrado, em razão dos investimentos por ela realizados para viabilizar o negócio e que eram do conhecimento da ADM.

Apesar de reconhecer a existência de investimentos realizados pela Incobrasa após a celebração dos documentos dispondo sobre as condições do negócio, o Tribunal de Justiça do Estado de São Paulo entendeu que uma nova expectativa não havia sido criada com relação à celebração do contrato definitivo. Isso porque a ADM demonstrou oportunamente à Incobrasa a sua discordância com relação aos investimentos que estavam sendo realizados.

Para o TJ/SP, o comportamento da ADM foi compatível com o disposto nos documentos firmados durante a negociação, que previa a não vinculação das partes à celebração do contrato definitivo enquanto não fossem implementadas as condições lá previstas. Por essa razão, decidiu que a ADM não poderia ser responsabilizada pela ruptura das negociações, pois não teria ocorrido qualquer violação à boa-fé objetiva.

O TJ/SP respeitou aquilo inicialmente acordado entre ADM e Incobrasa com relação à sua não vinculação à celebração do contrato definitivo, tendo entendido, no caso, que o comportamento posterior das partes não alterou aquilo que havia sido previamente acordado, tampouco criou novas expectativas legítimas à Incobrasa.

Contudo, em um cenário hipotético, caso a ADM não tivesse expressamente manifestado a sua discordância com relação aos investimentos que estavam sendo realizados pela Incobrasa no curso das negociações (isto é, caso tivesse ficado silente), o TJ/SP poderia ter entendido que uma nova expectativa legítima havia sido criada com relação à celebração do contrato definitivo, responsabilizando a ADM pela ruptura das negociações.

Isso revela que o comportamento posterior dos candidatos a contratante é relevante, até mesmo para demonstrar que o que foi acordado no documento firmado em negociações continua vigente.

No segundo acórdão[500], o TJ/SP entendeu que o comportamento posterior das partes superou o que havia sido acordado no início das negociações.

No caso, Securitas AB ("Securitas") tinha interesse em entrar no mercado brasileiro de segurança privada por meio da aquisição de ações de uma das empresas a ser criada pelo Grupo Estrela Azul, a Lucky Sun.

Logo no início das negociações, Securitas e Grupo Estrela Azul firmaram documentos indicando que Securitas poderia optar, a seu exclusivo critério, por subscrever ou não 51% das ações da Lucky Sun pelo valor mínimo de R$ 10 milhões, após a obtenção de licença junto ao Ministério da Justiça, a realização de auditoria e a aprovação de seu Conselho de Administração.

No curso das negociações, funcionários da Securitas acompanharam as atividades do Grupo Estrela Azul, o que estava previsto nos documentos firmados no início das negociações. Além disso, a Securitas figurou como garantidora de um empréstimo obtido pelo Grupo Estrela Azul junto ao HSBC Bank Brasil S/A para pagamento de suas despesas operacionais. Isso porque a Securitas tinha interesse que o Grupo Estrela Azul mantivesse as suas atividades operacionais em andamento.

A Securitas teve de pagar a quantia de R$ 43.525.749,60 para liquidar referido empréstimo. Como contrapartida, o Grupo Estrela Azul deu a ela um imóvel em hipoteca, caução sobre as quotas das sociedades do grupo e fiança de seus sócios.

Após conseguir a licença do Ministério da Justiça e receber o resultado insatisfatório da auditoria, a controladora da Securitas impediu a continuidade das negociações. Assim, a Securitas encerrou as negociações com o Grupo Estrela Azul, optando por não subscrever as ações.

Após o encerramento das negociações, o Grupo Estrela Azul pediu a sua recuperação judicial. Em Assembleia Geral de Credores, a Securitas

[500] TJ/SP, processo n. 9071777-14.2008.8.26.0000, Câmara Especializada em Falências e Recuperações Judiciais de Direito Privado, Rel. Boris Kauffmann (com voto divergente do Desembargador Pereira Calças), julgado em 24.9.2008.

foi impedida de votar e de habilitar o seu crédito decorrente do pagamento do empréstimo obtido pelo Grupo Estrela Azul junto ao Banco HSBC Bank Brasil S/A ("HSBC"). Além disso, a Assembleia Geral de Credores decidiu ainda vender o imóvel que a Securitas havia recebido do Grupo Estrela Azul em hipoteca, destinando os recursos da venda aos demais credores do Grupo.

Isso porque a Securitas foi considerada sócia de fato do Grupo Estrela Azul. Entendeu-se o pagamento da quantia de R$ 43.525.749,60 pela Securitas como um aporte de capital e não como um crédito.

O Tribunal de Justiça do Estado de São Paulo, por maioria de votos, confirmou a posição da Assembleia Geral de Credores do Grupo Estrela Azul. Com base em parecer elaborado pelo Professor Fábio Ulhoa Coelho, os Desembargadores Boris Kauffmann e Hamilton Elliot Akel afirmaram que havia uma sociedade de fato entre Securitas e o Grupo Estrela Azul.

De acordo com os Desembargadores, a Securitas teria assumido a condição de sócia do Grupo Estrela Azul ao realizar o pagamento da quantia de R$ 43.525.749,60, podendo tal pagamento, inclusive, ser entendido como um adiantamento da subscrição das ações da Lucky Sun.

O Desembargador Pereira Calças, por sua vez, divergiu desse entendimento, posição com a qual concordamos. Com base em parecer elaborado pelo Professor Erasmo Valladão, o Desembargador Pereira Calças concluiu que não havia sociedade de fato entre Securitas e Grupo Estrela Azul, sendo a Securitas somente credora do Grupo Estrela Azul.

Para o Desembargador Pereira Calças, os documentos firmados pelas partes demonstravam que elas estavam em fase de negociações preliminares, inexistindo qualquer obrigação entre elas de celebrar o contrato definitivo.

Após receber o resultado insatisfatório da auditoria, a Securitas legitimamente exerceu o direito previsto nos documentos firmados nas negociações de optar pela não subscrição das ações da Lucky Sun, o que, na opinião do Desembargador Pereira Calças, deveria ser respeitado pelo Tribunal de Justiça do Estado de São Paulo.

Por fim, para corroborar com o entendimento de que não haveria sociedade de fato entre Securitas e Grupo Estrela Azul, o Desembargador Pereira Calças ainda pontuou que o Grupo Estrela Azul havia dado contraprestações para a Securitas pelo pagamento do empréstimo.

Como se pode perceber, o TJ/SP entendeu, em ambos os acórdãos acima analisados, que o comportamento posterior dos candidatos a contratante impactaria o teor dos documentos firmados nas negociações.

No primeiro acórdão, o Tribunal deu maior importância ao documento firmado durante as negociações, interpretando o comportamento posterior da ADM como uma confirmação do disposto no documento com relação à inexistência de vinculação à celebração do contrato definitivo.

Já no segundo acórdão, podemos interpretar a decisão por maioria de votos do Tribunal de Justiça do Estado de São Paulo de duas formas: (i) uma primeira hipótese seria que o comportamento posterior da Securitas (qual seja, a liquidação do empréstimo junto ao banco HSBC) representaria o exercício pela Securitas da opção pela subscrição das ações, o que teria efetivado o contrato definitivo; ou (ii) uma segunda hipótese seria que o comportamento posterior da Securitas representaria uma superação do que havia sido previamente acordado entre as partes no documento firmado nas negociações, pois a liquidação do empréstimo junto ao banco teria sido entendida como um aporte de capital que criou uma sociedade de fato entre Grupo Estrela Azul e Securitas, de modo que a opção pela subscrição ou não das ações da Lucky Sun não seria mais aplicável.

Em ambos os casos acima analisados, verificou-se que o comportamento posterior dos candidatos a contratante pode impactar o disposto nos documentos firmados em negociações com relação à celebração do contrato definitivo.

Ressalte-se, no entanto, que o comportamento posterior somente irá afastar o acordo prévio das partes se ficar demonstrado de forma inequívoca que a intenção dos candidatos a contratante era alterar o que havia sido previamente acordado.

Isso porque o princípio do *pacta sunt servanda* deve prevalecer na seara dos contratos empresariais. Nesse sentido, o documento firmado inicialmente nas negociações de operação de fusão e aquisição deve ser entendido como a prova de maior valor a respeito da intenção dos candidatos a contratante.

Entendemos que no acórdão sobre as negociações entre Securitas e Grupo Estrela Azul não havia qualquer prova que justificasse o afastamento do disposto nos documentos a respeito do direito de a Securitas optar em subscrever ou não as ações da Lucky Sun.

O comportamento da Securitas não foi incoerente com o disposto nos documentos firmados nas negociações. Sendo partes sofisticadas, certamente eles não teriam a intenção de constituir uma sociedade de fato, já que negociavam uma operação com características bastante distintas.

No entanto, não foi esse o entendimento do Tribunal de Justiça do Estado de São Paulo no caso da Securitas; nesse caso concreto, o Tribunal entendeu se tratar de situação que justificava a intervenção do Poder Judiciário (em detrimento da valorização da autonomia privada).

Em suma, apesar de o princípio do *pacta sunt servanda* prevalecer nas relações contratuais empresariais, o comportamento posterior dos candidatos a contratante poderá alterar o que foi inicialmente acordado entre eles nos documentos firmados em negociações de operações de fusões e aquisições, se existirem provas inequívocas de que tais comportamentos resultaram na criação de novas expectativas.

6.3.2. Cláusulas cuja função é disciplinar as negociações

Conforme elucidado no capítulo V, no geral, as cláusulas cuja função é disciplinar as negociações têm natureza contratual. Em razão de sua natureza contratual, essas cláusulas criam obrigações para as partes.

Para retratar a influência do comportamento posterior das partes nos efeitos produzidos por tais cláusulas, selecionamos três cláusulas que têm maior relevância na delimitação de expectativas e riscos, a saber: (i) cláusula prevendo o direito de encerrar as negociações; (ii) cláusulas de não indenizar; e (iii) cláusulas de rateio de despesas.

6.3.2.1. *Cláusula prevendo o direito de encerrar as negociações e o rateio de despesas*

As cláusulas prevendo (i) o direito de encerrar as negociações e (ii) a forma de rateio das despesas incorridas por eles durante as negociações têm natureza contratual.

Por terem natureza contratual, essas cláusulas vinculam os candidatos a contratante, permitindo a antecipação e delimitação dos riscos relacionados à eventual encerramento das negociações.

No entanto, essas cláusulas não produzirão os seus efeitos jurídicos típicos nos casos em que a sua aplicação configurar uma violação ao princípio da boa-fé objetiva, que é norma de ordem pública.

No caso das cláusulas prevendo o direito de encerrar as negociações, seria contrário ao princípio da boa-fé objetiva que as partes pactuassem o direito de encerrar as negociações quando tal rompimento frustrasse expectativas legítimas da outra parte. Conforme mencionado no capítulo V, apesar de as cláusulas aqui tratadas auxiliarem na apuração das expectativas legítimas geradas entre os candidatos a contratante, a configuração da responsabilidade pela ruptura das negociações também terá como base outros elementos da negociação (por exemplo, troca de e-mails, confirmação de que a *due diligence* foi satisfatória, entre outros).

Já no caso das cláusulas de rateio de despesas, estas têm função distinta da cláusula de não indenizar.[501] Enquanto a cláusula de não indenizar tem o propósito de limitar ou exonerar as partes do dever de indenizar na ocorrência de um ato ilícito ou de um evento indenizável, as cláusulas de rateio de despesas têm a função de determinar qual parte arcará com as despesas a serem incorridas durante as negociações da pretendida operação, em situações de normalidade. Ou seja, a principal diferença entre elas é o pressuposto da existência de um ilícito (ou inadimplemento) na cláusula de não indenizar, o que não está presente na cláusula de rateio de despesas.[502]

Em razão disso, em um evento de ruptura ilícita das negociações, as cláusulas de rateio de despesas não produzirão os seus efeitos típicos, isto é, não afastarão a consequência da responsabilidade pela ruptura ilícita das negociações, qual seja, o dever de indenizar.

As despesas incorridas pelas partes com as negociações tornam-se danos com a configuração da responsabilidade pela ruptura das negociações. Assim, a cláusula de rateio de despesas não seria aplicável diante da configuração da responsabilidade pela ruptura das negociações (caso contrário, ela poderia tornar sem efeito o dever de indenizar decorrente da responsabilidade pela ruptura das negociações).

[501] Note a diferença de redação entre as cláusulas transcritas no item 5.4.3 daquelas transcritas no item 5.4.5.

[502] Em razão disso, discordamos da posição de Mary Grün de que a cláusula de rateio de despesas propicia, de antemão, uma solução para a apuração do prejuízo na responsabilidade pré-contratual. Nesse sentido, Mary Grün defende que "*a importância de tal ajuste, que, em verdade, reúne todas as características de uma cláusula contratual, está em propiciar de antemão a solução de um aspecto da responsabilidade pré-contratual que gera tormentosas discussões em demandas nas quais se postula a reparação de danos sofridos em decorrência da ruptura injustificada das negociações, que é o momento do prejuízo*" (GRÜN, Mary. *Op. cit.*, p. 71).

6.3.2.2. *Cláusulas de não indenizar*

Conforme mencionado no capítulo V, as cláusulas de não indenizar têm natureza contratual. Assim, em regra, elas vinculam os candidatos a contratante, produzindo os seus regulares efeitos jurídicos.

No entanto, questiona-se se as cláusulas de não indenizar constantes em documentos firmados em negociações produziriam os seus regulares efeitos jurídicos em todos os cenários em que a responsabilidade pela ruptura das negociações restasse caracterizada.

Para responder a esse questionamento, em primeiro lugar, será analisada a validade das cláusulas de não indenizar relacionadas à responsabilidade pela ruptura das negociações.

A configuração da responsabilidade pela ruptura das negociações pressupõe a violação ao princípio da boa-fé objetiva, conforme apontado no capítulo III. Em paralelo, um dos requisitos de validade da cláusula de não indenizar – e de qualquer negócio jurídico – é o respeito à ordem pública e às normas cogentes[503], inclusive o princípio da boa-fé objetiva.[504]

Diante desse cenário, indaga-se se o fato de a responsabilidade pela ruptura das negociações pressupor a violação ao princípio da boa-fé objetiva não resultaria na nulidade *per se* de eventual cláusula de não indenizar a ela relacionada? Por exemplo, as cláusulas mencionadas no item 5.4.5 deste trabalho seriam *per se* nulas?

Wanderley Fernandes defende que as cláusulas de não indenizar seriam plenamente aplicáveis aos casos da responsabilidade pré-contratual, pois o contato prévio decorrente das negociações permite que as partes antecipem e avaliem os riscos de sua relação.[505]

[503] DIAS, José de Aguiar. *Cláusula de não indenizar.* 3ª edição, Rio de Janeiro: 1976, p. 43.

[504] Nesse sentido, BANDEIRA, Luiz Octávio Villela de Viana. *Op. cit.*, p. 196; FERNANDES, Wanderley. *Cláusulas de exoneração e de limitação de responsabilidade.* São Paulo: Ed. Saraiva, 2013, pp. 247-248.

[505] Wanderley Fernandes explica que "*ainda que o contrato não tenha se formado, a relação já estabelecida entre as partes, como uma forma de contato contratual, pode ser identificada como uma situação intermediária entre a relação contratual e a simples relação social. Nesse sentido, diverso da relação meramente causal em que se encontram o motorista e o pedestre envolvidos em um acidente de trânsito, as partes em negociação podem avaliar os riscos envolvidos nessa relação especial, nesse contato contratual, que é fazer uma negociação. Sendo possível essa avaliação, consideramos razoável que as partes possam regular entre si os seus efeitos, limitando ou excluindo o dever de indenizar daí decorrente. Pelas mesmas razões apontadas, não podemos deixar de concordar que as cláusulas de exoneração e limitação do dever de indenizar não poderão ser admitidas quando inexistente relação prévia entre as partes, como*

Luiz Octávio Villela de Viana Bandeira, por sua vez, entende que a questão não seria tão simples.[506] O autor concorda que a cláusula de não indenizar poderia versar sobre responsabilidade pré-contratual. Ele explica que a cláusula de não indenizar relacionada à responsabilidade pré-contratual não seria *per se* inválida, pois ela corresponde apenas a uma forma de alocação de riscos e de danos previamente identificados pelos candidatos a contratante ao negociar. Além disso, o dano objeto da cláusula de não indenizar tem natureza patrimonial e decorre da violação de um dever jurídico disponível, o que o distingue de sua norma criadora, que no caso é a boa-fé objetiva.[507]

Assim, concordamos com a posição de Wanderley Fernandes e Luiz Octávio Villela de Viana Bandeira de que a cláusula de não indenizar relacionada à responsabilidade pré-contratual não seria *per se* inválida.

Apesar de a cláusula de não indenizar não ser *per se* nula, entendemos que ela não produziria os seus regulares efeitos, se o dolo[508] ou a culpa grave[509] restassem caracterizados no caso concreto. Eventual comportamento

no exemplo do acidente de trânsito" (FERNANDES, Wanderley. *Cláusulas de exoneração e de limitação de responsabilidade*. São Paulo: Ed. Saraiva, 2013, p. 168).

[506] Luiz Octávio Villela de Viana Bandeira elucida que "*a doutrina praticamente de forma unânime – inclusive com o apoio do autor citado – indica que o respeito à boa-fé objetiva estaria dentro do campo de incidência da ordem pública, um dos requisitos de validade da cláusula e de qualquer negócio jurídico. Em termos diretos, parece ser uma contradição afirmar que os deveres jurídicos pré-contratuais surgem da boa-fé objetiva – tema considerado de ordem pública – e, ao mesmo tempo, seja possível admitir que a convenção de não indenizar aborde esse objeto*" (BANDEIRA, Luiz Octávio Villela de Viana. *Op. cit.*, pp. 196-197).

[507] De acordo com Luiz Octávio Villela de Viana Bandeira, "*a convenção de não indenizar na fase negocial teria como objeto o eventual dano a ser causado pelo não cumprimento de um dever (dano patrimonial, decorrente de um interesse jurídico disponível), o que é diferente das próprias normas que indicam o surgimento desses deveres (no caso, a boa-fé objetiva). (...) Não se trata de uma cláusula que dirá que as partes não serão responsáveis caso não se comportem conforme a boa-fé objetiva genericamente, mas sim um negócio que irá identificar os riscos e os danos assumidos pelas partes que estão a negociar, prevendo a sua devida alocação*" (BANDEIRA, Luiz Octávio Villela de Viana. *Op. cit.*, p. 197).

[508] De acordo com Antonio Junqueira de Azevedo, "*o dolo envolve sempre ou a intenção de obter o resultado danoso, ou, ao menos a assunção do risco de produzi-lo (é o dolo eventual)*" (JUNQUEIRA DE AZEVEDO, Antonio. *Novos estudos e pareceres de direito privado*. 2ª tiragem, São Paulo: Ed. Saraiva, 2010, p. 430).

[509] Segundo Sérgio Cavalieri Filho, "*examinada pelo ângulo da gravidade, a culpa será grave se o agente atuar com grosseira falta de cautela, com descuido injustificável ao homem normal, impróprio ao comum dos homens*" (CAVALIEIRI FILHO, Sérgio. *Programa de responsabilidade civil*. 6ª edição, 2ª tiragem, São Paulo: Ed. Malheiros, 2006, p. 62).

doloso por parte de uma das partes poderia impedir que a cláusula de não indenizar incidisse no caso concreto, gerando os seus regulares efeitos.[510]

Isso porque seria contrário aos princípios da boa-fé objetiva e da função social do contrato – englobados no conceito de ordem pública – permitir que um candidato a contratante se beneficiasse ao se comportar de forma intencional em violação aos deveres aplicáveis às negociações.[511]

A título exemplificativo, imagine o caso em que as partes pactuaram uma cláusula de não indenizar para a hipótese de encerramento das negociações em um memorando de entendimentos, sendo que um deles não tem a intenção de celebrar o contrato definitivo, pois busca com as negociações somente obter informações estratégicas. Ao conseguir as informações estratégicas almejadas, o candidato a contratante poderia encerrar as negociações, sem ter que indenizar o outro candidato a contratante pela falsa expectativa gerada com relação à celebração do contrato definitivo.

O comportamento intencional de prejudicar é contrário à boa-fé objetiva e, assim, não é admitido no ordenamento jurídico pátrio. Note-se que não estamos tratando de violação ao princípio da boa-fé objetiva em razão do desrespeito aos deveres incidentes na fase pré-contratual ou do exercício abusivo do direito de encerrar as negociações.

Na verdade, a violação da boa-fé objetiva aqui discutida está na alocação dos riscos decorrentes do encerramento doloso das negociações à parte lesada.

[510] A esse respeito, Luiz Octávio Villela de Viana Bandeira explica que "*é a circunstância em que no momento da conclusão do contrato não houve dolo ou qualquer outro vício, de modo que ela cumpre todos os requisitos de regularidade conforme o ordenamento jurídico, mas que, todavia, por conta de um fator fora do âmbito daquele negócio, qual seja, o comportamento doloso do devedor em não cumprir o pactuado, o mesmo ordenamento jurídico impede que surjam seus potenciais efeitos. (...) o dolo que ocorre no momento posterior à conclusão do contrato não se mostra tendente a influenciar propriamente o âmbito de validade da cláusula, como um dos planos do negócio jurídico. O que ocorre, tecnicamente, é que a cláusula de não indenizar não pode ter abrangência normativa – isto é, não pode incidir – nos casos em que o devedor dolosamente não cumpra o pactuado*" (BANDEIRA, Luiz Octávio Villela de Viana. *Op. cit.*, p. 161).

[511] Segundo Luiz Octávio Villela de Viana Bandeira, "*diante de um sistema que elege a boa-fé objetiva e a função social do contrato como um de seus pilares principiológicos, seria claramente contraditório admitir que uma pessoa seja beneficiada nos casos em que intencionalmente se comporte de maneira a não cumprir os deveres por ela assumidos. Ademais, tal situação parece confortavelmente adentrar o campo da incidência da vedação de cláusulas que vão de encontro ao princípio da manutenção da ordem pública, cujos contornos foram abordados anteriormente*" (BANDEIRA, Luiz Octávio Villela de Viana. *Op. cit.*, p. 159).

As partes não podem acordar que os riscos e danos decorrentes do encerramento doloso das negociações seriam de responsabilidade da parte lesada, nos termos dos artigos 122 e 166, inciso II, do Código Civil.[512] Tal pacto afrontaria diretamente o princípio da boa-fé objetiva.

Da mesma forma, cláusulas como aquelas transcritas no item 5.4.5 deste trabalho não podem ser interpretadas para permitir a alocação do dano decorrente do encerramento doloso das negociações à parte lesada.

A mesma lógica referente ao comportamento doloso é aplicada aos casos em que um dos candidatos a contratante atua com culpa grave ao encerrar as negociações. Isso porque o sistema permite que o julgador equipare o regime jurídico da culpa grave ao do dolo para impedir a incidência da cláusula de não indenizar.[513] Conforme elucida Luiz Octávio Villela de Viana Bandeira:

> pode haver casos em que a intenção do agente é tão difícil de ser identificada, mas a gravidade da culpa se mostra de tal forma patente, que o benefício que a parte devedora obteria pela limitação ou exclusão do dever de indenizar passaria dos limites permitidos pelo ordenamento, e entraria na seara da ausência de boa-fé ou do abuso do direito[514].

Portanto, verifica-se que as cláusulas de não indenizar relacionadas à responsabilidade pela ruptura das negociações não são *per se* nulas, eis que o seu objeto são danos patrimoniais decorrentes de deveres jurídicos disponíveis.

No entanto, isso não significa que as cláusulas de não indenizar relacionadas à responsabilidade pela ruptura das negociações produzirão os seus regulares efeitos em todas as situações.

As cláusulas de não indenizar relacionadas à responsabilidade pela ruptura das negociações não incidirão nas situações em que restar comprovado que um dos candidatos a contratante agiu com dolo ou culpa grave no encerramento das negociações, pois seria uma afronta ao princípio da boa-fé objetiva.

[512] Bandeira, Luiz Octávio Villela de Viana. *Op. cit.*, p. 161.

[513] Antonio Junqueira de Azevedo explica que *"um dos casos de equivalência entre culpa grave e dolo, sem qualquer exceção, ocorre precisamente no âmbito das cláusulas limitativas de responsabilidade negocial. (...) A justificativa para aludida equiparação, nas cláusulas exoneratórias e limitativas de responsabilidade, decorre, em grande parte, de uma certa tendência à abusividade inerente a essas cláusulas, que, se admitidas sem restrição, levariam a um comportamento anti-social"* (Junqueira de Azevedo, Antonio. *Novos estudos e pareceres de direito privado.* 2ª tiragem, São Paulo: Ed. Saraiva, 2010, pp. 431-432).

[514] Bandeira, Luiz Octávio Villela de Viana. *Op. cit.*, p. 165.

6.4. Conclusão parcial

Verificamos neste capítulo que muitas das cláusulas previstas nos documentos produzidos pelos candidatos a contratante durante as negociações de operações fusões e aquisições têm natureza contratual.

Além disso, em regra, há paridade entre as partes, inexistindo situação de vulnerabilidade ou subordinação entre elas. Isso porque as negociações de operações de fusões e aquisições são usualmente complexas e sofisticadas, sendo realizadas entre empresas ou empresários com recursos para contratar assessores jurídicos e financeiros experientes.

Em razão dessa natureza contratual e da paridade entre os candidatos a contratante, via de regra, o disposto nessas cláusulas deve ser respeitado. No direito comercial é de grande importância o respeito aos acordos em que houver livre vinculação, sendo o princípio do *pacta sunt servanda* essencial para a manutenção do giro comercial.[515]

No entanto, em situações excepcionais, essas cláusulas não prevalecerão na apuração de eventual obrigação de celebrar o contrato definitivo ou de eventual responsabilidade pré-contratual.

O principal fator que poderá impactar nos efeitos jurídicos típicos produzidos pelos documentos firmados em negociações de operações de fusões e aquisições são os atos praticados pelos candidatos a contratante após a sua celebração.

Nesse sentido, os atos subsequentes praticados pelos candidatos a contratante poderão afastar o acordado nos documentos firmados entre as partes nas seguintes situações:

(i) No caso das cláusulas estabelecendo a proximidade dos candidatos a contratante com relação à celebração do contrato definitivo: quando existirem provas inequívocas de que os atos subsequentes praticados pelos candidatos a contratante superaram o disposto nos documentos firmados em negociações de operações de fusões e aquisições.

(ii) No caso das cláusulas de rateio de despesas e cláusulas determinando o direito de encerrar as negociações: quando a produção dos seus efeitos típicos for contrária ao princípio da boa-fé objetiva.

(iii) No caso das cláusulas de não indenizar: quando concluir-se pela existência de dolo ou culpa grave em comportamento ilícito e posterior de alguma das partes.

[515] FORGIONI, Paula A. *Contratos empresariais*. São Paulo: Ed. RT, 2015, pp. 111-112.

CONCLUSÃO

As negociações de operações de fusões e aquisições são geralmente longas, complexas e desempenham um papel de grande relevância para a concretização do negócio. É por meio das negociações que os candidatos a contratante tomam conhecimento das informações necessárias para estabelecer o formato do negócio, suas condições e, até mesmo, o seu efetivo interesse em realizá-lo.

Antes da conclusão de uma operação de fusão e aquisição muitas informações são trocadas, diversas rodadas de discussão e análises são realizadas por assessores das empresas envolvidas.

Diante da necessidade de tantas informações, análises e discussões, é comum que os candidatos a contratante alterem suas posições e interesses ao longo das negociações, concluindo, inclusive, pela sua falta de interesse em realizar o negócio.

Atualmente, o ordenamento jurídico pátrio não apresenta dispositivos específicos para regulamentar negociações complexas como as de operações de fusões e aquisições. Os dispositivos previstos no Código Civil tratam basicamente das figuras da proposta e da aceitação, que representam, no geral, a conclusão do contrato, ou seja, a fase final das negociações.

A partir da prática comercial, verifica-se que, em meio a esse cenário de incertezas em relação ao potencial negócio, possíveis mudanças de interesses ao longo das negociações e ausência de regulamentação específica pelo direito brasileiro, é comum que os candidatos a contratante produzam documentos durante as negociações de operações de fusões e aquisições. Esses documentos podem apresentar os mais variados títulos e conteúdos, inexistindo um padrão com relação a eles.

Devido à ausência de um padrão com relação a esses documentos, a doutrina brasileira, apesar de apresentar importantes lições sobre eles, indica que uma análise mais precisa dependeria do estudo do caso concreto.

Em razão disso, para ter uma compreensão mais precisa sobre os efeitos jurídicos produzidos pelos documentos firmados em negociações de operações de fusões e aquisições, foram analisadas as cláusulas mais recorrentes nesses documentos.

Verificou-se que essas cláusulas apresentam três principais funções, a saber: (i) disciplinar as negociações; (ii) estabelecer os pontos consensuais do contrato definitivo; e (iii) auxiliar no gerenciamento de expectativas quanto à celebração do contrato definitivo.

As cláusulas visando disciplinar as negociações (tais como as de confidencialidade, exclusividade, entre outras) têm, via de regra, natureza contratual. Assim, o efeito jurídico delas decorrente é a criação de um vínculo contratual entre os candidatos a contratante, permitindo a alocação de riscos entre estes e a previsibilidade quanto ao regramento aplicável às negociações.

As cláusulas estabelecendo os pontos consensuais, por sua vez, podem ter (i) natureza contratual, se inseridas em um documento com características de contrato preliminar, sendo o efeito jurídico típico delas decorrente a vinculação dos candidatos a contratante à celebração do contrato definitivo, observados os seus termos, ou (ii) natureza de declaração, cujos efeitos jurídicos decorrem da lei, mais especificamente do princípio da boa-fé objetiva.

As cláusulas visando auxiliar no gerenciamento de expectativas quanto à celebração do contrato definitivo podem ter natureza contratual, de ônus ou de condição (suspensiva ou resolutiva) como elemento acidental do negócio jurídico. Se forem contratos (por exemplo, a cláusula que prevê a obrigação de celebrar – ou de não celebrar – o contrato definitivo), o efeito jurídico delas decorrentes é vincular contratualmente os candidatos a contratante aos seus termos. Se elas forem entendidas como mero ônus, o seu cumprimento irá resultar em uma vantagem para os candidatos a contratante. Se forem condições, o efeito jurídico de sua implementação será o de (i) impor aos candidatos a contratante a obrigação de celebrar o contrato definitivo, se a condição for suspensiva e (ii) encerrar a vigência do contrato preliminar, se a condição for resolutiva.

As cláusulas visando auxiliar no gerenciamento de expectativas quanto à celebração do contrato definitivo e estabelecer os pontos consensuais do contrato definitivo, conjuntamente, permitem a apuração da proximidade dos candidatos a contratante com relação à celebração do contrato definitivo.

Conforme mencionado no capítulo V, a depender do nível de proximidade dos candidatos a contratante com relação à celebração do contrato definitivo, os documentos produzidos em negociações podem (i) gerar obrigação de celebrar o contrato definitivo; (ii) gerar obrigação de negociar o contrato definitivo, envidando os melhores esforços para o sucesso das negociações; e (iii) indicar somente a intenção das partes de negociar, inexistindo qualquer obrigação de celebrar o contrato definitivo ou compromisso de envidar melhores esforços para o sucesso das negociações.

Apesar de essas cláusulas produzirem os efeitos jurídicos acima indicados, o fato é que todas elas, indiretamente, permitem a apuração das expectativas legítimas dos candidatos à contratante com relação ao contrato definitivo e às negociações, servindo de elemento de interpretação no caso de encerramento litigioso das negociações.

Partindo-se dos efeitos jurídicos decorrentes dos documentos firmados em negociações de operações de fusões e aquisições, verifica-se, a princípio, que eles (i) vinculam as partes a uma regulamentação das negociações, dando maior previsibilidade e segurança; e, ainda, (ii) são provas concretas das expectativas geradas entre eles desde o início da negociação.

Ou seja, os documentos firmados em negociações de operações de fusões e aquisições, de certa forma, diminuem as incertezas decorrentes da aplicação do princípio da boa-fé objetiva, pois podem criar obrigações contratuais entre os candidatos a contratante e, ainda, servem de prova das expectativas entre eles geradas.

Ocorre, no entanto, que nem sempre as cláusulas previstas em tais documentos produzirão seus efeitos jurídicos típicos no caso concreto.

Conforme analisado no capítulo VI, no caso de encerramento litigioso das negociações, os atos praticados pelos candidatos a contratante, subsequentes à celebração dos documentos em negociações de operações de fusões e aquisições, poderão impactar os efeitos jurídicos típicos por eles produzidos.

Nos casos de encerramento litigioso das negociações, geralmente, duas questões são analisadas: (i) a existência de eventual obrigação entre os candidatos a contratante de celebrar o contrato definitivo; e/ou (ii) eventual responsabilidade pré-contratual dos candidatos a contratante.

Na análise dessas duas questões, serão levados em consideração todos os atos praticados pelos candidatos a contratante ao longo das negociações, sendo os documentos firmados durante o seu curso apenas um elemento dessa análise (naturalmente, tais documentos terão grande relevância nessa análise).

Para averiguar a existência de responsabilidade pré-contratual, será necessário apurar se houve ou não violação da boa-fé objetiva. Apesar de existirem institutos para auxiliar na apuração de eventual violação à boa-fé objetiva (por exemplo, deveres de proteção e figuras como *venire contra factum proprium*, *supressio*, *surrectio*, etc.), o fato é que a aplicação de tais institutos dependerá da análise conjunta de todos os atos praticados pelos candidatos a contratante, que possam ter gerado expectativas legítimas ou alterado o que havia sido acordado entre os candidatos a contratante.

Com relação à apuração da existência de obrigação de celebrar o contrato definitivo, todos os atos praticados pelos candidatos a contratante, que possam ter gerado expectativas legítimas entre eles, também devem ser analisados.

Em regra, o disposto nos documentos firmados em negociações de operações de fusões e aquisições deve prevalecer na análise de eventual obrigação entre os candidatos a contratante de celebrar o contrato definitivo e de eventual responsabilidade pré-contratual.

Isso porque, na seara do direito comercial, é de grande importância que os pactos sejam respeitados para a manutenção do giro mercantil, sendo tais pactos no presente caso os documentos firmados em negociações de operações de fusões e aquisições.

No geral, há paridade entre as partes de operações de fusões e aquisições. Assim, o que foi por elas acordado em documentos firmados durante as negociações deve ser respeitado, prevalecendo o princípio do *pacta sunt servanda*.

Tais documentos devem ser entendidos como fortes provas da intenção dos candidatos a contratante, servindo, inclusive, de base para a análise e interpretação dos atos posteriores praticados por eles.

Somente em situações excepcionais os atos subsequentes praticados pelos candidatos a contratante poderão afastar o disposto nos documentos firmados em negociações de operações de fusões e aquisições. Analisamos alguns exemplos dessas situações no item 6.4 desta obra.

Diante desse cenário, verifica-se que os documentos produzidos pelos candidatos a contratante são de grande utilidade em negociações de operações de fusões e aquisições, pois conferem maior previsibilidade e segurança às negociações ao criar obrigações contratuais entre os candidatos a contratante, permitem uma melhor delimitação de riscos decorrentes do encerramento das negociações e são provas das expectativas geradas entre os candidatos a contratante.

No entanto, para que o disposto nos documentos firmados em negociações de operações de fusões e aquisições produzam plenamente os efeitos originalmente pretendidos, é necessário que os candidatos a contratante atentem para os atos subsequentes à celebração daqueles. Em outras palavras, o comportamento dos candidatos a contratante durante as negociações deve ser coerente com o que foi acordado nos documentos firmado em negociações.

REFERÊNCIAS

ALMEIDA COSTA, Mário Júlio. *Responsabilidade Civil pela Ruptura das Negociações Preparatórias de um Contrato*. Coimbra: Coimbra, 1984.

ALEM, Fabio Pedro. *Contrato preliminar: eficácia nos negócios jurídicos complexos*. Mestrado em Direito das Relações Sociais, subárea Direito Civil Comparado, pela Pontifícia Universidade Católica de São Paulo, 2009.

ANTUNES, José Augusto Quelhas Lima Engracia. *Contratos Comerciais: Noções Fundamentais*. Coimbra: Universidade Católica Editora, 2007.

______. "A '*Consuetudo Mercatorum*' como Fonte do Direito Comercial". In: *Revista de Direito Mercantil, Industrial, Econômico e Financeiro*, Volume 146, abril/junho de 2007: Ed. Malheiros, 2007.

BANDEIRA, Luiz Octávio Villela de Viana. *As cláusulas de não indenizar no direito brasileiro*. São Paulo: Ed. Almedina, 2016.

BAPTISTA, Luiz Olavo. *Contratos Internacionais*. São Paulo: Ed. Lex Magister, 2010.

______. *Dos Contratos Internacionais – uma visão teórica e prática*. São Paulo: Ed. Saraiva, 1994.

BASSO, Maristela. *Contratos Internacionais do Comércio – Negociação, Conclusão, Prática*. 3ª ed., Porto Alegre: Ed. Livraria do Advogado, 2002.

______. *Joint ventures: manual prático das associações empresariais*. Porto Alegre: Livraria do Advogado, 1998.

BESSONE, Darcy. *Do Contrato: Teoria Geral*. 4ª. ed., São Paulo: Saraiva, 1997.

BETTI, Emilio. *Interpretazione della Legge e degli Atti Giuridici*. 2ª ed., Milano: Giuffré, 1971.

______. *Teoria General Del Negocio Jurídico*. Tradução de A. Martín Pérez. Granada: Ed. Comares, 2000.

BITTAR, Carlos Alberto. *Curso de direito civil*. Volume I. Rio de Janeiro: Ed. Forense Universitária, 1991.

BITELLI, Marcos Alberto Sant'Anna. "O Acordo de Não Divulgação (NDA) e a Questão do Rompimento das Negociações". In: *Revista de Direito Privado*, Volume 51/2012, julho/2012, São Paulo, 2012.

BLOK, Marcella. *Reorganizações Societárias, Fusões, Incorporações, Cisões e outros Eventos Societários: Aspectos Legais, Negociais e Práticos*. São Paulo: Quartier Latin, 2014.

BOTREL, Sérgio. *Fusões & Aquisições*. São Paulo: Ed. Saraiva, 2012.

______; BARBOSA, Henrique. *Finanças Corporativas: aspectos jurídicos e estratégicos*. São Paulo: Atlas, 2016.

BRODSKY, Stephen. "Federal Courts in New York provide framework for enforcing preliminary agreements". *New York State Bar Association Journal*, March/April 2001.

BURGARELLI, Waldírio. *Fusões, Incorporações e Cisões de Sociedades*. 2ª ed., São Paulo: Atlas, 1996.

CAPELLARI, Récio Eduardo. *Responsabilidade pré-contratual, aplicabilidade ao direito brasileiro*. Porto Alegre: Livraria do Advogado, 1995.

CARVALHOSA, Modesto. *Comentários à Lei de Sociedades Anônimas, Volume IV, Tomo I*. 3ª ed., São Paulo: Saraiva, 2002.

CASTRO, Rodrigo Rocha Monteiro de Castro. *Regime jurídico das reorganizações: societária, empresarial e associativa*. São Paulo: Saraiva, 2016.

CAVALIEIRI FILHO, Sérgio. *Programa de responsabilidade civil*. 6ª edição, 2ª tiragem, São Paulo: Ed. Malheiros, 2006.

CHAVES, Antonio. *Responsabilidade pré-contratual*. 2ª ed., São Paulo: Lejus, 1997.

CICERO, Marcus Tullius. *De officiis*. Tradução para o inglês de Walter Miller. Cambridge: Harvard University Press, 1913. Disponível em: http://www.constitution.org/rom/de_officiis.htm#book3. Acessado em 28.04.2016.

COELHO, Fábio Ulhoa. *Curso de Direito Comercial – Volume III*. São Paulo: Ed. Saraiva, 2010.

COMPARATO, Fábio Konder. *Novos Ensaios e Pareceres de Direito Empresarial*. Rio de Janeiro: Ed. Forense, 1981.

CORDEIRO, António Manuel da Rocha e Menezes. *Da boa-fé no direito civil*. 6ª reimpressão. Coimbra: Ed. Almedina, 2015.

COSTA, Judith Martins. "Os Avatares do Abuso do Direito e o Rumo Indicado pela Boa-Fé". In: TEPEDINO, Gustavo (coord.). *Direito Civil Contemporâneo*, Coord. São Paulo: Atlas, 2008.

COUTO E SILVA, Clóvis V. *Obrigação como Processo*. Rio de Janeiro: FGV, 2007.

DAWSON, John P.; HARVEY, William Burnett; HENDERSON, Stanley D.; BAIRD, Douglas G. *Contracts: cases and comment*. 9th edition, New York: Foundation Press, 2008, p. 383.

DINIZ, Maria Helena. *Curso de Direito Civil – 3. Teoria das Obrigações Contratuais e Extracontratuais*. São Paulo: Saraiva, 2007.

______. *Curso de direito civil brasileiro*. Volume 3, 17ª ed., São Paulo: Ed. Saraiva, 2002.

DONNINI, Rogério. *Responsabilidade civil pós-contratual: no direito civil, no direito do consumidor, no direito do trabalho, no direito ambiental e no direito administrativo*. 3ª edição. São Paulo: Ed. Saraiva, 2011.

FARNSWORTH, E. Allan. *Contracts*. Boston: Little, Brown and Co., 1990.

______; YOUNG, William F. *Contracts: cases and materials*. 5ª ed., Wesbury, New York: The Foundation Press, 1995.

FERNANDES, Wanderley. *Cláusulas de Exoneração e de Limitação de Responsabilidade*. São Paulo: Ed. Saraiva, 2013.

______. (coord.) *Fundamentos e Princípios dos Contratos Empresariais*. 2ª ed., São Paulo: Saraiva, 2012.

______. "O Processo de Formação do Contrato". In: FERNANDES, Wanderley (coord.). *Fundamentos e Princípios dos Contratos Empresariais*. 2ª ed., São Paulo: Saraiva, 2012.

______; OLIVEIRA, Jonathan Mendes. *Contrato Preliminar: Segurança de Contratar*. In: FERNANDES, Wanderley (coord.). *Fundamentos e Princípios dos Contratos Empresariais*. 2ª ed., São Paulo: Saraiva, 2012.

FOREMAN, Violeta Solonova. *Non-binding preliminary agreements: the duty to negotiate in good faith and the award of expectation damages*. Volume 72, University of Toronto Faculty of Law Review, 12/2014.

FRADA, Manuel A. Carneiro. *Teoria da Confiança e Responsabilidade Civil*. Coimbra: Almedina, 2003.

FRIED, Charles. *Contract as Promise: a Theory of Contractual Obligation*. Cambridge, Mass: Harvard University Press, 1981.

FRITZ, Karina Nunes. "A responsabilidade pré-contratual por ruptura injustificada das negociações". In: *Revista dos Tribunais*, volume 883, maio/2009.

FORGIONI, Paula A. *Teoria Geral dos Contratos Empresariais*. 2ª ed., São Paulo: Revista dos Tribunais, 2011.

GAGLIARDI, Rafael Villar. "Contratos Preliminares". In: LOTUFO, Renan; NANNI, Giovanni Ettore. *Teoria Geral dos Contratos*, Coord. São Paulo: Atlas, 2011.

GALGANO, Francesco. *Il Negozio Giuridico*. 2ª ed., Milano: Giuffrè, 2002.

GARCIA, Ricardo Lupion. *Boa-fé Objetiva nos Contratos Empresariais: Contornos Dogmáticos dos Deveres de Conduta*. Porto Alegre: Livraria do Advogado, 2011.

GAUGHAN, Patrick A. *Mergers, acquisitions and corporate restructuring*. New Jersey: John Wiley & Sons, 2011.

GOGLIANO, Daisy. *As Tratativas Contratuais (bases de uma teoria)*. São Paulo: Quartier Latin do Brasil, 2013.

GOMES, Orlando. *Contratos*. 26ª ed., Rio de Janeiro: Forense, 2007.

______. *Obrigações*. 11ª ed., Rio de Janeiro: Ed. Forense, 1997.

GRAU, Eros. "Nota sobre a distinção entre obrigação, dever e ônus". *Revista USP*, 1982, pp. 180-181.

GRAVA, J. William. "Fusões e aquisições: motivadores econômicos e estratégicos". In: SADDI, Jairo (org.). *Fusões e aquisições: aspectos jurídicos e econômicos*, São Paulo: IOB, 2002.

GRÜN, Mary. *A Eficácia dos Documentos Pré-Contratuais*. Dissertação de Mestrado – Faculdade de Direito da Universidade de São Paulo, 2006.

GUERREIRO, José Alexandre Tavares. "A Boa-Fé nas Negociações Preliminares". In: *Doutrinas Essenciais Obrigações e Contratos*, Volume 4, junho/2011, São Paulo, 2011.

______. "A boa-fé nas negociações preliminares". In: *Revista de Direito Civil*, abril/1981.

HUNT, Peter A. *Structuring Mergers & Acquisitions: a guide to creating shareholder value*. 2nd ed., Aspen Publishers Inc., 2004.

JUNQUEIRA DE AZEVEDO, Antonio. "A boa-fé na formação dos contratos". In: *Revista de Direito do Consumidor*, n. 3. São Paulo: Ed. RT, 1992, pp. 79-80.

______. *Negócio Jurídico – Existência, Validade e Eficácia*. 4ª ed., São Paulo: Ed. Saraiva, 2010.

______. *Negócio Jurídico e Declaração Negocial: Noções Gerais e Formação da Declaração Negocial*. São Paulo, 1986.

______. *Novos estudos e pareceres de direito privado*. 2ª tiragem, São Paulo: Ed. Saraiva, 2010.

______. "Responsabilidade civil – assalto em estacionamento de supermercado – estacionamento gratuito como caso de 'relação contratual de fato' – admissão da prova de não-culpa – estupro atentado fora do estacionamento, seguido de morte – falta de relação de causalidade adequada". In: *Revista dos Tribunais*, n. 735, São Paulo, 1997.

______. "Responsabilidade pré-contratual no Código de Defesa do Consumidor: estudo comparativo com a responsabilidade pré-contratual no direito dos contratos". In: *Revista do Direito do Consumidor*, Volume 18, São Paulo, abril/1996.

KONDER, Carlos Nelson. *Contratos Conexos: grupo de contratos, redes contratuais e contratos coligados*. Rio de Janeiro: Renovar, 2006.

KPMG. *Fusões e Aquisições*. 4o trimestre de 2020. Disponível em: < https://home.kpmg/br/pt/home/insights/2021/05/fusoes-e-aquisicoes-brasil-2020.html

LAKE, Ralph B.; DRAETTA, Ugo. *Letters of Intent and Other Precontractual Documents*. 2ª ed., New Hampshire: Butterworths, 1994.

LARENZ, Karl. *Base Del Negocio Jurídico e Cumplimiento de los Contratos*. Tradução de Carlos Fernàndez Rodrìguez. Granada, Espanha: Comares, 2002.

______. *Metodologia da ciência do direito*. Coimbra: Fundação Calouste Gulbenkian, 2005.

LEÃES, Luiz Gastão Paes de Barros. *Protocolo de intenções sem força obrigatória*. In: *Pareceres*. Volume I, São Paulo: Ed. Singular, 2004.

LEITÃO, Luís Manuel Teles de Menezes. "Negociações e responsabilidade pré-contratual nos contratos comerciais internacionais". *Revista da Ordem dos Advogados*, ano 60, Lisboa: janeiro de 2000

LOPEZ, Teresa Ancona. *Princípios Contratuais*. In: Fundamentos e Princípios dos Contratos Empresariais, Coord. FERNANDES, Wanderley. 2ª ed., São Paulo: Saraiva, 2010.

LOTUFO, Renan; NANNI, Giovanni Ettore (coord.). *Teoria geral dos contratos*. São Paulo: Ed. Atlas, 2011.

MARINO, Francisco de Crescenzo. *Interpretação do negócio jurídico*. São Paulo: Ed. Saraiva, 2011.

MARQUEZ DE AVELAR, Letícia. *A cláusula de não indenizar: uma releitura do instituto à luz do atual código civil brasileiro*. Dissertação de mestrado defendida na Faculdade de Direito da Universidade de São Paulo. São Paulo: 2011.

MARTINS-COSTA, Judith. *A boa-fé no direito privado: critérios para a sua aplicação*. São Paulo: Ed. Marcial Pons, 2015.

______. *As cartas de intenção no processo formativo da contratação internacional: os graus de eficácia dos contratos e a responsabilidade pré-negocial*. Trabalho apresentado no seminário sobre "Contratos Internacionais e o MERCOSUL", Faculdade de Direito, Universidade Federal do Rio Grande do Sul.

______. "Contratos: conceito e evolução". In: LOTUFO, Renan; NANNI, Giovanni Ettore (coord.). *Teoria geral dos contratos*. São Paulo: Ed. Atlas, 2011.

______. "Contratos Internacionais – cartas de intenção no processo formativo da contratação internacional – graus de eficácia dos contratos – responsabilidade pré-negocial". In: *Revista Trimestral de Direito Público*, Volume 5, São Paulo: Malheiros, 1994.

MAXIMILIANO, Carlos. *Hermenêutica e Aplicação do Direito*. 19ª ed., Rio de Janeiro: Ed. Forense, 2005.

MESSINEO, Francesco. *Il Contratto in Genere*. Tomo I, ristampa emendata. Milano: Giuffrè, 1973.

MILLER JR., Edwin L. *Mergers and Acquistions: a step-by-step legal and practical guide*. New Jersey: John Wiley & Sons Inc., 2008.

MIRANDA, Custodio da Piedade Ubaldino. *Comentários ao código civil: dos contratos em geral (arts. 421 a 480)*. São Paulo: Ed. Saraiva, 2013.

Model Stock Purchase Agreement, Second Edition, ABA Book Publishing, 2010.

MONTEIRO, António Pinto. *Cláusulas limitativas e de exclusão de responsabilidade civil*. Coimbra: Ed. Almedina, 2003.

MOREIRA DA SILVA, Eva Sónia. *Da responsabilidade pré-contratual por vinculação do dever de informação*. Coimbra: Ed. Almedina, 2003.

MUNHOZ, Eduardo Secchi. *Aquisição de Controle na Sociedade Anônima*. São Paulo: Ed. Saraiva, 2013.

MUNIZ, Ian. *Fusões e Aquisições: Aspectos Fiscais e Societários*. 2ª ed., São Paulo: Quartier Latin, 2011.

NANNI, Giovanni Ettore. *Direito Civil e Arbitragem*. São Paulo: Ed. Atlas, 2014.

______. "A evolução do direito obrigacional: a concepção do direito civil constitucional e a transição da autonomia da vontade para a autonomia privada". In: LOTUFO, Renan (coord.). *Cadernos de Direito Civil Constitucional.* Caderno 2, Curitiba: Ed. Juará, 2001.

NEVES, Karina Penna. *Deveres de consideração nas fases externas do contrato: responsabilidade pré e pós-contratual.* 1ª ed., São Paulo: Ed. Almedina, 2015.

OESTERLE, Dale A. *Mergers and Acquisitions in a Nutshell.* St. Paul: Thomson/West, 2006.

PEDREIRA, José Luiz Bulhões; LAMY FILHO, Alfredo. *Direito das Companhias, Volume II.* Rio de Janeiro: Ed. Forense, 2009.

PEREIRA, Caio Mário da Silva. *Responsabilidade civil.* Rio de Janeiro: Ed. Forense, 1994.

PEREIRA, Regis Fichtner. *A responsabilidade civil pré-contratual: teoria geral e responsabilidade pela ruptura das negociações contratuais.* Rio de Janeiro: Ed. Renovar, 2001.

PETEFFI DA SILVA, Rafael. *Responsabilidade Civil pela Perda de uma Chance.* São Paulo: Ed. Atlas, 2007.

PINTO, Carlos Alberto da Mota. *Responsabilidade pré-negocial pela não conclusão dos contratos.* Coimbra, 1966.

PONTES DE MIRANDA, Francisco Cavalcanti. *Tratado de direito privado.* 4ª edição, São Paulo: Ed. Revista dos Tribunais, tomo II, 1984.

______. *Tratado de direito privado.* 4ª edição, São Paulo: Ed. Revista dos Tribunais 1983, t. IV, p. 91.

POPP, Carlyle. *Responsabilidade civil pré-negocial: rompimento das tratativas.* Curitiba: Ed. Juruá, 2004.

______. *Responsabilidade civil pré-negocial: rompimento das tratativas.* Curitiba: Ed. Juruá, 2001.

POSNER, Richard A. *Law and Economics of Contract Interpretation.* Texas Law Review, 2004.

POTHIER. *Tratado das Obrigações Pessoais e Recíprocas.* Tomo I, Rio de Janeiro: editora e ano desconhecidos, tradutor – José Homem Correa Telles.

PRATA, Ana. *Cláusulas de Exclusão e Limitação de Responsabilidade Contratual.* Coimbra: Almedina, 1985.

______. *Notas sobre a responsabilidade pré-contratual.* Coimbra: Ed. Almedina, 2005.

______. *O Contrato Promessa e o seu Regime Civil.* Coimbra: Almedina, 2001.

PRICEWATERHOUSECOOPERS. *Fusões e Aquisições no Brasil.* Dezembro de 2015. Disponível em:<https://www.pwc.com.br/pt/publicacoes/servicos/assets/fusoes-aquisicoes/2015/pwc-fusoes--aquisicoes-dezembro-15.pdf>. Acesso em: 27 de julho de 2016.

RAÓ, Vicente. *Ato Jurídico.* 4ª edição, São Paulo: Revista dos Tribunais, 1997.

REBELO, Nikolai Sosa. *Os Deveres Fiduciários dos Administradores de S.A. em Operações de Fusões e Aquisições.* Porto Alegre: Livraria do Advogados, 2015.

REED, Stanley Foster et al. *The Art of M&A – Mergers and Acquisitions Buyout Guide.* New York: McGraw-Hill, 2007.

RIDOLFO NETO, Arthur. "Introdução às operações de fusões, aquisições e reestruturação societária. Métodos mais utilizados para precificação de empresas". In: RIOS DA ROCHA, Dinir Salvador; QUATTRINI, Larissa Teixeira (coord.). *Fusões, aquisições, reorganizações societárias e due diligence.* São Paulo: Ed. Saraiva, 2014.

RIOS DA ROCHA, Dinir Salvador; QUATTRINI, Larissa Teixeira (coord.). *Fusões, aquisições, reorganizações societárias e due diligence.* São Paulo: Ed. Saraiva, 2014.

______. NUNES, Marcelo Galiciano. "Term sheet e contrato de compra e venda de ações ou quotas". In: RIOS DA ROCHA, Dinir Salvador; QUATTRINI, Larissa Teixeira (coord.). *Fusões, aquisições, reorgani-*

zações societárias e due diligence. São Paulo: Ed. Saraiva, 2014.

ROPPO, Enzo. *O contrato*. Coimbra: Ed. Almedina, 2009

SADDI, Jairo (org.). *Fusões e Aquisições: Aspectos Jurídicos e Econômicos*. São Paulo: IOB, 2002.

SALANIÉ, Bernard. *The Economics of Contracts*. 2ª ed., Cambridge (Massachusetts): The MIT Press, 2005.

SALLES, Roberto; FREITAS, Bernardo Vianna; ALVES, Juliana Fonseca. "Combinações de Negócios, IFRS e Regime Contábil-Fiscal Pós-Lei Nº. 12.973 – Impactos nas Finanças Corporativas". In: BOTREL, Sérgio; BARBOSA, Henrique. *Finanças Corporativas: aspectos jurídicos e estratégicos*. São Paulo: Atlas, 2016.

SAVI, Sérgio. *Responsabilidade Civil por Perda de uma Chance*. São Paulo: Ed. Atlas, 2006.

SILVA, Jorge Cesa Ferreira. *A boa-fé e a violação positiva do contrato*. Rio de Janeiro: Ed. Renovar, 2002.

SZTAJN, Rachel. "Reorganização societária e concorrência". In: WARDE JR, Walfrido Jorge (coord.). *Fusão, cisão, incorporação e temas correlatos*. São Paulo: Quartier Latin, 2009.

TALAMINI, Eduardo. "Um processo para chamar de seu: nota sobre os negócios jurídicos processuais". Disponível em: http://www.justen.com.br/pdfs/IE104/Eduardo-um%20processo-pra-chamar.pdf. Acesso em: 3 de janeiro de 2017.

TAMBURRINO, Giuseppe. *Vincoli Unilaterali nella Formazione Progressiva Del Contratto*. Milano: Giuffrè Editore, 1954.

THOMPSON JR., Samuel C. *Business Planning for Mergers and Acquisitions*. 3ª ed. Carolina Academics Press, 2008.

TOMASETTI JUNIOR, Alcides. *Execução do Contrato Preliminar*. Doutorado em direito civil pela Faculdade de Direito da Universidade de São Paulo, 1982.

TOMASEVICIUS FILHO, Eduardo. *Informação Assimétrica, Custos de Transação, Princípios da Boa-Fé*. Tese de Doutorado em Direito Civil defendida na Faculdade de Direito da Universidade de São Paulo. São Paulo, 2007.

UGOLINI, Sonia. "*Gentlemen's Agreement sono Giuridicamente Vincolante?*" In: Rivista Contratto e Impresa. Milano: CEDAM, 2001.

VENOSA, Sílvio de Salvo. *Direito Civil – Parte Geral*. 7ª ed., São Paulo: Ed. Atlas, 2007.

_______. *Direito Civil – Teoria Geral das Obrigações e Teoria Geral dos Contratos*. 8ª ed., São Paulo: Ed. Atlas, 2008.

WALD, Arnoldo; RANGEL DE MORAES, Luiz; e WAISBERG, Ivo. "Fusões, incorporações e aquisições – Aspectos societários, contratuais e regulatórios". In: *Fusão, cisão, incorporação e temas correlatos*. WARDE JÚNIOR, Walfrido Jorge (coord). São Paulo: Ed. Quartier latin, 2009, p 53.

WERHANE, Patrícia H. *Two Ethical Issues in Mergers and Acquisitions*. Disponível em <http://link.springer.com/article/10.1007/BF00381996>. Acesso em: 26 de dezembro de 2016.

WHALLEY, Michael e SEMLER, Franz-Jörg. *International Business Acquisitions: Major Legal Issues and Due Diligence*. 3ª ed. Kluwer Law International, 2007.

WOLFF, Norris D. *Letters of intent, preliminary agreements, and binding acquisition agreements*. Banking Law Journal 292, 1994.

YARSHELL, Flávio Luiz. *Tutela Jurisdicional Específica nas Obrigações de Prestar Declaração de Vontade*. Tese de Mestrado defendida junto ao Departamento de Direito Processual da Universidade de São Paulo.

ZANETTI, Cristiano de Sousa. *A Conservação dos Contratos Nulos por Defeito de Forma*. São Paulo: Ed. Quartier Latin, 2013.

_______. *Responsabilidade pela Ruptura das Negociações*. São Paulo: Ed. Juarez de Oliveira, 2005.